山川 地理 一問一答

YAMAKAWA

高橋睦人 安盛義高 井上征造 編

山川出版社

まえがき

　私たちの生活はさまざまな形で世界と結びつき，世界の諸地域の動きが私たちの生活に影響し，また，私たちの生活の有り様が世界の人々に影響を及ぼしている。そして，現代世界の動きは多様で複雑であり，その動きが生み出す現代世界の様々な情報を整理し，的確に判断することが一層求められている。そのためには，日本や世界について，先ず，基本的な知識を体系的に理解することが必要である。

　地理の学習は，それぞれ異なる自然環境や社会環境の諸条件のなかで，地域により人々がどのように特色ある生活を営んでいるかを知り，広い視野から社会や国家，国際関係についての見方・考え方を身につけることを目的としている。一般に，地理では地球全体を対象に個々の地理的事象について比較研究し，法則性を考える系統地理と，ある地域の特性を自然・人文の両方面から考える地誌とがある。さまざまな地域の特色と動向を明らかにするために，高等学校の地理学習では，系統地理的考察と地誌的考察とを相互に関連づけ，把握していくことが大切である。

　本書では地理の学習に必要な基本的な用語・地名などを，2014 (平成26) 年度から使用されている「地理A」・「地理B」の教科書から精選し，また，地理的事象の理解に必要と思われる用語・地名を取り上げた。そして，約2400の基本的な地理用語・地名を，一問一答形式で確認し，整理し，地理学習の理解を深めてもらうための問題集として編纂した。

　本書の構成は，系統地理的な扱いとなっているが，各章・節で地誌的な扱いにも配慮しているので，系統地理・地誌両面からの学習・考察に十分に役立つことと思われる。

　本書を活用し，大学入試の難関を突破されることを願っている。

　　2015年9月

　　　　　　　　　　　　　　　　　　　　　　　　　　　　　　　　　　　編者

本書の使用にあたって

> ### 3　アングロアメリカの工業地域
>
> ##### アメリカ合衆国
>
> ❶─★★**1** アメリカ合衆国で最も早く工業の発達したところで，優秀な技術と大消費地を背景に，綿織物・毛織物・皮革などの高級品製造と精密機械・造船などが盛んな工業地域はどこか。　　　　　　　　1 **ニューイングランド工業地域** ─❷
>
> ❸─　★★**2** 上記**1**の工業地域の中心都市で，繊維・機械・造船・エレクトロニクス工業のほか，印刷・出版などの工業がみられる港湾都市名を答えよ。　　　　　2 **ボストン**
>
> 　★**3** 上記**2**の郊外の高速道路沿いに電子機器工場の集積がみられる地域をとくに何というか。　　　　3 **エレクトロニクスハイウェイ**

❶ 問題番号の左側に付されている★印は，用語の内容や教科書に取り上げられる重要度を考慮して，3つのランクに分けて表示をしています。
　　★★＝基本用語（約840問）
　　★＝標準用語（約900問）
　　無印＝その他の必要用語（約610問）

❷ 解答欄の赤色の文字は，付属の赤色シートを利用すれば隠すことができますので，シートをずらしながら一問ずつ解答していきましょう。
　本書を読みすすめるだけでなく，解答を紙に書いていくことで，よりいっそうの学習効果が期待できます。

❸ 問題文は小見出しごとに通し番号になっています。同じ小見出しのなかで，前出の解答がその問題以降の問題文に含まれている場合には，「上記**1**」のように表記しています。

❹ 学習に際しては，地図帳を併用し，地名は位置を確かめていきましょう。特に，気候，農牧業，鉱工業の分野では地図から読み取る問題があります。地図帳を活用して理解をいっそう深めましょう。

❺ 地理統計資料集も併用して，生産統計，人口統計など，さまざまな数値を統計表で確認しましょう。学習効果を高めるのに役立ちます。

❻ 巻末には「さくいん」を設け，本文中の解答を収録しているので，知識を再確認するのに役立てることが可能です。また，「さくいん」から解説文を考えることが記述・論述の問題の準備・練習にも役立ちます。

＊本書は，教科書・地図帳・統計資料と併用することで授業の学習効果を高めるとともに，大学入試の準備にも役立つよう配慮してあります。

目次

まえがき
本書の使用にあたって

第I部 人間と環境

第1章 環境と地域 — 1
1 地球と環境●1
2 環境と地域●1

第2章 地形 — 3
1 地形の形成と変化●3
2 大地形●6
3 山地の地形●11
4 平野の地形●14
5 海岸の地形●16
6 特殊な地形●19
7 日本の地形●21

第3章 気候・植生・土壌 — 23
1 気候因子と気候要素●23
2 気候区●28
3 植生●36
4 土壌●38
5 日本の気候●41

第4章 海洋・陸水 — 42
1 海洋●42
2 陸水●47

第5章 自然災害 — 51

第6章 環境問題と環境保全 — 57

第7章 生活圏の拡大と地図 — 64
1 生活圏の拡大と地図の利用●64
2 地図の種類と用途●67
3 地球儀と時差●70
4 地球儀と地図投影法●73
5 地形図の利用と地域調査●77

第II部 資源と産業

第1章 農牧業 — 81
1 農牧業の発達と成立条件●81
2 主要農畜産物●82
3 農牧業地域の諸形態●87
4 アジアの農牧業●90
5 アフリカの農牧業●94
6 ヨーロッパの農牧業●95
7 ロシアとその周辺諸国の農牧業●98
8 アングロアメリカの農牧業●99
9 ラテンアメリカの農牧業●101
10 オセアニアの農牧業●103
11 日本の農牧業●104
12 世界の食料問題●106

第2章 水産業 — 108
1 漁業と漁場●108
2 世界の主要漁場●109
3 水産養殖と水産加工●110

第3章 林業 — 112
1 世界の林業●112
2 日本の林業●113

第4章 エネルギー・鉱産資源の利用 — 115
1 エネルギー・鉱産資源の種類と

開発●115
　2　石炭●116
　3　石油・天然ガス●118
　4　電力●120
　5　鉄鉱石●123
　6　非鉄金属●125
　7　エネルギー問題●127

第5章　工業 ——130
　1　工業の発達と種類●130
　2　工業立地と各種工業●132
　3　アングロアメリカの工業地域●137
　4　ラテンアメリカとオセアニアの工業地域●143
　5　ヨーロッパの工業地域●144
　6　ロシアとその周辺諸国の工業地域●151
　7　アジア・アフリカの工業地域●155
　8　日本の工業地域●163

第6章　消費と余暇活動 ——167
　1　消費活動と生活●167
　2　観光●169

第III部　生活と文化

第1章　民族 ——175
　1　人種と民族●175
　2　世界の民族●176
　3　民族と文化●182
　4　人種・民族問題●187

第2章　人口 ——192
　1　人口分布と人口密度●192
　2　人口の増減と移動●192
　3　人口構成●195
　4　人口問題●196

第3章　村落と都市 ——198
　1　村落の立地と発達●198
　2　村落の形態と景観●199
　3　都市の立地と発達●200
　4　都市の機能●203
　5　都市化と都市の地域分化●205
　6　都市問題と都市計画●207

第IV部　グローバル化と現代世界

第1章　交通・通信 ——211
　1　交通の発達●211
　2　陸上交通●212
　3　水上交通●214
　4　航空交通●218
　5　通信●219

第2章　貿易と国際経済 ——220

第3章　国家群と国際協力 ——223
　1　国家と領域●223
　2　国家群●226
　3　国際協力●230

索引●233

第Ⅰ部 人間と環境

第1章 環境と地域

1 地球と環境

★★ **1** 地形・気候・水・植生・土壌など,人間の生活や生産活動の基礎となる自然を総称して何というか。 — 1 **自然環境**

2 地球を取り巻く大気の部分を何というか。地表からの高度500～1,000km,対流圏・成層圏・電離圏(熱圏)に分けられる。 — 2 **大気圏(気圏)**

3 地球上で水の占める部分を何というか。地球上の水の総量約14億 km^3 といわれる。大部分が海水で97.4%,陸水は2.6%。 — 3 **水圏**

4 地殻と呼ばれる地球の表層部分を何というか。上部マントルを覆うプレートと呼ばれる部分で,深さは数10km～200kmにおよび,ユーラシアプレートをはじめとするいくつかのブロックに分かれている。 — 4 **岩石圏**

★ **5** 社会の諸制度・伝統・宗教・民族性・科学技術など,人間の活動がつくりだしてきた環境を何というか。 — 5 **社会環境**

2 環境と地域

1 世界や日本の各地で生起する自然現象や人々の営みに関連して,一定の共通性と広がりをもち,あるいは相互に因果関係があり,ほかと区別できる土地の範囲を何というか。 — 1 **地域**

2 経済活動の高度化や社会環境の変化に伴って,1つの地域が,それぞれの機能と特色をもったいくつかの地域に分かれていくことを何というか。 — 2 **地域分化**

3 砂漠地域,アラブ文化圏などのように,同じような性質をもった自然現象や人文現象が生起する地域を何というか。 — 3 **等質地域**

★ **4** 大都市圏における都心のC.B.D.(中心業務地区)と郊外の通勤者住宅地域などのように,特定の役割をもった地域が機能的に結びついて形成する地域を何というか。 — 4 **機能地域(結節地域)**

5 等質地域のうち,地域の特色を示す性質が最も強く — 5 **核心地域**

現われ，指標の核となる地域を何というか。

6 等質地域のうち，核心地域の周辺に広がり，地域の特色を示す性質が比較的薄い地域を何というか。 — 6 周辺地域

★**7** 複数の地域が集まり，それぞれの地域が特定の役割をもちながら，全体として1つの特色をつくりだす地域のまとまりを何というか。 — 7 地域構造

★**8** 地域に生じる様々な自然現象や人々の営みについて，それぞれの事象の因果関係や地域的特色を，自然環境・文化・産業などの分野別に調べ，体系化する地理の分野を何というか。 — 8 系統地理

★**9** 地域に生じる様々な自然現象や人々の営みについて，特定の地域における事象の因果関係を調べ，対象とする地域の特色を総合的に把握する地理の分野を何というか。 — 9 地誌

第2章 地形

1 地形の形成と変化

地形の形成と変化

★ **1** 造陸運動，造山運動，火山活動など，地球内部から作用し，大規模な地形を形成する力を何というか。
1 内的営力(内作用)

2 内的営力によって生じる，地殻を変形・変化させる活動を何というか。
2 地殻変動(地殻運動)

★ **3** 広範囲にわたる地域が，長期にわたってゆるやかに隆起，または沈降する地殻運動を何というか。
3 造陸運動

★ **4** 地震や火山活動をともない，褶曲や断層により山地を形成する大規模で激しい地殻運動を何というか。
4 造山運動

★ **5** 岩石の風化，河川や氷河による侵食など，地殻の外から作用し，地表の地形を変化させる力を何というか。
5 外的営力(外作用)

★ **6** 岩石が，大気・水・微生物や気温変化などの影響を受け，物理的・化学的に破壊・分解され，土壌になっていく過程を何というか。
6 風化

★★ **7** 地表が，流水・氷河・風・波などの外的営力により，削り下げられていくことを何というか。
7 侵食

★ **8** 風化・侵食を受けた岩石や土壌などを，別の場所に運ぶ河川・氷河・風・重力などの作用を何というか。
8 運搬

★★ **9** 河川・氷河・風・重力などにより運ばれた物質を，運ぶ力が衰えたところに置き去っていく作用を何というか。
9 堆積

★ **10** 侵食作用によって，原地形(侵食される以前の地形)から幼年期・壮年期・老年期をへて準平原に至るまでを1つの周期として，地形が変化していくことを何というか。
10 侵食輪廻(地形輪廻)

★ **11** 長い間の侵食作用のために地表面の起伏が失われ，侵食基準面近くまで低下した波浪状の平坦な地形を何というか。
11 準平原

12 侵食により平坦化された地表面にとり残され，孤立
12 残丘(モナドノック)

した丘陵を何というか。

プレートテクトニクス

★1 古生代のはじめまで，地球上の大陸はパンゲアと呼ばれる1つの陸塊であったが，その後，次第に分裂して現在の水陸分布になったとする，大陸の配置に関する学説を何というか。

1 大陸移動説（大陸漂移説）

★2 大西洋をはさむ大陸両岸の海岸線の類似，両岸の植物化石・氷河遺跡の存在などから，両大陸は，1つであったものが離れたのだという，大陸移動説をとなえたドイツの気象・地球物理学者は誰か。

2 ウェゲナー

★★3 地球の中心核（コア）と地殻との間にあり，内部で発生する熱のため粘性化し，対流運動をおこして熱を外部に放出する物質を何というか。

3 マントル

★★4 十数枚の板状の物質として地球表面をおおい，マントル上部層と一体となって地球表面を移動し，地殻変動を引きおこす岩体を何というか。

4 プレート

★★5 大陸の分布や地殻変動を，マントル対流による地球の表面を覆う板状のプレートの移動で説明する学説を何というか。

5 プレートテクトニクス

★6 ユーラシアプレートや北アメリカプレートなど，主として大陸を構成するプレートを何というか。

6 大陸プレート

★7 太平洋プレートやフィリピン海プレートなど，主として海洋底を構成するプレートを何というか。

7 海洋プレート

★★8 アラビア半島・インド半島・シベリア東部を除くユーラシア大陸とその周辺海域に広がる大陸プレートを何というか。

8 ユーラシアプレート

★★9 北アメリカ大陸・グリーンランド・シベリア東部・カムチャツカ半島からフォッサマグナ以東の東北日本を含む大陸プレートを何というか。

9 北アメリカプレート

★★10 太平洋の大部分を含み，日本海溝付近でユーラシアプレートと接する海洋プレートを何というか。

10 太平洋プレート

★★11 南西諸島海溝とフィリピン海溝でユーラシアプレートと接し，伊豆・小笠原海溝とマリアナ海溝で太平洋プレートと接し，ほぼ中央に沖ノ鳥島が位置する，比較的小規模な海洋プレートを何というか。

11 フィリピン海プレート

#		
★★12	地球表面を覆うプレートの境目を何というか。お互いに接する隣のプレートとの動きにより，広がる境界，狭まる境界，ずれる境界の3タイプがある。	12 **プレート境界**
★★13	プレートの境界のうち，地球の内部からマグマが上昇し，新しいプレートを形成する場所を何というか。	13 **広がる境界**
★★14	北アメリカプレート・南アメリカプレートとユーラシアプレート・アフリカプレートの境界に位置し，大西洋の中央部を南北にゆるいＳ字形を描いて走る広がる境界を何というか。	14 **大西洋中央海嶺**
15	大西洋中央海嶺の北部に位置し，火山活動が盛んで，また，氷河も発達する島を何というか。	15 **アイスランド島**
★★16	プレートの境界のうち，一方のプレートが他方のプレートの下に沈み込んだり，プレート同士が衝突している場所を何というか。	16 **狭まる境界**
★★17	プレートの境界のうち，カリフォルニア州のサンアンドレアス断層のように，横ずれ断層を形成する場所を何というか。	17 **ずれる境界**
18	プレートの境界に沿って分布し，地殻変動や火山活動が活発に行なわれる帯状の地域を何というか。	18 **変動帯**

地質時代

#		
1	地層や岩体に刻まれた約46億年前に始まる地球の歴史を何というか。古い方から先カンブリア代・古生代・中生代・新生代に分けられ，現代は新生代・第四紀・完新世にあたる。	1 **地質時代**
★2	地球の誕生（約46億年前）から古生代が始まる，約5.4億年前までの，地球上で最も古い地質時代を何というか。	2 **先カンブリア時代**
★3	約5.4億年〜2.5億年前までの地質時代を何というか。この時代の前半には無脊椎海生動物が繁栄し，後半には陸上の動植物が繁栄するようになった。	3 **古生代**
★4	約2.5億年〜6,600万年前までの地質時代を何というか。この時代は恐竜などの爬虫類の全盛時代で鳥類も出現した。	4 **中生代**
★5	約6,600万年前〜現在までの，地球上で最も新しい地質時代を何というか。ほぼ260万年前を境として，	5 **新生代**

それまでを第三紀，それ以降を第四紀に区分する。生物の進化の面では哺乳類全盛の時代である。

6 新生代のうち約6,600万年前から260万年前の時代を何というか。 　　6 第三紀

7 新生代のうち，現在までの約260万年間を何というか。人類紀や氷河時代の名で呼ばれることがある。 　　7 第四紀

8 新生代第四紀を2つに分けたとき，約260万年〜1万年前の間にあたる時代を何というか。この時代は氷河活動が盛んであった。 　　8 更新世(洪積世)

9 氷河が後退をはじめた約1万年前から現在に至る，新生代第四紀後半の時代を何というか。 　　9 完新世(沖積世)

2 大地形

安定陸塊

★★1 地球上で最も早く陸化し，古生代以降，緩慢な隆起・沈降を行なうだけで，大規模な地殻運動がみられない陸地を何というか。 　　1 安定陸塊

★2 北アメリカ北部やバルト海周辺などのように，古い地層からなり，長い間の侵食の結果，中央部がやや高く周辺に向かって高度が低下する，楯を伏せたような形態を示す安定陸塊の侵食台地を何というか。 　　2 楯状地

★3 アフリカ大陸，アラビア半島などのように，楯状地を土台として古生代以降の地層が水平に堆積し，周辺に急崖をもつ卓状の侵食台地を何というか。 　　3 卓状地

4 古生代から中生代にかけて1つの大陸を形成し，その後アフリカ・南アメリカ・オーストラリア・南極大陸・インド・アラビア半島などに分離した古大陸を何というか。 　　4 ゴンドワナ大陸

5 現在の北半球にあるユーラシア大陸，北アメリカ大陸とグリーンランドが，分裂以前に一体となっていたと考えられている古大陸を何というか。 　　5 ローラシア大陸

★★6 ウラル山脈とヴェルホヤンスク山脈の間に位置し，古生代・中生代の地層が水平に堆積した，西シベリア低地と中央シベリア高原を含む卓状地を何というか。 　　6 シベリア卓状地

★★ **7** 北アメリカのセントローレンス河谷からハドソン湾一帯にかけて広がる楯状地を何というか。 — 7 **カナダ楯状地(ローレンシア楯状地)**

★ **8** バルト海を中心とし，ノルウェー南部からスウェーデン・フィンランドおよびロシア北西部にかけて広がる楯状地を何というか。 — 8 **バルト楯状地**

9 古生代から中生代にかけて大規模な沈下地域として厚い地層を堆積し，中生代末から隆起をはじめて，アルプスやヒマラヤなどの大山脈を形成した地質時代の浅い海を何というか。 — 9 **テティス海(テチス海)**

古期造山帯

★★ **1** 古生代の中期および後期の造山運動によって山脈を形成し，その後の侵食により緩やかな起伏を示すようになった古い山地が分布する地帯を何というか。 — 1 **古期造山帯**

2 イギリスのグレートブリテン島の中央部を南北に貫き，ランカシャー・ヨークシャーの両工業地域を分ける山脈を何というか。 — 2 **ペニン山脈**

★★ **3** キルナ・イェリヴァレなどの鉄山があり，北西部の海岸沿いにフィヨルドが発達する，スカンディナヴィア半島の脊梁をなす山脈を何というか。ノルウェーとスウェーデンの自然的国境である。 — 3 **スカンディナヴィア山脈**

★★ **4** ヨーロッパとアジアの自然的境界をなし，石炭・石油・鉄鉱石・銅・ニッケル・クロム・白金・金などの鉱産資源に富む山脈を何というか。山脈の南部にはロシアのウラル工業地域がある。 — 4 **ウラル山脈**

★★ **5** 中国北西部，シンチヤンウイグル(新疆維吾爾)自治区からキルギス共和国を経て，パミール高原に至る山脈を何というか。新期造山帯の活動の影響を受けて再隆起した復活山脈で，ジュンガル盆地とタリム盆地・トゥルファン盆地を分ける。 — 5 **テンシャン(天山)山脈**

6 南アフリカ共和国の東南部を，海岸に平行して走る山脈を何というか。南東貿易風の風上にあたる東側は湿潤で，風下の西側は乾燥する。北部は石炭を産出する。 — 6 **ドラケンスバーグ山脈**

★★ **7** アメリカ合衆国東部を，北東から南西に走る山脈を何というか。西麓にはアパラチア炭田が広がり，東 — 7 **アパラチア山脈**

麓には滝線都市が並ぶ。

★★ 8 オーストラリア東部を海岸に平行して走り，西側の乾燥地域と東側の湿潤地域を分ける山脈を何というか。北部にはモウラ炭田があり，南部では水資源開発のスノーウィーマウンテンズ計画が行なわれた。

8 グレートディヴァイディング（大分水嶺）山脈

新期造山帯

★★ 1 中生代末から新生代にかけての造山運動により生じた，起伏の大きい新しい山地が分布する地域を何というか。プレートの狭まる境界と一致し，地震・火山活動が活発である。

1 新期造山帯

★★ 2 太平洋西岸のアリューシャン列島・千島列島・日本列島・フィリピン諸島・ニューギニア島・ニュージーランドなどの弧状列島群や東岸のロッキー・アンデスの大山脈など，地震帯や火山帯を伴い，太平洋を取り巻く形で分布する新期造山帯を何というか。

2 環太平洋造山帯

★★ 3 古生代のテティス海が隆起したアルプス山脈からヒマラヤ山脈を経てインドネシアまで，ユーラシア大陸南縁部を東西に走る形で分布する新期造山帯を何というか。

3 アルプス＝ヒマラヤ造山帯

4 日本列島や千島列島・アリューシャン列島のように，海洋プレートが大陸プレートの下に沈み込む境界に形成される，大洋上に弧を描いて配列する島々を何というか。

4 弧状列島

環太平洋造山帯

★★ 1 南アメリカ大陸西部を南北に走り，海抜6,960mのアコンカグア山を最高峰とする山脈を何というか。アルゼンチンとチリの自然的国境となっている。山脈の中部にはアルティプラノと呼ばれる高原が広がり，チチカカ湖がある。

1 アンデス山脈

★★ 2 東・西・南のシエラマドレ山脈に囲まれ，首都メキシコシティをその域内にもつ，海抜1,500〜2,000mの半乾燥高原を何というか。その一部をアナワク高原と呼ぶ。

2 メキシコ高原

★★ 3 北アメリカ大陸西部を北西から南東に走り，海抜

3 ロッキー山脈

4,398mのエルバート山を最高峰とする山脈を何というか。コロラド川やミズーリ川の源流域で，国立公園が多い。

4 アメリカ合衆国西部，セントラルヴァレーとグレートベースン(大盆地)の間を南北に走り，海抜4,418mのホイットニー山を最高峰とする山脈を何というか。　　　**4 シエラネヴァダ山脈**

5 アメリカ合衆国西部，ロッキー山脈の西側に広がる高原を何というか。水平に新生代第三紀の地層が堆積し，これをコロラド川が侵食したグランドキャニオンの大峡谷がある。　　　**5 コロラド高原**

6 アメリカ合衆国北西部，ロッキー山脈とカスケード山脈の間に広がり，河川の総合開発で知られるコロンビア川とその支流のスネーク川が貫流する高原を何というか。　　　**6 コロンビア高原**

7 上記 **1～6** の山脈・高原を含み，南北アメリカ大陸の西岸沿いにのびる山脈群を総称して何というか。　　　**7 コルディエラ山系**

8 アラスカ半島からカムチャツカ半島にかけて，ベーリング海と太平洋を分ける形でのびる弧状列島を何というか。　　　**8 アリューシャン列島**

アルプス＝ヒマラヤ造山帯

1 インドネシアの国土の中心をなすスマトラ島・ジャワ島などを含み，太平洋に属するジャワ海やバンダ海などの沿海とインド洋を分ける弧状列島を何というか。　　　**1 スンダ列島**

★★**2** インド・中国・ネパール・ブータンの国境地帯を東西に走り，海抜8,848mのエヴェレスト山(チョモランマ・サガルマータ)を最高峰とする山脈を何というか。インドプレートがユーラシアプレートの下に沈み込むプレートの狭まる境界に位置する。　　　**2 ヒマラヤ山脈**

★★**3** ヒマラヤ山脈に位置する世界最高峰を何というか。海抜8,848m。チベット語やネパール語による本来の名称が復活しつつある。　　　**3 エヴェレスト山(チョモランマ・サガルマータ)**

★★**4** 中国南西部，ヒマラヤ山脈とクンルン(崑崙)山脈の間に広がる平均海抜4,500mの大高原を何というか。高原ではヤクやヤギ・ヒツジの遊牧が行なわれ，ラ　　　**4 チベット高原**

第2章　地形　9

マ教の聖地ラサがある。

★5 タジキスタン・中国・アフガニスタンの国境地帯に広がり，平均海抜3,500〜4,500m，海抜7,000mをこす高峰をもち「世界の屋根」と呼ばれる高原を何というか。

5 **パミール高原**

★6 パミール高原より東南にのび，カシミール地方と中国西部との自然的国境をなす山脈を何というか。この山脈は世界第二の高峰，海抜8,611mのゴッドウィンオースティン山（K2峰）をもつ。

6 **カラコルム山脈**

7 北をエルブールズ山脈，西南をザグロス山脈に囲まれ，古くはペルシア帝国が栄えた高原を何というか。高原は乾燥気候を示し，カナートが発達する。

7 **イラン高原**

★★8 黒海とカスピ海の間を北西から南東に走り，アジアとヨーロッパの境界をなす山脈を何というか。山麓各地に石油を産出する。

8 **カフカス山脈**

9 トルコの首都アンカラや，特異な形態で知られるカッパドキアの遺跡をもつ小アジア半島内部の高原を何というか。

9 **アナトリア高原**

★★10 ポーランドとスロバキアの国境付近からウクライナ西部を経てルーマニア東部へ弧状をなして連なる山脈を何というか。内側にハンガリー盆地を抱き，山脈沿いに石炭・石油・鉄鉱石を産出する。

10 **カルパティア山脈**

11 クロアチアからアルバニアにかけて，バルカン半島西部をアドリア海に沿って走る山脈を何というか。石灰岩が広く分布し，カルスト地形の語源となったカルスト地方がある。

11 **ディナルアルプス山脈**

★★12 ヨーロッパ南部を東西に走り，北西ヨーロッパと南ヨーロッパを分ける山脈を何というか。

12 **アルプス山脈**

★★13 フランスとスペインの国境地帯を走る山脈を何というか。山地斜面では羊の移牧が行なわれ，谷では水力開発が進む。最高峰は海抜3,404mのアネト山。

13 **ピレネー山脈**

14 イタリア半島の脊梁山脈を何というか。大部分が石灰岩質の岩峰からなり，山地斜面には放牧地や果樹園が広がる。

14 **アペニン山脈**

★★15 アフリカ大陸北西岸を，地中海に沿いモロッコからチュニジアまで海岸に平行して走る山脈を何という

15 **アトラス山脈**

か。北側は地中海性気候で、果樹栽培が盛ん。南側は乾燥し、遊牧民の活動地域となっている。

3 山地の地形

褶曲山脈・断層山地

★ 1 水平に堆積した地層や岩盤が横方向からの力を受けて波のように曲げられ変位することを何というか。　　1 褶曲

2 アルプス山脈やヒマラヤ山脈などのように、水平な地層が横からの圧力を受けて褶曲しながら隆起した山地を何というか。　　2 褶曲山脈

3 水平な地層が横からの圧力を受けて褶曲した際の、褶曲の谷にあたる部分を向斜というのに対し、尾根にあたる部分を何というか。　　3 背斜

★★ 4 地殻変動の影響で地層や岩石に割れ目が生じ、その割れ目に沿って一方あるいは両側の地層や岩石が垂直方向や水平方向に変位することを何というか。　　4 断層

5 飛驒・木曽・赤石など日本アルプスの山地にみられるように、岩石または地層中に生じた割れ目に沿って地形に食いちがいを生じ、一方が相対的に隆起して形成された山地を何というか。　　5 断層山地

6 甲府盆地などのように、平地の一方または両側の縁（へり）が断層崖に限られ、地盤が相対的に陥没してできた盆地を何というか。　　6 断層盆地

7 テンシャン（天山）山脈などのように、山地の両側を断層崖により限られた断層山地を何というか。　　7 地塁山地

8 奈良盆地や諏訪盆地などのように、ほぼ平行する2つの断層崖に挟まれて、相対的に陥没した凹地を何というか。　　8 地溝

★ 9 アフリカ大陸東部を南北に走る断層陥没地帯を何というか。マラウイ湖やヴィクトリア湖などの湖を形成し紅海を経てシリアに至る。この陥没地帯には海抜5,895mのキリマンジャロ山をはじめとする火山が噴出して、地形を複雑にしている。　　9 アフリカ大地溝帯（リフトヴァレー）

10 アフリカ大陸東南部のマラウイ湖やタンガニーカ湖、バイカル湖、死海、わが国の琵琶湖などのように、　　10 断層湖

断層運動によって生じた凹地に水をたたえた湖沼を何というか。

火山

1. 火山の地下にある溶融した灼熱状態の溶岩を何というか。 — 1 マグマ
2. 地下のマグマや火山ガスが活動し地表につくる地形を何というか。噴火によって溶岩や砕屑物がつくる堆積地形だけでなく，爆発や陥没によってできる窪地などもある。 — 2 火山(地形)
3. 過去1万年以内に噴火した火山および現在活発な噴気活動のある火山を何というか。 — 3 活火山
4. ハワイ諸島のように，マントル深部の固定された熱源(ホットプリューム)からマントルが上昇して火山活動がおきる地点を何というか。 — 4 ホットスポット
5. 北太平洋中央部，北西から南東に2,500kmにわたってのびる火山島の連なりを何というか。ホットスポットの真上にあり，プレートの移動の影響を受け，南に向かうほど火山島の形成年代は新しくなる。 — 5 ハワイ諸島
6. 富士山などのように，火山砂礫や火山灰，溶岩が交互に噴出・堆積し，火口が小さい割に裾野が広く，山頂に近いほど傾斜の急な火山を何というか。円錐火山あるいはコニーデともいう。 — 6 成層火山
7. 山梨・静岡県境にある日本最高峰，標高3,776mの成層火山を何というか。 — 7 富士山
8. タンザニアとケニアの国境地帯に位置するアフリカの最高峰，5,895mの成層火山を何というか。 — 8 キリマンジャロ山
9. 北アルプスの焼岳，北海道の昭和新山のように，粘性の大きな酸性の溶岩が噴出・堆積して形成された，つり鐘を伏せたような形の塊状火山を何というか。鐘状火山あるいはトロイデともいう。 — 9 溶岩ドーム(溶岩円頂丘)
10. ハワイ島やアイスランド島などのように，流動性の大きな塩基性溶岩が火口から噴出して形成された，楯を伏せたような偏平な形をした火山を何というか。 — 10 楯状火山
11. ハワイ島の中央部を占め，海抜4,170m，海底からの高さ10,000mに達する世界最大級の楯状火山を何 — 11 マウナロア山

というか。

12 ハワイ島の南部，マウナロア山の東側に位置し，灼熱した溶岩をたたえた大規模な火口をもち，ゆるやかな噴火を繰り返す楯状火山を何というか。 — 12 キラウエア山

13 西インド諸島，マルティニーク島のペレ山などのように，凝固した溶岩がマグマの力で地表に押しだされ，細長い塔状の山体をなす火山を何というか。 — 13 塔状火山（火山岩尖）

14 溶岩などを噴出せず，火口周囲には爆発性の噴火により形成された噴出物の低い丘があるだけの，大地に直接爆裂火口が形成されたようにみえる火山を何というか。秋田県男鹿半島の一ノ目潟がその例。 — 14 マール

★15 インドのデカン高原のように，流動性の大きな塩基性溶岩が重なり合って形成された台地を何というか。 — 15 溶岩台地

★16 火口部の大爆発，または火山の中央部の沈下によって生じた，火山の山体に比べて著しく大きい円形または楕円形の火口状の凹地を何というか。 — 16 カルデラ

17 旧火山のカルデラの中に新しい火山が形成された場合，それらを合わせた火山全体を何というか。 — 17 複式火山

18 a. 複式火山のうち，旧火山のカルデラ壁の部分にあたる山地を何というか。 — 18 a. 外輪山

　b. 複式火山のうち，旧火山のカルデラの中に新しく形成された火山体を何というか。 — b. 中央火口丘

　c. 複式火山の外輪山から中央火口丘にかけて広がる平地を何というか。 — c. 火口原

★19 熊本県東部にある世界有数のカルデラをもつ火山を何というか。カルデラの大きさは東西約18km，南北約25km，カルデラ内部には成層火山，溶岩ドームなどが中央火口丘を形成する。 — 19 阿蘇山

20 洞爺湖・十和田湖・田沢湖などのように，火山体の陥没により生じた凹地に水をたたえた湖沼を何というか。 — 20 カルデラ湖

21 蔵王山の御釜・吾妻山の五色沼などのように，火山の噴火口に水をたたえた湖沼を何というか。 — 21 火口湖

4 平野の地形

侵食平野

★ 1 河川や海洋などの侵食作用により地表の起伏が削りとられて形成された平野を何というか。
   1 **侵食平野**

★ 2 ヨーロッパ平原・北アメリカ中央平原・西シベリア低地などのように，水平に堆積した古い地層が激しい地殻運動を受けることなく平坦のまま侵食された平野を何というか。
   2 **構造平野**

★ 3 北ドイツからオランダにかけて広がる構造平野を何というか。ヨーロッパ平原の一部をなし，表面が氷河性堆積物におおわれ，ヴェーザー川・エルベ川・オーデル川などの河川が北流する。
   3 **北ドイツ平原**

★★ 4 ウラル山脈以西，ヨーロッパロシアの大部分を占める卓状地を何というか。緩やかな波状を示す丘陵が広がり，北半分は氷河性堆積物におおわれる。
   4 **東ヨーロッパ平原**

★★ 5 北アメリカ大陸中央部，アパラチア山脈とロッキー山脈の間に広がる構造平野を何というか。ミシシッピ川が流れる。ミシシッピ川流域を中心としてプレーリーと呼ぶ温帯草原が南北に帯状に広がる。
   5 **中央平原（北アメリカ中央平原）**

★ 6 ギアナ高地とブラジル高原の間に広がるアマゾン川流域の大平原を何というか。広大なセルバに覆われる。
   6 **アマゾン盆地**

★★ 7 赤道直下に位置し熱帯雨林に覆われる，アフリカ中央部コンゴ川流域の構造盆地を何というか。
   7 **コンゴ盆地**

8 緩傾斜した硬軟互層の差別侵食により形成された急崖と緩斜面からなる丘陵を何というか。パリ盆地やロンドン盆地などがその例。
   8 **ケスタ**

9 水平に堆積した硬軟互層の差別侵食により形成された地形で，侵食に強い硬い地層が上部の平坦面をつくり，その下の軟らかい地層が侵食され急崖をつくることによりできたテーブル状の地形を何というか。
   9 **メサ**

10 メサの侵食が進み，頂部に侵食に強い地層を頂く，より小規模で孤立した地形を何というか。
   10 **ビュート**

堆積平野

★1 河川や湖沼，海洋の運搬・堆積作用により形成された平野を何というか。 — 1 **堆積平野**

★★2 堆積平野のうち，主に完新世(沖積世)の海進期に形成された海成平野や，現在も堆積作用が続いている平野を何というか。 — 2 **沖積平野**

★3 河川の上流部で側方侵食により谷底が広がり，運搬してきた土砂を堆積し平坦化している谷間の平地を何というか。 — 3 **谷底(たにあい)平野**

★★4 河川の中流部で山地を刻む急流が平地にでる際，流速を減じて運搬力が衰えることにより，谷の出口を頂点としてつくる扇状の堆積地形を何というか。 — 4 **扇状地**

5 ★a. 扇状地など透水性の高い地層の上を流れる河川水が，地下に浸透してつくった地下水流を何というか。 — 5 a. **伏流**

★★b. 山地を刻んできた河川が，砂礫の堆積を開始する，扇状地の最上流部にあたる部分を何というか。 — b. **扇頂**

★★c. 厚く堆積した砂礫層のため水が得にくく，森林や果樹園などに利用されている扇状地の中央部を何というか。 — c. **扇央**

★★d. 伏流した水が湧きだして泉をつくり，この水を利用して古くから集落が立地し，水田が開かれている扇状地の末端部を何というか。 — d. **扇端**

★★6 扇状地などでみられ，平常時は流水が伏流して河床が露出し，降水量の多いときだけ流水をみる河川を何というか。 — 6 **水無川(末無川(すえなし))**

★7 中国の黄河(ホワンホー)中下流部やわが国の近江盆地の草津川・野洲(やす)川などのように，堆積作用が盛んなため，堤防内の河床が周辺の土地より高くなってしまった河川を何というか。 — 7 **天井川**

★★8 河川の氾濫(はんらん)により砂礫や泥土が堆積して形成された低平な土地で，堤防建設などの人工的改変を受ける以前は，洪水時に河水の氾濫を受けてきた地形を何というか。 — 8 **氾濫原**

★9 氾濫原上を河川がＳ字状に曲がりくねって流れることを何というか。 — 9 **蛇行(だこう)**

★10	河川が屈曲の度をこすと，やがて湾曲部が取り残されて河川は短流するようになる。このときに取り残された河跡湖を何というか。	10 三日月湖
★11	洪水の際，河道からあふれた河水が，流速を減じ土砂を堆積することにより生じた，河道沿いの堤防状の微高地を何というか。	11 自然堤防
★12	自然堤防の外側に，洪水の際に流れだした水が滞留して生じた低湿地を何というか。	12 後背湿地（バックマーシュ）
13	中下流部が蛇行をなし，三日月湖や後背湿地が各所にみられる北海道最長の河川を何というか。	13 石狩川
★14	河川が海または湖にそそぐところで流速を減じ，運搬してきた土砂を堆積して生じた低平な土地を何というか。	14 三角州（デルタ）
★15	下総台地・武蔵野台地などのように，沖積平野よりも一段と高いところに位置し，更新世(洪積世)に堆積した地層からなる台地を何というか。	15 洪積台地
★16	多摩川中流の武蔵野台地や利根川上流の沼田盆地などにみられる，河川の流路に沿って発達した階段状の地形を何というか。平坦面を段丘面，急崖を段丘崖という。	16 河岸段丘
17	牧ノ原・磐田原・三方原などのように，旧河川の河口部に形成された三角州が隆起して，河川の下刻作用を受けるようになった地形を何というか。	17 隆起三角州

5　海岸の地形

沈水海岸と離水海岸

★1	陸地の沈降，または海面の上昇により形成された比較的屈曲に富んだ海岸を総称して何というか。	1 沈水海岸（沈降海岸）
★★2	スペイン北西部，カンタブリカ山脈が大西洋に接するガリシア地方の湾の呼称に語源をもち，わが国の三陸海岸や若狭湾，志摩半島英虞湾などのように，起伏に富んだ陸地が沈降して岬と入江がのこぎり歯状に出入りする海岸を何というか。	2 リアス海岸
★3	海水面の上昇や陸地の沈降により，リアス海岸のようにかつての陸地の谷が沈水してできた湾を何とい	3 おぼれ谷

うか。

4 イギリスのテムズ川や南アメリカ大陸のラプラタ川の河口のように，大河川の河口部が沈水して生じたラッパ状に開いた入り江を何というか。 — **4 エスチュアリー（三角江）**

★ **5** スカンディナヴィア半島・アラスカ・南アメリカ南端などにみられる，氷河が刻んだ深い谷に海水が浸入してできた，両側を絶壁で囲まれた狭長な湾を何というか。 — **5 フィヨルド（峡湾）**

★ **6** 陸地の隆起，または海面の低下によって形成された，比較的遠浅で単調な沿岸線をもつ海岸を総称して何というか。 — **6 離水海岸（隆起海岸）**

★★ **7** アメリカ合衆国の大西洋岸，メキシコ湾岸，わが国の九十九里平野・宮崎平野などのように，以前の海底が隆起してできた堆積平野を何というか。 — **7 海岸平野**

★★ **8** 室戸岬などのように間欠的な地盤の隆起や海面の低下によって形成された，海岸線に沿う階段状の地形を何というか。 — **8 海岸段丘**

三角州

1 ナイル川やニジェール川，岩木川などの河口部のように，比較的波静かな水域に形成される半円状の三角州を何というか。 — **1 円弧状三角州**

2 イタリアのテヴェレ川などの河口部のように，沿岸流の侵食作用が川の堆積作用をしのぐため，わずかに河口付近だけが突出した三角州を何というか。 — **2 カスプ状（尖状）三角州**

3 ミシシッピ川などの河口部のように，川沿いの自然堤防が分岐した河道沿いに海面上にのびた形で形成された三角州を何というか。土砂の運搬量の多い河川が波のおだやかな海にそそぐときにつくる。 — **3 鳥趾状三角州**

砂浜海岸と岩石海岸

★★ **1** 九十九里平野や鳥取平野などのように，砂浜が発達する海岸を何というか。一般に遠浅で，砂丘・砂州・浜堤などの地形がみられる。 — **1 砂浜海岸**

★★ **2** 北海道の野付崎・駿河湾の三保松原などのように，沿岸流によって運ばれた砂礫が堆積してつくる，海 — **2 砂嘴**

岸から細長く突きでた地形を何というか。

★★ 3 鳥取県の弓ヶ浜や京都府の天橋立などのように，砂嘴がさらにのびて湾口をふさぐほどまでに発達した地形を何というか。 | 3 砂州

4 九十九里平野にみられるように，波により海岸に打ち上げられた砂礫がつくる，海岸線に沿って細くのびる微高地を何というか。 | 4 浜堤

★★ 5 福岡県の志賀島，和歌山県の潮岬，北海道の函館山などのように，砂州によって陸地と連結した島を何というか。 | 5 陸繋島

6 函館の市街地が広がる土地のように，陸地と陸繋島をつなぐ砂州を何というか。 | 6 トンボロ（陸繋砂州）

★★ 7 北海道のサロマ湖や石川県の河北潟などのように，砂州や沿岸州の発達によって海面の一部が囲い込まれた湖を何というか。 | 7 ラグーン（潟湖）

★★ 8 干潮時に姿を現わし，多様な生物を育む砂泥質の遠浅の海岸を何というか。 | 8 干潟

★★ 9 三陸海岸や伊豆半島の海岸のように基盤の岩石が露出する海岸を何というか。山地が海岸に迫り平地に乏しい反面，海岸線は変化に富み小さな港湾が発達する。 | 9 岩石海岸

10 波や沿岸流などによって陸地が侵食され，海岸線が後退していくことを何というか。 | 10 海岸侵食

★ 11 波の侵食によってできる海岸の崖を何というか。波が当たる部分がえぐり取られ，上部岩石が崩落して切り立った崖となる。 | 11 海食崖

サンゴ礁

1 水温25〜30℃以上の清澄な浅海で生育する石灰質の骨格をもつ腔腸動物を何というか。海底などに着生して岩礁をつくるもの，宝石として珍重されるものもある。 | 1 サンゴ

★★ 2 水温25〜30℃の清澄な浅海において，サンゴ虫の遺骸や分泌物が固まってできた石灰質の岩礁を何というか。 | 2 サンゴ礁

★ 3 島や大陸の海岸に接して海岸が取り巻くように発達 | 3 裾礁

したサンゴ礁を何というか。
- ★ **4** オーストラリアのグレートバリアリーフのように，陸地との間に海面を隔て，その沖合に防波堤状に連なるサンゴ礁を何というか。 　　4 堡礁
- ★ **5** 中央の島が海面下に没し，サンゴ礁だけが以前の島の海岸線をかたどって環状に発達したものを何というか。 　　5 環礁
- ★ **6** 陸地とサンゴ礁の間に，あるいはサンゴ礁に取り巻かれてつくられた波静かな水面を何というか。 　　6 礁湖

6 特殊な地形

氷河地形

- ★★ **1** 降雪量が融雪量を上回る地域では，残雪が万年雪となり圧縮されて氷塊となり，自重でより低い方に流動する。この流動する氷塊を何というか。 　　1 氷河
- ★ **2** 気候が寒冷化して氷河が広く発達した時代を何というか。この時代には高緯度地域では氷床が広がり，世界的に海水面の低下がみられた。 　　2 氷期
- **3** 氷期と次の氷期の間の，比較的温暖で氷河が後退する時代を何というか。この時代には高緯度地域では氷床が縮小し，世界的に海水面の上昇がみられる。 　　3 間氷期
- ★★ **4** 最終氷期には北アメリカ大陸北部やヨーロッパ北西部にも形成され，現在はグリーンランドや南極大陸にみられる，大陸の表面を覆う広大な氷河を何というか。 　　4 大陸氷河（氷床）
- ★★ **5** ヒマラヤ山脈やアルプス山脈など，雪線上にそびえる山岳地帯に発達する氷河を何というか。 　　5 山岳氷河
- **6** 谷を刻んで流れる山岳氷河を何というか。侵食によってU字型の侵食谷をつくる。 　　6 谷氷河
- **7** 氷河は氷自体および氷の中に取り込まれた岩屑によって，氷河の基底と側壁を激しく侵食する。このような氷河の移動や，氷の凍結・融解に伴う岩石の破砕によって行なわれる侵食作用を何というか。 　　7 氷食作用
- ★★ **8** 北アルプスの穂高連峰に囲まれた涸沢上流のように，谷頭部あるいは山稜直下の山腹に氷食により形成さ 　　8 カール（圏谷）

れた馬蹄形(ばていけい)の谷を何というか。

9 アルプス山脈のマッターホルン山のように，周囲を氷河により削り取られ，ピラミッド状に孤立した岩峰を何というか。 — 9 ホルン

★★10 谷氷河が後退した後にみられる，谷底が広く谷壁が急傾斜をなす氷食谷を何というか。この谷に海水が浸入するとフィヨルドになる。 — 10 U字谷

★11 氷河が運搬した岩屑・砂礫・粘土などが，氷河の側面や底面および末端に堆積してつくる丘陵を何というか。 — 11 モレーン（堆石）

12 五大湖をはじめとする北アメリカ大陸の北部・東部，北ヨーロッパ，スイスなどに多く分布する，氷河の侵食や堆積によって生じた凹地に水をたたえた湖沼を何というか。 — 12 氷河湖

乾燥地形

★ 1 小粒の砂や岩屑が風で運び去られ，基盤の岩石や礫が広く露出した砂漠を何というか。砂漠の全面積の約9割を占める。礫に覆われているものを，礫砂漠と呼ぶことがある。 — 1 岩石砂漠

★ 2 風で運搬された砂が厚く堆積し，砂丘を形成する砂漠を何というか。タクラマカン砂漠やサハラ砂漠・アラビア半島の砂漠などの一部にみられるが，砂漠面積に占める割合は小さい。 — 2 砂砂漠

3 ロシアのヴォルガ川や中国のタリム川などのように，海洋への出口をもたない乾燥地域の河川を何というか。 — 3 内陸河川

4 カスピ海・アラル海・バルハシ湖・死海・グレートソルト湖などのように，乾燥地域にみられる，外洋へ流出する河川をもたない湖沼を何というか。 — 4 内陸湖

★★ 5 乾燥地域において，一時的な豪雨のときにだけ流水があり，ふだんは涸れている谷を何というか。 — 5 ワジ（涸れ谷）

★★ 6 砂漠のなかで，泉や河川水，地下水路などを利用して，灌漑農業が行なわれ，集落が形成されている場所を何というか。 — 6 オアシス

★★ 7 ナイル川やティグリス川・ユーフラテス川などのよ — 7 外来河川

うに，湿潤地域に源を発し，乾燥地域を潤す河川を何というか。

溶食地形

1. 有孔虫やサンゴなどの石灰質の殻が堆積してできたセメントの原料になる岩石を何というか。 — 1 石灰岩
★2. 石灰岩が二酸化炭素を含んだ水によって溶かされるように，水が岩石を化学的に溶解する作用を何というか。 — 2 溶食
★★3. スロベニア西部の地名に語源をもつ，二酸化炭素を含む水による石灰岩の溶食地形を一般に何というか。 — 3 カルスト地形
★★4. 石灰岩の割れ目に浸透した雨水が，石灰岩を溶かしてつくったすりばち状の地形を何というか。 — 4 ドリーネ
5. 上記4のすりばち状の凹地が，幾つか合わさってできた細長い盆地を何というか。 — 5 ウバーレ
6. 上記4や5の凹地がさらに大規模になり，中に耕地や集落をもつほどに発達した盆地を何というか。 — 6 ポリエ（溶食盆地）
★★7. 山口県の秋吉台や福岡県の平尾台などにみられる，地下水の溶食により生じた地下の洞穴を何というか。洞穴の天井には鍾乳石，床には石筍ができる。 — 7 鍾乳洞

7 日本の地形

★1. ユーラシアプレートと北アメリカプレートの境界にあたり，本州中央部をほぼ南北に横断する大断層帯を何というか。 — 1 フォッサマグナ
★2. フォッサマグナの西縁にあたり，新潟県糸魚川市から姫川の谷，松本盆地，諏訪盆地を経て，富士川の支流である早川に沿って静岡市までのびる大断層線を何というか。 — 2 糸魚川・静岡構造線
★3. 糸魚川・静岡構造線に接する長野県の杖突峠付近に発して，赤石山脈の西麓を南北に走り，伊勢湾を横断し，紀伊半島の櫛田川の谷・紀ノ川の谷，四国の吉野川の谷を経て九州に達する大断層線を何というか。2016年の熊本地震はこの構造線上で発生した。 — 3 中央構造線（メディアンライン）
★4. フォッサマグナで2分された日本列島の島々や山脈の連なりのうち東の地体構造（島弧）を何というか。 — 4 東北日本弧

#	問	答
★5	フォッサマグナの北東側を千島列島・北海道・東北・関東・中部へのびる火山の連なりを何というか。この地域には，那須・鳥海・富士・乗鞍・白山などの火山が含まれる。	5 東日本火山帯
6	本州中部地方に位置する飛驒（ひだ）・木曽・赤石の三山脈を総称して何というか。	6 日本アルプス
★★7	日本列島東側の海底を列島に沿う形で南北に走り，太平洋プレートが北アメリカプレートの下に沈み込む位置にある海溝を何というか。2011（平成23）年3月11日の東北地方太平洋地震の震源はこの海溝の陸側にあたる。	7 日本海溝
★8	フォッサマグナで2分された日本列島の島々や山脈の連なりのうち西の地体構造（島弧）を何というか。	8 西南日本弧
★9	わが国の地体構造のうち，糸魚川・静岡構造線の西，中央構造線以北の地域を何というか。この地域は花崗岩（こうがん）が広く分布し，西に中国・筑紫の山地，東に木曽・飛驒の山脈をもち，京都・奈良・近江などの盆地と地塁山地が発達する。	9 西南日本内帯
★10	わが国の地体構造のうち，糸魚川・静岡構造線の西，中央構造線以南の地域を何というか。この地域は，古生代・中生代の古い地層が南から北に帯状に配列し，九州・四国・紀伊の諸山地や赤石山脈が連なる。	10 西南日本外帯
★11	中国地方の日本海側から九州を経て西南諸島へと延びる火山の連なりを何というか。この地域には大山（だいせん）・阿蘇・霧島・桜島などの火山が含まれる。	11 西日本火山帯
12	日本海溝から相模湾にかけてのびる海底の浅い溝を何というか。フィリピン海プレート・太平洋プレート・北アメリカプレート・ユーラシアプレートの境界にあたる地震多発地帯で，1923（大正12）年の関東大地震の震源域に含まれる。	12 相模トラフ
★13	紀伊半島南東沖から四国の南沖にかけてのびる海底の浅い溝を何というか。フィリピン海プレートがユーラシアプレートの下に沈み込む位置にあたり，東海・東南海・南海の3つの地震が連動する大規模な地震や津波の発生が危惧されている。	13 南海トラフ

第1部 人間と環境

第3章 気候・植生・土壌

1 気候因子と気候要素

気候因子と気候要素

1. 地球を取り巻く大気圏内でおこる自然現象のうち,気温・降水・風や高気圧・低気圧・前線・台風などのように,とくに天気に関係ある現象を何というか。 — 1 気象

★★ 2. ある地域における,大気現象の1年間にわたる平均的な総合状態を何というか。 — 2 気候

★★ 3. 気温・降水量・風のほか,湿度・日照時間・蒸発散量・雲量など,気候を構成する個々の大気現象をまとめて何というか。 — 3 気候要素

★★ 4. 緯度・海抜高度・海陸分布・地形・海流・隔海度など,大気現象の地域差をつくる要因となるものをまとめて何というか。 — 4 気候因子

★ 5. 直交座標の横軸に月平均降水量を,縦軸に月平均気温を目盛り,各月の気温と降水量の平均値の相関を示す12の点を月の順に結んで得られるグラフを何というか。グラフの縦幅は気温の年較差の大小を表わし,横軸が長い場合は降水量の年変動が大きいことを示す。 — 5 ハイサーグラフ

★ 6. 直交座標の縦軸に降水量と気温を,横軸に12カ月をとり,各月の降水量と平均気温を棒グラフと折れ線グラフで表わした図を何というか。 — 6 雨温図

7. 雲の分布や地表面の温度などを測定する,気象観測のための人工衛星を何というか。わが国では,静止衛星「ひまわり」からの衛星画像が気象観測に用いられている。 — 7 気象衛星

気温

★★ 1. ある地点における1年間の最暖月と最寒月の平均気温の差を何というか。一般に高緯度地方は低緯度地方よりも,大陸性気候地域は海洋性気候地域よりも, — 1 気温の年較差

中緯度地方の大陸東岸は西岸よりも、その差が大きい。

★★ **2** 1日のうちの最高気温と最低気温の差を何というか。一般に大陸性気候地域で大きく、海洋性気候地域で小さい。　　2 気温の日較差

3 海抜高度が増すことにより、気温が低下する割合を何というか。一般に海抜高度が1,000m増すごとに5〜6℃前後低下するが、この値は大気中の湿度により変化する。　　3 気温の逓減率

4 気温や気圧の観測値から高さの影響を除くため、ある地点での観測値を海抜0m地点の値に換算することを何というか。世界全体の等温線図などは、この値を用いることが多い。　　4 海面更正

5 地球上の年平均気温の最も高い点を連ねた線を何というか。低緯度地方では海上よりも陸上の方が高温となり、北半球の方が陸地面積が広いため、赤道よりやや北側に位置する。　　5 熱赤道

6 海岸からどの程度隔たっているかを示す指標を何というか。大きいほど気温の年較差が大きい。　　6 隔海度

7 盆地などの冬の静かな夜間によくみられる現象で、地表面の放射冷却により、下層の気温が上層の気温より低下する現象を何というか。　　7 気温の逆転

降水

1 夏の夕立や熱帯地方におけるスコールなど、日中の強い日射によって生じる上昇気流によりもたらされる降雨を何というか。　　1 対流性降雨

2 大気の流れが山脈などにさえぎられたとき、その風上側に生じる上昇気流によりもたらされる降雨を何というか。　　2 地形性降雨

3 温暖前線や寒冷前線など、暖かい気団が冷たい気団の背面に沿って上昇するとき、あるいは冷たい気団が暖かい気団の下に入り込んで暖かい気団を押し上げたときにもたらされる降雨を何というか。　　3 前線性降雨(気流性降雨)

気団と前線

★ **1** 太陽熱で温められた空気が上昇し,上空で冷やされて下降する対流により,さまざまな気象現象がおこる大気圏の最も下層の部分を何というか。上限の高さは熱帯で16km,寒帯で8kmほど。 — **1 対流圏**

★ **2** 空気が薄いため,対流が生じず大気が安定している対流圏の上部の大気圏を何というか。上限の高さは約50km。高さ約20kmまでの下部の気温は−45〜−75℃で,垂直方向にはほぼ等温である。約20kmを越えると昇温し,上限で約0℃となる。 — **2 成層圏**

3 地表が受ける大気の圧力を何というか。測定に用いる単位はヘクトパスカル(hpa)。地表の平均圧力は1013hpaでこれを基準値とする。大気の圧力は上空に行くほど低くなる。 — **3 気圧**

★ **4** 周囲より相対的に気圧の低い区域を何というか。北半球では反時計回り南半球では時計回りに周りから大気が吹き込むため,上昇気流が発達し悪天候になることが多い。 — **4 低気圧**

★ **5** 周囲より相対的に気圧が高い区域を何というか。北半球では時計回りに,南半球では反時計回りに周りに大気を吹きだし,上空の大気が下降気流となって降りてくるため,晴天に恵まれることが多い。 — **5 高気圧**

★★ **6** 地表から上空に向かう大気の流れを何というか。大気は上空で冷やされ,雲や降水の原因となるので,この気流が発生する場所は低気圧となり,悪天候となりやすい。 — **6 上昇気流**

7 上空から地表に向かう大気の流れを何というか。この気流が発生する場所は高気圧となり,好天となりやすい。 — **7 下降気流**

★★ **8** 地球上の気温や気圧の差によって生じる大規模な大気の対流運動を何というか。この流れによって地球を取り巻く4つの気圧帯と,気圧帯に挟まれた風系が生じる。 — **8 大気の大循環**

★ **9** 大陸や海洋など広い範囲を覆い,ほぼ一様な気温や湿度をもつ大気の塊を何というか。 — **9 気団**

★10 温度・湿度・密度などが異なる2つの気団が接触した場合，両気団の地表における境目を何というか。 | 10 前線

11 寒帯気団と熱帯気団との間の前線を何というか。日本付近では夏はオホーツク海北部まで北上し，冬は南方海上まで南下する。 | 11 寒帯前線

気圧帯と風

★★1 赤道を挟んで，南北緯度10度付近に形成される低圧帯を何というか。太陽の直射を受けて上昇気流が盛んになり，スコールと呼ばれる激しい降雨をもたらす。熱帯(赤道)収束帯ともいう。 | 1 赤道低圧帯

★★2 南北両半球の回帰線付近から，緯度30度付近にかけて形成される高圧帯を何というか。赤道付近で上昇した大気が集積し下降することによって形成され，貿易風と偏西風の吹きだす地域となっている。降水量が少なく乾燥が著しい。 | 2 亜熱帯(中緯度)高圧帯

★★3 亜熱帯高圧帯と，両極地方に発達する高圧帯に挟まれて形成される，緯度60度付近の低圧帯を何というか。 | 3 亜寒帯(高緯度)低圧帯

★★4 南北両極地方は年中低温のため，安定した高圧帯を形成する。この高圧帯を何というか。 | 4 極高圧帯

5 各地方において，最もひんぱんに吹く風を何というか。 | 5 卓越風

6 1年中ほぼ同じ方向に吹く風を何というか。 | 6 恒常風

★★7 亜熱帯高圧帯から赤道低圧帯に向けて吹く恒常風を何というか。北半球では北東の風，南半球では南東の風となる。 | 7 貿易風

★★8 亜熱帯高圧帯から亜寒帯低圧帯に向けて吹く恒常風を何というか。地球の自転に伴う偏向力の影響を受けてほぼ西風となる。 | 8 偏西風

★9 中緯度地方の対流圏と成層圏の境界付近を吹く偏西風の一部で，冬は平均秒速40〜100mにも達する強い気流を何というか。 | 9 ジェット気流

10 極高圧帯から亜寒帯低圧帯に向けて吹く恒常風を何というか。地球の自転に伴う偏向力の影響を受けて東寄りの風となる。 | 10 極風(極偏東風)

★★11	夏は大洋上の高圧帯から大陸内部の低圧帯へ，冬は大陸内部の高圧帯から大洋上の低圧帯へと吹く，夏と冬とで方向が逆となる風を何というか。	11 季節風（モンスーン）
★★12	熱帯あるいは亜熱帯の大洋上に発生し，温帯地方を襲う移動性低気圧を何というか。発生の初期は貿易風に流されて西進するが，偏西風域に達すると転向して東方に進む。強風と豪雨を伴い，通過地域に大きな被害を与える。	12 熱帯低気圧
★★13	北太平洋の熱帯海域で発生し，東アジアを襲う熱帯低気圧を何というか。夏の終わりから秋のはじめにかけて日本に上陸し，多くの被害を与える。	13 台風
★★14	アラビア海やベンガル湾で発生し，南アジアを襲う熱帯低気圧を何というか。南半球のインド洋に発生し，モーリシャス島やマダガスカル島を襲う熱帯低気圧や南西太平洋で発生しオーストラリア北東部を襲う熱帯低気圧にも同様の名がついている。	14 サイクロン
★★15	カリブ海に発生して，西インド諸島からメキシコ湾岸の諸地方を襲う熱帯低気圧を何というか。8月から9月にかけて最も多く発生する。	15 ハリケーン
16	日中の強い日射により，高温となった陸上の低圧部へ向けて海から吹く風を何というか。	16 海風
17	夜間に陸地が冷えて大気の密度が増し，相対的に低圧部になった海上に向けて陸地から吹く風を何というか。	17 陸風
18	山地において，夜間に大気が冷却されて密度を増し，斜面に沿って下降することにより生じる風を何というか。	18 山風
19	山地において，強い日射により暖められた大気が，斜面に沿って上昇することにより生じる風を何というか。	19 谷風
★20	風が山地をこえる際に湿度を下げ，高温で乾燥した風となって吹きおろす，その風を何というか。アルプス地方特有の呼称であったが，現在は同様な成因の気象現象に対する一般名称として用いられる。	20 フェーン
21	アメリカ合衆国の中央平原やオーストラリア南部に発生する巨大な竜巻を何というか。爆発的な破壊力	21 トルネード

第3章　気候・植生・土壌　27

を発揮し、農作物や家屋に大きな被害をあたえる。

22 アメリカ合衆国北部、カナダ、南極地方に吹く地吹雪を伴う寒冷な強風を何というか。　　22 **ブリザード**

23 冬にディナルアルプス山脈からアドリア海に吹きおろす冷たく乾いた風を何というか。　　23 **ボラ**

2　気候区

気候区分

★**1** 海から離れた大陸内部に典型的に発達する、気温の日較差や年較差が大きく、降水量が少なく湿度の低い気候を何というか。　　1 **大陸性気候**

★**2** 大洋上の島嶼や、海洋からの偏西風が年中吹く中緯度地方の大陸西岸に典型的に発達する、気温の日較差や年較差が小さく、降水量が多く湿度が比較的高い気候を何というか。　　2 **海洋性気候**

3 中高緯度の大陸の東海岸に発達する、冬は寒く乾燥し、夏はむし暑い、気温の年較差が大きい気候を総称して何というか。　　3 **東岸気候**

4 中高緯度の大陸の西海岸に発達する、冬は温暖で、夏は冷涼な気温の年較差の小さい気候を総称して何というか。　　4 **西岸気候**

★★**5** 地球上の植生分布にあわせて気温や降水量の等値線を選び、大小のアルファベット記号を組み合わせて世界の主要気候区を設定したドイツの気候学者は誰か。　　5 **ケッペン**

6 次の説明にあてはまるケッペンの気候記号をアルファベット大文字で記しなさい。　　6

★**a.** 最寒月平均気温18℃以上。　　a. **A**

★**b.** 最寒月平均気温18℃未満、−3℃以上。　　b. **C**

★**c.** 最寒月平均気温−3℃未満で、最暖月平均気温10℃以上。　　c. **D**

★**d.** 最暖月平均気温10℃未満。　　d. **E**

★**e.** 最暖月平均気温0℃以上、10℃未満。　　e. **ET**

★**f.** 最暖月平均気温0℃未満。　　f. **EF**

★**g.** ある地方の年平均気温が t ℃のとき、その地方の　　g. **B**

年降水量 R cm が次式㋐〜㋒によって求められた数値 r（乾燥限界値）未満。
㋐夏に多雨な地方（夏の最多雨月降水量が冬の最少雨月降水量の10倍以上の地方）　r = 20(t + 14)
㋑冬に多雨な地方（冬の最多雨月降水量が夏の最少雨月降水量の3倍以上の地方）　r = 20t
㋒年中平均的に降雨のある地方　r = 20(t + 7)

★**h.** 上記 **g** の公式にあてはめて
年降水量が乾燥限界の2分の1以上の場合。　　　　　　　h. **BS**

★**i.** 上記 **g** の公式にあてはめて
年降水量が乾燥限界の2分の1未満の場合。　　　　　　　i. **BW**

7 次の説明にあてはまるケッペンの気候記号を，アルファベット小文字で記しなさい。　　　　　　　　　　　　7

★**a.** 最暖月平均気温22℃以上。　　　　　　　　　　　　　a. **a**

★**b.** 最暖月平均気温22℃未満で，少なくとも4カ月は月平均気温が10℃以上。　　　　　　　　　　　　　　　b. **b**

★**c.** 月平均気温10℃以上の月が4カ月未満で，最寒月平均気温が−38℃以上。　　　　　　　　　　　　　　　c. **c**

★**d.** 月平均気温10℃以上の月が4カ月未満で，最寒月平均気温が−38℃未満。　　　　　　　　　　　　　　　d. **d**

★**e.** 1年中降雨がみられ著しい乾季がない。　　　　　　　e. **f**

★**f.** 冬に多雨で夏に乾季がある。　　　　　　　　　　　　f. **s**

★**g.** 夏に多雨で冬に乾季がある。　　　　　　　　　　　　g. **w**

★**h.** 上記 **e** と **g** の中間の型で，弱い乾季があるが熱帯雨林が成育する。　　　　　　　　　　　　　　　　　h. **m**

8 次の気候区名を気候記号の組み合わせによって答えよ。　　　　　　　　　　　　　　　　　　　　　　　　8

★**a.** 熱帯雨林気候　　　　　　　　　　　　　　　　　　　a. **Af**

★**b.** サバナ気候　　　　　　　　　　　　　　　　　　　　b. **Aw**

★**c.** 砂漠気候　　　　　　　　　　　　　　　　　　　　　c. **BW**

★**d.** ステップ気候　　　　　　　　　　　　　　　　　　　d. **BS**

★**e.** 温暖湿潤気候　　　　　　　　　　　　　　　　　　　e. **Cfa**

★**f.** 西岸海洋性気候　　　　　　　　　　　　　　　　　　f. **Cfb**

★**g.** 地中海性気候　　　　　　　　　　　　　　　　　　　g. **Cs**

★**h.** 温暖冬季少雨気候（温帯夏雨気候）　　　　　　　　　h. **Cw**

★**i.** 亜寒帯（冷帯）湿潤気候　　　　　　　　　　　　　　i. **Df**

- ★**j.** 亜寒帯（冷帯）冬季少雨気候（亜寒帯（冷帯）夏雨気候）
- ★**k.** ツンドラ気候
- ★**l.** 氷雪気候

j. **Dw**
k. **ET**
l. **EF**

★**9** 次の気候区分図を参照して，図の凡例の(a)～(j)のそれぞれにあたる気候区の気候記号を答えよ。

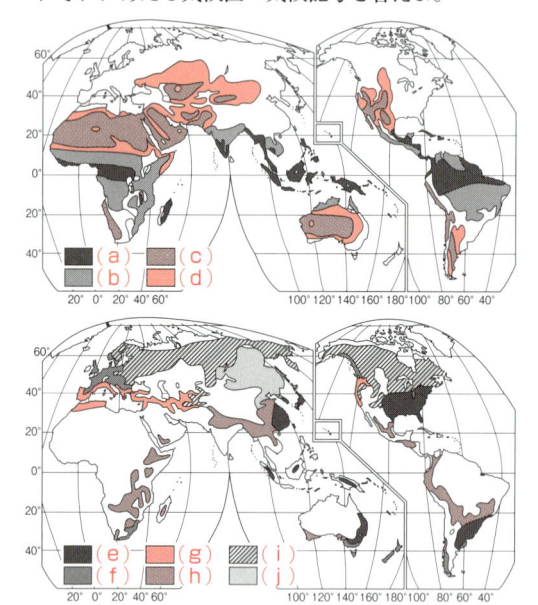

9

(a) **Af**
(b) **Aw**
(c) **BW**
(d) **BS**
(e) **Cfa**
(f) **Cfb**
(g) **Cs**
(h) **Cw**
(i) **Df**
(j) **Dw**

10 次の説明にあてはまるケッペンの気候区分の修正による気候名を答えよ。

★★**a.** 低緯度地方の高山帯の ET・EF → H の記号で表わす。

★**b.** Af と Aw の中間の気候→ Am の記号で表わす。

10

a. 高山気候

b. 熱帯モンスーン気候

11 ケッペンの気候区分の A・C・D の気候は，年降水量が蒸発量を上回るか，最暖月平均気温が10℃を上回る地域である。このような気候は植生分布からみて何というか。

11 樹木気候

12 ケッペンの気候区分の B・E の気候は，年降水量が蒸発量を下回るか，最暖月平均気温が10℃を下回る地域である。このような気候は植生分布からみて何

12 無樹木気候

というか。

★13 ケッペンはA気候を，その年降水量と最乾月の降水量をもとに，Af，Am，Awの3つの気候に区分している。両者の関係を示した次の図の **a・b・c** のそれぞれにあてはまる気候型を，記号で答えよ。Amのmは，Af，Awの両気候の中間の気候を意味する。

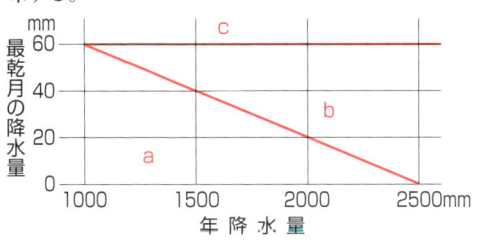

13 a. **Aw**
b. **Am**
c. **Af**

熱帯気候

★★1 ケッペンの気候区分に従うと，月平均気温が18℃以上と年中高温な気候帯を何というか。

1 **熱帯(A)**

★★2 コンゴ川流域やアマゾン川流域，東南アジアの一部など，赤道に沿う地域に分布し，1年中高温多雨で植物がよく繁茂する，気温の日較差が年較差より大きい気候を何というか。

2 **熱帯雨林気候(Af)**

★★3 熱帯雨林気候地域において，日中の強い日射によって定期的にもたらされる対流性降雨を何というか。

3 **スコール**

4 その地域特有な自然環境の中で病原体がつくられ，流行を繰り返す病気を何というか。特に年中高温で湿度の高い熱帯雨林気候地域に多い。

4 **風土病**

★★5 アマゾン川流域・コンゴ川流域・パプアニューギニアなどに多くみられ，ハマダラ蚊の媒介により伝染し，発熱を繰り返す熱病を何というか。

5 **マラリア**

★★6 熱帯雨林気候と中緯度の乾燥気候の間に発達し，高日季の降雨と低日季の乾燥に特色をもち，長草草原と疎林の卓越する気候を何というか。

6 **サバナ気候(Aw)**

★7 熱帯雨林気候とサバナ気候の間に分布し，1年は雨季と弱い乾季に分かれ，熱帯林が繁茂する気候を何というか。アジアではモンスーンの影響が強い地域

7 **弱い乾季のある熱帯雨林気候(Am)（熱帯モンスーン気候）**

に分布するため熱帯モンスーン気候と呼ぶことがある。東南アジアから南アジアにかけて典型的に分布する。

★ **8** 熱帯と温帯の間の気候帯を何というか。一般に緯度20度〜30度あたり，亜熱帯高圧帯や貿易風の影響を受ける地域をさすことが多い。 — 8 亜熱帯

乾燥気候

★★ **1** ケッペンの気候区分では，年間の蒸発量が，年間の降水量を上回る気候帯を何というか。 — 1 乾燥帯(B)

2 乾燥気候と湿潤気候の境界を何というか。r = 20(t + a)の計算式を用い，rの値が年降水量を上回れば乾燥気候，下回れば湿潤気候である。計算式のrは乾燥限界を示す年降水量(mm)。tは年平均気温(℃)，aは定数(年中多雨な地域は7，冬少雨地域は14，夏少雨地域は0)を挿入する。 — 2 乾燥限界

★ **3** 亜熱帯高圧帯の卓越する地域，大陸の内部，大山脈の風下側など，一般に年降水量が250mm以下で植物被覆がみられず，気温の日較差が極端に大きく，岩石の風化作用の激しい気候を何というか。 — 3 砂漠気候(BW)

★ **4** 沖合を寒流が流れているため水蒸気の供給が不十分な大陸の西岸に形成される砂漠を何というか。 — 4 海岸砂漠

5 次の説明にあてはまる砂漠の名称を答えよ。 — 5

★★ **a.** アフリカ大陸北部を占める世界最大の砂漠。「不毛の土地」を意味するが中央部のタッシリナジェールには岩絵が残され，約1万年から4,000年前までは湿潤期であったことがわかっている。 — a. サハラ砂漠

b. エジプトのナイル川からリビア東部に広がる砂漠。砂丘が連なる砂砂漠で，オアシスが点在する。 — b. リビア砂漠

★ **c.** 南アフリカ共和国の北部から北はボツワナ，西はナミビア，東はジンバブエの西端にかけて広がる砂漠。部分的にステップがあり，コイ人・サン人らが生活する。 — c. カラハリ砂漠

★ **d.** アフリカ南部，ナミビアの大西洋沿岸の海岸砂漠。沖合を流れるベンゲラ海流の影響が大きい。 — d. ナミブ砂漠

★ **e.** オーストラリア北西部の砂漠で，西部にピルバラ — e. グレートサンデ

地区の鉄鉱石産地をもち，砂漠内各地に塩分の濃い沼沢地がある。 ｜ イー砂漠

★★**f.** オーストラリア南西部の砂漠で，南にはナラボー(ナラーバー)平原が広がり，カルグーリー・クルガーディなどの金鉱都市がある。 ｜ f. **グレートヴィクトリア砂漠**

★**g.** チリとペルーの国境付近から南に細長くのびるアンデス山脈西側の海岸砂漠。ペルー海流の影響が大きい。北部にチュキカマタ銅山がある。 ｜ g. **アタカマ砂漠**

h. アラビア半島北部の砂漠。地名はアラビア語で「乾ききって荒れ果てた土地」を意味する。標高約1,000mの高原地帯で砂丘が連なり，周辺はベドウィンの遊牧地となっている。 ｜ h. **ネフド(ナフード)砂漠**

★★**i.** アラビア半島南部の砂漠。地名はアラビア語で「空白の地域」を意味する。北東部のペルシア湾沿岸地方は大油田地域となっている。 ｜ i. **ルブアルハリ砂漠**

★★**j.** インド北西部からパキスタン東部にかけて広がる砂漠。インディラ・ガンジー運河による灌漑農業が行なわれ，近年は石油の開発も進められている。 ｜ j. **大インド砂漠(タール砂漠)**

★★**k.** 中国北西部，タリム盆地の大部分を占める砂漠。北部のテンシャン(天山)，南部のクンルン(崑崙)両山脈の山麓にはオアシスが多く，これらを結んでシルクロードが通じていた。 ｜ k. **タクラマカン砂漠**

★★**l.** 中国北部からモンゴル南部にかけて広がる砂漠。周辺部では羊や馬の遊牧が行なわれてきた。 ｜ l. **ゴビ砂漠**

★**m.** 中央アジアのウズベキスタン北部の砂漠。西をアムダリア，東をシルダリア川が流れる。旧ソ連時代の自然改造計画により両河川から取水して灌漑し，綿花の大増産を図ったが，河川の水量が減少し，両河川が流れ込むアラル海の面積は大幅に縮小した。 ｜ m. **キジルクーム砂漠**

★**n.** 中央アジアのトルクメニスタンの砂漠。アムダリア川から分水したカラクーム運河がのび，綿花栽培が行なわれる。 ｜ n. **カラクーム砂漠**

★★**6** 砂漠気候の周辺に分布し，降雨が少ないため樹木が生育せず短草草原となる気候を何というか。遊牧や企業的牧畜が行なわれ，一部には商業的な小麦栽培地域もみられる。 ｜ 6 **ステップ気候(BS)**

第3章 気候・植生・土壌 33

7 中央アジアのカザフスタンに広がるステップ地帯を何というか。ステップとはこの地域の短草草原の名称。 | **7** カザフステップ

温帯気候

1 熱帯と寒帯の間に位置し、ケッペンの気候区分では最寒月の平均気温が−3℃以上18℃未満、温和で適度な降水に恵まれた気候帯を何というか。 | **1** 温帯（C）

2 大陸東岸の内陸部やサバナ気候地域の内陸側に分布し、夏季の雨量が冬季の10倍以上になる温帯気候を何というか。中国の華中内陸部、華南・エチオピア高原、アフリカ南部の台地、メキシコ高原、ブラジル高原南部などがおもな分布地。 | **2** 温暖冬季少雨気候（温帯夏雨気候）（Cw）

3 中緯度の大陸西岸に発達する、夏季は中緯度高圧帯の支配下で乾燥し、冬季は亜寒帯低圧帯の支配下に入り、偏西風の影響をうけて比較的雨が多い温暖な気候を何というか。ブドウやオリーブなどの果樹栽培が盛ん。地中海沿岸・カリフォルニア・チリ中部・オーストラリア南西部・アフリカ南西部などに分布する。 | **3** 地中海性気候（Cs）

4 主として中緯度地方の大陸東岸に分布し、気温の年較差が比較的大きく、1年間を通して降雨に恵まれる温帯気候を何というか。最暖月の平均気温が22℃をこえ、モンスーンの影響を強く受ける地域では稲作が盛んである。北海道を除く日本の大部分、中国の長江流域、アメリカ合衆国東部、アルゼンチンの湿潤パンパ、オーストラリア東岸などに分布する。 | **4** 温暖湿潤気候（Cfa）

5 アジアの温暖湿潤気候（Cfa）や温暖冬季少雨気候（Cw）の気候地域で、モンスーンの影響を強く受ける気候をとくに何というか。この名称はケッペンの気候区分には含まれていない。 | **5** 温帯モンスーン気候

6 偏西風と暖流の影響を受けるため、気温の年較差が少なく降水量も年間を通して安定している大陸西岸に発達する海洋性気候を何というか。西ヨーロッパの大部分がこの気候で、ブナの森が広く分布するためブナ気候とも呼ぶ。 | **6** 西岸海洋性気候（Cfb・Cfc）

亜寒帯(冷帯)気候

★★ **1** 温帯と寒帯の間の気候帯を何というか。ケッペンの気候区分では，最暖月平均気温10℃以上。最寒月平均気温−3℃未満の範囲。長く寒冷な冬と短い夏があり，気温の年較差が大きい。ユーラシア大陸北アメリカ西大陸の北部に分布し，南半球には分布しない。

★★ **2** ユーラシア大陸北西部や北アメリカ大陸北半部に広がる亜寒帯(冷帯)気候を何というか。1年間を通して比較的降雨に恵まれ，とくに冬に多量の降雪をみる。南部には広葉樹の混合林，北部には針葉樹の大森林が広がる。

★★ **3** バイカル湖以東のシベリア，中国東北地区および華北に分布する亜寒帯(冷帯)気候を何というか。夏はモンスーンの影響を受けて比較的雨量が多く，冬は東シベリアに発生する高気圧とそこから吹きだす季節風のため乾燥し，気温の年較差も著しく大きい。南部には広葉樹の混合林，北部には針葉樹の大森林が広がる。

★ **4** 亜寒帯(冷帯)冬季少雨気候のもとにあるヴェルホヤンスクでは1892年に−67.8℃，オイミャコンでは1933年に−71.2℃を記録した。このような地球上における最寒地点を何というか。なおその後，観測網の整備により，これよりもさらに低い気温が記録されている。

★ **5** 亜寒帯(冷帯)および寒帯地域において，1年中凍結しているか，夏の短い間しか表面の氷が溶けない地層を何というか。シベリア南部では，凍結層の厚さは一般に数十mであるが，北部では200〜300mにも達する。

1 亜寒帯(冷帯)気候(D)

2 亜寒帯(冷帯)湿潤気候(Df)

3 亜寒帯(冷帯)冬季少雨気候(Dw)

4 寒極

5 永久凍土

寒帯気候・高山気候

★★ **1** 両極の周辺に広がる寒冷な気候帯を何というか。ケッペンの気候区分では最暖月の平均気温が10℃に満たない地域をさす。

1 寒帯(E)

第3章 気候・植生・土壌 35

★★ 2 北極海沿岸地方の，ほとんど氷に閉ざされ，夏の短い間だけ表面が溶けて地衣類や蘚苔類が生育する，最暖月の平均気温10℃未満，0℃以上の気候を何というか。 | 2 **ツンドラ気候(ET)**

★★ 3 グリーンランド内陸部や南極大陸など，1年中氷雪に覆われ最暖月の平均気温が0℃未満の寒帯気候を何というか。 | 3 **氷雪気候(EF)**

★★ 4 一般に温帯で海抜2,000m以上，熱帯で海抜3,000m以上の高地で，気温の垂直的変化により，同緯度の低地よりも低温を示す気候を何というか。 | 4 **高山気候(H)**

3 植生

★★ 1 地表を覆って生育する植物集団の状態を何というか。地表には地形，気候，土壌の影響を受け，それぞれの地域の特色を反映した植物集団が分布し，それぞれの地域の自然環境の特色を判断する指標となる。 | 1 **植生**

熱帯林の植生

★★ 1 熱帯雨林や熱帯雨緑林を含めた，熱帯地方の森林を総称して何というか。 | 1 **熱帯林**

★★ 2 熱帯の多雨地域に発達する，多様な樹種からなる常緑広葉の森林を何というか。多くの生き物を育み「遺伝子の宝庫」と呼ばれる。 | 2 **熱帯雨林**

★★ 3 アマゾン川流域で，常緑広葉樹が多層の樹林をつくり，「緑の魔境」として知られた熱帯雨林を何というか。近年は開発が進み，自然破壊が問題になっている。 | 3 **セルバ**

★ 4 東南アジアやアフリカの熱帯雨林を何というか。常緑樹に落葉樹が混じり太陽光が地面まで届くため，しだ，つた，竹類が繁茂し，歩行も困難なほどに植物が密生する。 | 4 **ジャングル**

5 雨季と弱い乾季のある熱帯の気候のもとで，乾季に落葉する樹種を含む森林を何というか。この森林は，東南アジアのモンスーン地帯に広く分布する。 | 5 **熱帯雨緑林(熱帯モンスーン林)**

★★ 6 熱帯雨林気候の潮の満ち引きがある海岸や，海水の流入・遡上する河口部に生育する常緑広葉樹を何と | 6 **マングローブ**

いうか。波の侵食から海岸を守り，幼魚の生育場所になるなど生態系の保全に果たす役割は大きい。

熱帯草原の植生

★★ **1** 熱帯地域の雨季と乾季とがはっきりした地方にみられる，疎林を含む熱帯長草草原を一般に何というか。 — 1 サバナ

★ **2** 徳利状の幹をもつ高木で，縦冠部は横へと枝葉を大きく広げるアフリカのサバナ地方の代表的樹木を何というか。乾季には落葉するが，大量の水を貯え乾燥に耐える。葉と果肉は食用になり実からは油がとれる。 — 2 バオバブ

★ **3** ベネズエラ・コロンビアのオリノコ川流域に広がるサバナ型熱帯草原を何というか。食肉牛の放牧地として利用されている。 — 3 リャノ

★ **4** ブラジル高原に広がる，イネ科の草本類と疎林からなる熱帯長草草原を何というか。近年は農業開発が進んでいる。 — 4 カンポ，セラード

★ **5** パラグアイ川流域の熱帯長草草原を何というか。ケブラチョやマテ茶を産し，牛や羊の放牧が行なわれる。 — 5 グランチャコ

乾燥帯の植生

★★ **1** 乾燥気候下の，樹木のない短草草原を一般に何というか。 — 1 ステップ

★ **2** 北アメリカのロッキー山脈の東側，西経100度付近までに広がるステップ気候の平原を何というか。 — 2 グレートプレーンズ

温帯林の植生

★ **1** 温帯気候地域に分布する森林を何というか。常緑広葉樹林，落葉広葉樹と針葉樹の混合林からなる。 — 1 温帯林

★★ **2** 熱帯から温帯にかけて多く分布する，1年間を通して緑色の広い葉をつけている樹木を何というか。 — 2 常緑広葉樹

★★ **3** 温帯南部の気温が高く降水量も多い地方に分布する，かし・つばき・しい・くすなど，クチン質の光沢のある葉をもつ常緑広葉樹を何というか。 — 3 照葉樹

★ **4** 地中海地方の月桂樹・オリーブ・コルクがしやオーストラリアのユーカリなどのように，夏の乾燥に耐 — 4 硬葉樹

えるための，硬く厚い葉をもつ常緑樹を何というか。

★★ 5 くり・けやき・ぶな・かえでなど，冬に落葉して水分の蒸発を防ぐ広葉樹を何というか。 | 5 落葉広葉樹

温帯草原の植生

★★ 1 アメリカ合衆国の中部から西部およびカナダの一部にかけて分布し，現在は世界的な農業地帯となっている広大な長草草原を何というか。 | 1 プレーリー

★★ 2 アルゼンチンのブエノスアイレスを中心に広がる，総面積約60万 km^2（関東平野の30倍）の草原を何というか。年降水量約550mmを境に，湿潤な草原と乾燥した草原とに区分され，混合農業・小麦栽培・家畜の放牧が行なわれる。 | 2 パンパ

3 ハンガリー盆地東半，ドナウ川の支流ティサ川流域の草原を何というか。ヨーロッパの穀倉の1つで，小麦やとうもろこしが栽培される。 | 3 プスタ

亜寒帯(冷帯)・寒帯の植生

★ 1 ユーラシア大陸北部や北アメリカ大陸北部に分布する，混合林および針葉樹林からなる森林を何というか。 | 1 亜寒帯林(冷帯林)

★ 2 温帯から亜寒帯(冷帯)にかけて分布する，まつ・すぎ・ひのき・もみ・とうひなど，細長い葉をもつ樹木を何というか。 | 2 針葉樹

★★ 3 ユーラシア大陸や北アメリカ大陸の北緯50〜70度付近に分布する，亜寒帯(冷帯)の針葉樹林を何というか。 | 3 タイガ

★★ 4 高緯度の永久凍土帯のうち，夏季に表面の一部が溶けて湿地となり，地衣類・蘚苔類・小低木が生育する植生地域を何というか。 | 4 ツンドラ

4 土壌

土壌の区分

★★ 1 母岩が崩壊・風化してきた物質に動・植物の遺体などの有機物が混じってできた地殻の最表層を何とい | 1 土壌

うか。多くの微生物や植物の生育に必要な栄養分を含み、地球上の生態系保持に欠くことができない物質である。

★ 2 気候や植生の影響を強く受けて生成され、気候帯および植生帯に沿って帯状の分布を示す土壌を総称して何というか。

2 成帯土壌

★ 3 地形や母岩、地下水の影響を強く受けて生成され、その分布が限定される土壌を総称して何というか。

3 間帯土壌

★ 4 河川や海洋の運搬・堆積作用により、生成された土壌を何というか。礫・砂・粘土などからなり、沖積平野を形成する。有機物を含む肥沃な土壌で、豊かな農業生産を支える。

4 沖積土

5 風の運搬・堆積作用により生成された土壌を何というか。

5 風積土

★ 6 細かい砂や粘土からなり、砂漠や大陸氷河の末端から風で飛ばされて堆積した土壌で、東ヨーロッパのポーランドからハンガリーにかけて、またウクライナ西部・ロッキー山脈東麓・パンパ西辺・中国華北地方に分布する黄褐色の土壌を何というか。

6 黄土（レス）

7 始良火山の火砕流に成因をもつものと考えられ、南九州の鹿児島湾の周囲に広く分布する、灰白色の火山性土壌を何というか。

7 シラス

8 南部ではおもに箱根・富士、北部では赤城・榛名・浅間などの火山からもたらされ、関東地方の丘陵から台地にかけて広く分布する赤褐色の火山灰土を何というか。

8 関東ローム

成帯土壌

★ 1 高温湿潤な熱帯や亜熱帯地方に分布する、酸性で赤色の成帯土壌を総称して何というか。

1 赤色土

★★ 2 赤色土の1つで、熱帯や亜熱帯の地方に典型的に発達し、鉄・アルミニウムの水酸化物を多量に含む赤色ないし暗赤褐色の土壌を何というか。

2 ラトソル

★ 3 温帯の主として落葉広葉樹林下に発達し、表層は腐植を含み暗黒色、下層は厚く褐色または黄褐色を示す、肥沃な土壌を何というか。

3 褐色森林土

★ 4	低温のため有機物の分解が進まず、化学成分が溶脱され、漂白されて灰白色を示す、主としてタイガ地帯に生成する酸性土壌を何というか。	4 ポドゾル
★ 5	高地や寒冷地において、低湿地や沼沢地の水草や藻類が十分に分解されないままに堆積し、炭化したものを何というか。暗褐色の土塊状(どかい)を示し、燃料や土壌改良剤として農業や園芸原料に用いられる。	5 泥炭
★ 6	高緯度地方や高山に分布する土壌で、蘚苔類・地衣類が分解不十分なまま堆積した土壌を何というか。水分の蒸発と地下への浸透がおさえられるため、過湿状態におかれている。	6 ツンドラ土
★ 7	半乾燥の長草草原地域に分布する、黒色で腐植を多く含んだ成帯土壌を総称して何というか。	7 黒色土
★★ 8	ウクライナから西シベリアにかけて、典型的に発達する肥沃な腐植土を何というか。ロシア語で黒色土を意味する名称で呼ばれ、小麦の大産地で世界の穀倉地帯を形成している。	8 チェルノーゼム
★ 9	北アメリカのプレーリーと呼ばれる長草草原地域に分布し、小麦やとうもろこしの大産地となっている、黒色で肥沃な腐植土を何というか。	9 プレーリー土
10	アルゼンチンの温帯草原に発達する、火山灰・粘土・細砂などの風成堆積物を母材とする土壌を何というか。肥沃な腐植土で小麦やとうもろこしの大産地を形成している。	10 パンパ土
11	暗褐色の腐植層の下に明褐色の下層をもつ、ステップの土壌を何というか。農耕地としての利用は進んでいるが、降水量の変動が著しい地域であるため、十分な灌漑施設を必要とする。	11 栗色土(くりいろど)
★12	植物被覆がほとんどない、砂漠に分布する土壌を何というか。腐植層を欠き、まれに塩類皮殻をつくる。	12 砂漠土

間帯土壌

★ 1	地中海沿岸地方の石灰岩地帯に分布し、表層に薄い腐植層をもち、下層は赤色または赤褐色を示す石灰岩が風化した土壌を何というか。	1 テラロッサ
★ 2	ブラジルのサンパウロ州やパラナ州に分布し、肥沃	2 テラローシャ

でコーヒー栽培に適し，コーヒー土とも呼ばれる，玄武岩や輝緑岩が風化して生じた暗紫色の土壌を何というか。

★ 3 肥沃で綿花の栽培に適し，黒色綿花土とも呼ばれインドのデカン高原に分布する，玄武岩の風化により生じた黒色土を何というか。　　3 **レグール土**

5 日本の気候

★ 1 秋から冬にかけてシベリアに滞留し，低温で乾燥した季節風を吹きだし，日本の冬を支配する寒帯性大陸気団を何というか。この気団から吹きだす風は日本海を通過する際に水蒸気の供給を受け，日本海側に多量の雪をもたらす。　　1 **シベリア気団**

★ 2 日本の南方洋上に出現し，主として夏季に発達する高温多湿な熱帯性海洋性気団を何というか。　　2 **小笠原気団(太平洋気団)**

★ 3 6月〜9月にオホーツク海や千島列島沖付近に出現し，梅雨期および秋に小笠原気団との間に梅雨前線や秋雨前線をつくる，寒冷湿潤な海洋性気団を何というか。　　3 **オホーツク海気団**

4 中国の長江(揚子江)付近に出現し，主として春と秋に移動性高気圧として日本に暖かく乾燥した晴天をもたらす大陸性気団を何というか。　　4 **揚子江気団**

★ 5 初夏から秋にかけて，東北地方や北海道にオホーツク海気団から吹きだす冷涼湿潤な北東風で，稲作などに被害を与え，冷害の原因となる地方風を何というか。　　5 **やませ**

★ 6 6月上旬から7月上旬にかけて，小笠原気団とオホーツク海気団との間に生じる温暖前線が日本列島の南部に停滞することによりもたらされる長雨を何というか。　　6 **梅雨**

★ 7 夏に北海道最北部まで北上した小笠原気団とオホーツク海気団との間の前線が，秋に再び南下することによりもたらされる長雨を何というか。　　7 **秋霖(秋雨)**

第Ⅰ部 人間と環境

第4章 海洋・陸水

1 海洋

三大洋と付属海

★★ 1 ユーラシア・オーストラリア・南北アメリカの各大陸の間に広がる世界最大の海洋を何というか。 — 1 太平洋

★★ 2 ユーラシア・アフリカ・南北アメリカの各大陸と最大の島グリーンランドの間に広がる世界第2の面積をもつ海洋を何というか。 — 2 大西洋

★★ 3 ユーラシア・オーストラリア・アフリカ・南極大陸の各大陸の間に広がる世界第3の面積をもつ海洋を何というか。 — 3 インド洋

4 南極大陸周辺の海域を何というか。太平洋・大西洋・インド洋の南方海域をさし、これら海洋との間に明確な区分はない。 — 4 南極海

5 太平洋・大西洋・インド洋を総称して何というか。 — 5 三大洋

6 大陸・列島・半島などに囲まれた大洋の周辺海域を何というか。大洋に対する位置によって地中海と縁海（沿海）に分けられる。 — 6 付属海

★★ 7 ヨーロッパとアフリカの間の海、カリブ海・メキシコ湾・北極海などのように、2つの大陸に囲まれた海を何というか。 — 7 地中海〈用語〉

★ 8 ベーリング海・オホーツク海・日本海・東シナ海・バルト海・北海などのように、大陸の外縁にあって、島や半島で囲まれている海を何というか。 — 8 縁海（沿海）

★★ 9 ユーラシア大陸・アフリカ大陸に囲まれた海を何というか。面積251万km^2、西はジブラルタル海峡で大西洋と、東はボスポラス海峡とダーダネルス海峡で黒海と、南はスエズ運河を介して紅海・インド洋とつながる。 — 9 地中海〈地名〉

★★ 10 ユーラシア大陸・北アメリカ大陸・グリーンランド島に囲まれた海洋を何というか。大部分が海氷により閉ざされているが、地球温暖化の影響で氷結期間 — 10 北極海

が短くなっており、ホッキョクグマなどの生物の絶滅が危惧される反面、新たな航路の開設も検討されている。

★★11 ヨーロッパ大陸と小アジア半島に囲まれた地中海の付属海を何というか。ウクライナ、ロシア、トルコ、モルドバ、ルーマニア、ブルガリア、ジョージア(グルジア)などの国々に囲まれ、ダーダネルス海峡、ボスポラス海峡を介して地中海に、ケルチ海峡を介してアゾフ海につながる。

11 黒海

★★12 アフリカ大陸北東部とアラビア半島との間の細長い海洋を何というか。アフリカ大地溝帯の一角を形成する海域で、南はマンダブ海峡を介してアラビア海に、北はスエズ運河を介して地中海につながり、海上交通の要衝となっている。

12 紅海

★★13 ユーラン(ユトランド)半島とスカンディナヴィア半島に囲まれた地中海を何というか。湾奥はボスニア湾とフィンランド湾に分かれ、西はカテガット海峡とスカゲラック海峡を介して北海とつながる。

13 バルト海

★★14 北と東は西インド諸島・南は南アメリカ大陸・西は中央アメリカに囲まれた海域を何というか。メキシコ湾を含めアメリカ地中海と呼ばれることもある。

14 カリブ海

★★15 ロシア北東岸・カムチャツカ半島・千島列島・サハリン(樺太)・北海道に囲まれた縁海を何というか。冬は流氷が多く、長期間氷に閉ざされるが、プランクトンに恵まれ好漁場となっている。

15 オホーツク海

★★16 ロシアのプリモルスキー(沿海州)・朝鮮半島・日本列島・サハリン(樺太)に囲まれた縁海を何というか。大和堆、武蔵堆などのバンク(浅堆)があり好漁場となっている。

16 日本海

★★17 中国・朝鮮半島・九州・南西諸島・台湾などに囲まれた縁海を何というか。大陸棚が広がり好漁場となっている。海底資源も豊富で、尖閣諸島と周辺海域では海底ガス田の領有などをめぐり日本と中国が対立している。

17 東シナ海

★★18 台湾・フィリピン諸島、カリマンタン(ボルネオ)島、マレー半島、インドシナ半島に囲まれた縁海を何と

18 南シナ海

いうか。南沙群島(スプラトリー諸島)周辺の大陸棚では石油資源が確認されたことから，中国・台湾・ベトナム・フィリピン・マレーシア・ブルネイが領有を主張している。

★★19 インド洋北西部に位置し，インド半島・アラビア半島・ソマリア半島に囲まれた海域を何というか。アデン湾を介して紅海・スエズ運河・地中海に，オマーン湾を介してペルシア湾に連絡し，海上輸送のメインルートとなっている。

19 **アラビア海**

★★20 アフリカ大陸西部，大西洋にのぞむ大きな湾を何というか。沿岸にギニア・シエラレオネ・リベリア・コートジボワール・ガーナ・トーゴ・ベナン・ナイジェリア・カメルーンなどの国々が並ぶ。

20 **ギニア湾**

★★21 大西洋北東部，グレートブリテン島・オランダ・デンマーク・ノルウェーなどに囲まれた海域を何というか。大部分が大陸棚上にあり，ドッガーバンクやグレートフィッシャーバンクなどの浅堆が発達，好漁場となっている。また，大陸棚上では，石油や天然ガスの開発が進められている。

21 **北海**

★★22 イタリア半島とバルカン半島に囲まれた海域を何というか。クロアチア沿岸は複雑な地形をもつ沈水海岸。

22 **アドリア海**

★23 地中海東部，ギリシャとトルコとの間に広がる海域を何というか。多くの島が散在し，古代文明の史跡も多く，観光地として知られる。

23 **エーゲ海**

▍海底地形

★★1 大陸沿岸から続く水深200m程度までの緩やかな傾斜の海底を何というか。大陸プレートの縁にあたり，海水面が低下した氷河期に堆積平野として形成されたものと考えられている。好漁場となり，また海洋資源開発で注目を集めている。

1 **大陸棚**

★2 大陸棚と大洋底との間にある比較的傾斜の急な海底を何というか。

2 **大陸斜面(大陸坂)**

★3 全海洋底の大部分を占める水深4,000〜6,000mの比較的平坦な海底を何というか。

3 **大洋底**

★★ **4** 大陸の縁辺部や弧状列島と平行して発達し，海洋プレートの沈み込み部にあたる，水深6,000～10,000mほどの細長い大洋底の凹地を何というか。　　4 海溝

★ **5** 世界最深地点がある北太平洋の海溝を何というか。　　5 マリアナ海溝

6 上記5の海溝にある海面下1万920mの世界最深地点を何というか。　　6 チャレンジャー海淵

★ **7** 深さは6,000m未満，海溝よりも規模の小さな海底の窪地を何というか。海嶺の間の窪地や，海溝が堆積で浅くなったものなどがある。窪地がプレート境界に位置するような場合には大規模な地震の震源となることもある。　　7 トラフ

★ **8** プレートの広がる境界にあたる大洋底に発達する細長い山脈状の海底地形を何というか。火山活動を伴いながら玄武岩質の溶岩が湧きだし，海洋プレートを形成する。　　8 海嶺

海流

★★ **1** ほぼ一定の流路と方向をもつ大規模な海水の流れを何というか。表層の流れは，北半球では時計回り，南半球では反時計回りである。　　1 海流

★ **2** 低緯度地方から高緯度地方に向かって流れる海流を何というか。周辺の海域よりも水温が高く，大気を温めて水蒸気を供給し，沿岸地方に温暖で湿潤な気候をもたらす。寒流に比べてプランクトンの量が少なく，透明度が高い。　　2 暖流

★★ **3** 高緯度地方から低緯度地方に向かって流れる海流を何というか。大気を冷やすため水蒸気が発生しにくく，沿岸地方は冷涼で乾燥した気候になる。海面が冷やされるので海水の対流が盛んとなり，プランクトンが豊富で好漁場が形成される。　　3 寒流

4 長期間にわたり一定方向に流れる海流とは異なり，月や太陽の引力の影響により，ほぼ6時間ごとに方向を変える海水の周期的な流れを何というか。　　4 潮流

★ **5** 海岸近くの海水の流れを何というか。ほぼ海岸に並行して流れ，多量の砂を運搬して，様々な砂の堆積地形をつくることがある一方，侵食が進み砂浜が失　　5 沿岸流

第4章 海洋・陸水　45

われたり海食崖をつくることもある。

★ 6 海流の主な原因で、長い期間にわたり一定の方向に吹く風によって生じる海水の流れを何というか。

6 吹送流

7 ある場所の海水が様々な原因で他へ移動し、それを補うために周辺から流入する海流を何というか。

7 補流

暖流

★★ 1 北東貿易風の影響を強く受け、主として赤道の北を西流し、一部は日本付近を流れる黒潮となる暖流を何というか。

1 北赤道海流

★★ 2 南東貿易風の影響を強く受け、主として赤道の南を西流する暖流を何というか。

2 南赤道海流

★★ 3 赤道付近を西流する南・北両赤道海流により生じた海水の移動を補うため、両海流の間を東へ向かう暖流を何というか。

3 赤道反流

★★ 4 メキシコ湾から北アメリカ大陸東岸を北上し、その延長はヨーロッパの気候に大きな影響を与える大規模な暖流を何というか。

4 メキシコ湾流

★★ 5 北大西洋の中緯度以北を南西から北東に向かい、ヨーロッパの北西岸を流れる暖流を何というか。東グリーンランド海流との間に潮境(潮目)を生じ、好漁場を形成する。この暖流が流れるノルウェー沿岸の北緯約71度地点に世界最北の不凍港ハンメルフェストがある。

5 北大西洋海流

★★ 6 30mに及ぶ透明度と黒味がかった濃い藍色をもち、かつおやまぐろを回遊させながら日本列島東岸を北上する暖流を何というか。千島海流との間に潮境(潮目)を生じ、好漁場を形成する。

6 日本海流(黒潮)

★ 7 アフリカ大陸とマダガスカル島の間を通り、アフリカ南端のアガラス岬付近に達する暖流を何というか。

7 モザンビーク(アガラス)海流

★★ 8 ブラジル東岸を南下し、ブエノスアイレス沖合にまで達する暖流を何というか。

8 ブラジル海流

寒流

★ 1 イベリア半島西岸から、アフリカ北西のカナリア諸島を経て、赤道へ向かう湧昇流性の寒流を何という

1 カナリア海流

か。メキシコ湾流の分流の1つである。

★2 北西大西洋のグリーンランド西方海域から北アメリカ大陸北東岸を南下する寒流を何というか。メキシコ湾流との間に潮境(潮目)を生じ，プランクトンに富む好漁場となる一方，氷山や流氷をともない海霧が発生することが多い。

2 ラブラドル海流

★★3 千島列島・北海道・東北日本の太平洋岸を南下する寒流を何というか。不透明な緑色をした海水はプランクトンに富み，好漁場を形成する。

3 千島海流(親潮)

★★4 北アメリカ大陸西岸を南下し，西岸地方に夏は涼しく冬は暖かい気候をもたらす湧昇流性の寒流を何というか。

4 カリフォルニア海流

★★5 南アメリカ大陸西岸を北上する湧昇流性の寒流を何というか。プランクトンに富みアンチョビーの漁獲が多い。沿岸は年間を通し低温で降雨が少ないためアタカマ砂漠を形成する。

5 ペルー(フンボルト)海流

★★6 アフリカ大陸の南西岸を北上する湧昇流性の寒流を何というか。沿岸は年間を通して低温で降雨が少ないため，ナミブ砂漠を形成する。

6 ベンゲラ海流

★★7 南極大陸の周りを西から東に向かって一周する海流を何というか。地球の自転により発生する海流で，太平洋とインド洋では南緯50度付近，大西洋では南緯60度付近を流れる。

7 西風海流

2 陸水

陸水全般

1 河川水・湖沼水・地下水・土壌水・氷河・氷雪水などのように，陸上に存在する水を総称して何というか。地球上の水の総量約14億km³の2.6%ほどを占める。その76.4%が氷雪水，地下水が22.8%。

1 陸水

2 河川水，湖沼水など，陸地表面を流れる水を何というか。陸水の0.59%。

2 表流水

★3 陸水のうち地表面より下部にある水を何というか。

3 地下水

4 生活用水・農業用水・工業用水・水力発電用の水など，人が資源として活用できる水を何というか。

4 水資源

5	水資源としてよく利用する塩分濃度0.5‰(パーミル)以下の水を何というか。	5 淡水
★ 6	カルシウムイオンやマグネシウムイオンを多量に含み，飲用や洗濯には適さない水を何というか。	6 硬水
★ 7	カルシウムイオンやマグネシウムイオンの含有量が少なく，飲用や洗濯に適し，工業用水としても多く用いられる水を何というか。	7 軟水

地表水

1	カスピ海・グレートソルト湖・死海などのように，乾燥気候による蒸発のため塩分濃度の高い内陸地方の湖沼を何というか。	1 塩湖
2	海水が流入することにより塩分を含む湖沼を何というか。比重の大きい塩水が湖の深層に停滞し，比重の小さい淡水がその上に乗るため水の循環が行なわれにくく，湖底は無酸素状態になることが多い。	2 汽水湖
3	塩分濃度0.5‰以下の，塩分をほとんど含まない湖沼を何というか。	3 淡水湖
4	水中の栄養物質が多く，生物生産性の高い湖沼を何というか。霞ヶ浦・浜名湖などのように，一般に低地の湖沼に多く，水深が浅く透明度が低い。	4 富栄養湖
5	水中の栄養物質が少なく，生物生産性の低い湖沼を何というか。支笏湖・洞爺湖・十和田湖・田沢湖などのように，一般に山地の湖沼に多く，水深が深く透明度も高い。	5 貧栄養湖
★★ 6	ロシア・トルクメニスタン・カザフスタン・アゼルバイジャン・イランに囲まれた塩湖で面積世界最大の湖を何というか。西岸にはバクー油田がある。	6 カスピ海
★★ 7	中央アジア，カザフスタン共和国東南部の三日月型の内陸湖を何というか。イリ川が流入する西部は淡水，東部は塩水。近年は灌漑のための取水により河川の流入量が減少，湖水面積の縮小が心配されている。	7 バルハシ湖
★★ 8	シベリア中南部にある透明度の高い世界最深の湖を何というか。海抜456m，深度は−1,141m，透明度40m。淡水の断層湖で，アンガラ川の源流をなす。	8 バイカル湖

★★9	ケニア,ウガンダ,タンザニアに囲まれたアフリカ最大の湖を何というか。面積6.9万 km², 白ナイル川の源流部をなす。	9 **ヴィクトリア湖**
★★10	アフリカ南東部のアフリカ大地溝帯に位置し,タンザニア,ブルンジ,ザンビア,コンゴ民主共和国に囲まれた狭長な湖を何というか。	10 **タンガニーカ湖**
★★11	赤道付近に位置するヴィクトリア湖に流入する河川を水源とし,アフリカ大陸北東部を流れて地中海にそそぐ世界最長の河川を何というか。長さは約6,700km,スーダンの首都ハルツームで本流の白ナイル川とエチオピアのタナ湖を水源とする支流の青ナイルが合流する。	11 **ナイル川**
★★12	カラコルム山脈に源を発し,パキスタン東部を流れアラビア海にそそぐ河川を何というか。中・下流域では古代インダス文明が栄えた。	12 **インダス川**
★★13	アルタイ山脈に源を発し,西シベリア低地の中央部を流れカラ海にそそぐ大河を何というか。上流部にはクズネツク工業地域,中流にはチュメニ油田がある。木材運搬路としても有名。上流は11〜4月,下流は10〜5月凍結。	13 **オビ川**
★★14	バイカル湖の西にあるバイカル山脈に源を発し,シベリア東部,ヤクート自治共和国の中央部を流れ,ラプテフ海にそそぐ大河を何というか。流域にはレナ炭田やヤクート油田があり森林資源にも恵まれている。上流は11〜4月,下流は10〜5月凍結。	14 **レナ川**
15	河川流域の一定地点における1年間の最大流量と最小流量の比を何というか。わが国の河川は大陸の諸河川に比べてこの値が著しく大きい。	15 **河況係数**

地下水

★1	地下を構成する地層のうち,礫や砂などの粗粒の物質からなり,隙間に地下水を含んでいる地層を何というか。	1 **帯水層(透水層)**
★2	地下を構成する地層のうち,粘土や粘板岩,花崗岩や結晶片岩などの細粒で緻密な岩石や物質からなり,容易に水を浸透させない地層を何というか。	2 **不透水層**

★ 3	地表に最も近い帯水層中に滞留し，浅井戸で汲み上げることができ，段丘崖端や扇状地の末端などから地表に湧出する地下水を何というか。	3 自由地下水
★ 4	帯水層の間に部分的に挟まれた不透水層の上に形成される局地的な地下水を何というか。	4 宙水(ちゅうみず)
5	扇状地の末端，台地の周辺，火山山麓など，地下水の湧出地点が帯状に連なっている場所を何というか。	5 湧水帯
6	鉱物性物質や放射性物質あるいは特定の化学成分を含み，湧出時の水温が25℃未満の湧水を何というか。	6 鉱泉
★★ 7	湧出時の水温が25℃以上あり，硫黄や重炭酸ソーダなどの溶解物質を一定量以上含む湧水を何というか。	7 温泉
★ 8	不透水層に挟まれた帯水層中にあり，大気圧よりも大きい圧力を受けている地下水を何というか。	8 被圧地下水
★ 9	不透水層を掘り抜いて，その下にある被圧地下水層に通じている井戸を何というか。	9 掘り抜き井戸(鑽井(さんせい))
10	地下水自身に加えられている圧力により，被圧地下水が地表面よりも高い位置まで噴出する井戸を何というか。	10 自噴井(じふんせい)
★★ 11	オーストラリア東部グレートディヴァイディング山脈の西に位置し，帯水層が盆地構造の不透水層に挟まれ，被圧地下水となっている内陸盆地を何というか。	11 グレートアーテジアン(大鑽井)盆地

第5章 自然災害

第I部 人間と環境

1 非日常的な自然現象によって発生する災害を何というか。地震・津波災害，火山災害，集中豪雨・豪雪・洪水・暴風などの気象災害，地すべり・土石流などの土砂災害などがある。

1 自然災害

地震・津波災害

★★ 1 地殻内部の岩石が破壊され，その衝撃が波動となって大地を振動させる現象を何というか。火山活動に伴っておきる火山性の震動と，断層活動に伴っておきる地殻構造性の震動がある。

1 地震

★★ 2 第四紀に活動したことがあり，今後も活動する可能性があると考えられている断層を何というか。地震予知や地震規模を知る上で役立つため，わが国では詳細な分布図がつくられている。

2 活断層

★ 3 地表付近で発生する浅発性地震を何というか。規模が小さいにもかかわらず，都市部などに大きな被害を与える。

3 直下型地震（内陸型地震）

★ 4 海溝の陸側の海底を震源とする地震を何というか。大陸プレートとその下に沈み込む海洋プレートとの間で岩盤が破壊されて発生する地震で，規模が大きい。海底地形が変形して，津波が発生することが多い。

4 海溝型地震

★ 5 ある地点における地震による地面の揺れの程度を表わす指標を何というか。地震計のみが感じる無感（0）から最も激しい段階（7）までに分け，（5）と（6）の段階をそれぞれ強・弱で2分割して10段階に区分した。

5 震度

★★ 6 地震の最大振幅と周期・震央距離・震源の深さなどを公式にあてはめて決定する，地震のエネルギーの大きさを表わす指標を何というか。

6 マグニチュード

★★ 7 地震動により地盤が流動化して地表に陥没や噴砂を生じ，建造物に大きな被害を与える現象を何というか。地中の水分が多い沖積低地や埋め立て地などで

7 液状化現象

★★ 8	発生しやすい。海底地震や海底火山の噴火，地滑りなどに伴って生じる高波を何というか。海水が盛り上がるように押し寄せ，水圧や水流により被害を増大させる。湾頭に比べ湾奥の幅が狭いリアス海岸では海水遡上による害が生ずることが多い。	8 **津波**
9	1896（明治29）年6月15日に発生，三陸地方を中心に津波による多くの犠牲者が生じた地震を何というか。岩手県釜石市東方を震源とするマグニチュード8.2〜8.5の巨大地震で，波高38.2mの巨大津波が発生，死者・行方不明者2万1,959人に達した。	9 **明治三陸地震**
★10	1923（大正12）年9月1日に発生した大正関東地震による地震災害を何というか。震源は相模湾・神奈川県東部・房総半島南部を含む相模トラフ沿いの広い範囲。マグニチュード7.9，死者行方不明者は約10万5,000人，日本史上最悪の自然災害。	10 **関東大震災**
11	1933（昭和8）年3月3日の深夜に発生，三陸地方を中心に津波による多くの犠牲者が生じた地震を何というか。大津波による被害が大きく死者1,522人，行方不明者1,542人に達した。	11 **昭和三陸地震**
12	1960（昭和35）年5月22日午後3時ごろ（現地時間）にチリ沖で発生したマグニチュード9.5の巨大地震による津波が太平洋をこえて日本を襲い多くの犠牲者をだした。この津波を何というか。	12 **チリ地震津波**
★★13	1995（平成7）年1月17日の未明に発生し，神戸市を中心に淡路島・兵庫県南部に大きな被害を与えた，淡路島北部を震源とするマグニチュード7.2の地震を何というか。	13 **兵庫県南部地震（阪神・淡路大震災）**
14	2007（平成19）年7月16日，新潟県沖の日本海海底を震源として発生し，柏崎市や柏崎刈羽原子力発電所などに多大な被害を与えたマグニチュード6.8の地震を何というか。	14 **中越沖地震**
★15	2004年12月26日に発生した，インドネシア北西部，スマトラ島沖にあるインド洋海底のスンダ海溝を震源とするマグニチュード9.1の地震を何というか。	15 **スマトラ沖地震**
16	スマトラ沖地震で発生した巨大津波を何というか。	16 **インド洋大津波**

津波はタイ・ミャンマー・スリランカを経てアフリカ東岸にも大きな被害をもたらし30万人をこえる犠牲者をだした。

★17 2011(平成23)年3月11日に東北地方で発生したマグニチュード9.0の巨大地震を何というか。巨大津波が太平洋沿岸を襲い、震災による犠牲者は約19,000人に達した。福島第一原子力発電所では核燃料がメルトダウンする深刻な事故がおきた。 | 17 東北地方太平洋沖地震(東日本大震災)

18 2016年4月16日、中央構造線沿いの熊本県で発生したマグニチュード7.3の地震を何というか。 | 18 熊本地震

★19 駿河湾から遠州灘にかけての駿河トラフを震源域として、発生が予想される海溝型地震を何というか。 | 19 東海地震

20 遠州灘から紀伊半島沖の南海トラフを起源として100〜150年周期で発生すると予想される海溝型地震を何というか。 | 20 東南海地震

21 紀伊半島沖から四国南方沖にのびる南海トラフを起源とする海溝型地震を何というか。宝永地震(1707年)は、東南海地震・東海地震と連動し大きな被害を与えた。 | 21 南海地震

火山災害

1 マグマ中の水蒸気や、地下水が熱せられて生じた水蒸気が圧力を増し爆発する噴火活動を何というか。1888年の磐梯山の爆発や、2014年の御嶽山の噴火などがその例である。 | 1 水蒸気噴火

2 地下のマグマ溜まりからマグマが上昇して地上に噴出する噴火活動を何というか。2014年11月の阿蘇中岳第1火口の噴火などがその例である。 | 2 マグマ噴火

★3 火山活動により地表に放出される気体成分を何というか。亜硫酸ガス、硫化水素などを含む。 | 3 火山ガス

★4 火山活動により地表に放出される直径2mm以下の細粒を何というか。粉砕された軽石などもこの分類に含まれる。 | 4 火山灰

★5 地表に噴出したマグマを何というか。その粘性はマグマに含まれる化学的な成分により異なる。 | 5 溶岩

★6 噴火に際して、高温のガスと火山灰・軽石・火山岩 | 6 火砕流

塊などの火山砕屑物が落下したり，斜面を高速で流下する現象を何というか。1991年の雲仙普賢岳噴火の際に多くの犠牲者をだし，家屋等にも被害がでた。

★ 7　火山噴出物や火山本体の崩壊により，岩塊や土砂が水を含んで急速に流下する現象を何というか。1888(明治21)年の磐梯山の噴火の際には，川をせき止め，窪地をつくり，山麓に多くの湖沼ができた。

7　火山泥流

8　イタリア南部，ナポリ湾東岸にある成層火山を何というか。紀元79年の噴火では火砕流と火山灰により古代都市ポンペイを埋没させたことで知られる。

8　ヴェスヴィオ山

9　1991年6月，20世紀最大といわれる巨大噴火をおこしたフィリピン，ルソン島の成層火山を何というか。噴火時の噴煙は上空35kmに達し，火山灰や火砕流によって大きな被害がでた。

9　ピナトゥボ山

★10　鹿児島湾(錦江湾)北部に位置する火山島を何というか。標高1,117m。たびたび噴火を繰り返し被害を与えてきたが，1914(大正3)年の噴火では大量の溶岩が流出し，大隅半島と陸続きとなった。

10　桜島

★11　鹿児島・宮崎両県にまたがり，韓国岳，高千穂峰など20をこえる火山が密集している火山群を何というか。その中の1つである新燃岳は，現在も噴火を繰り返し，周辺に降灰をもたらしている。

11　霧島山

★★12　長崎県島原半島に位置する雲仙火山群の1つで，1990(平成2)年11月から始まった噴火活動により，山頂付近に溶岩ドームを形成し，火砕流による被害をだした火山を何というか。

12　雲仙普賢岳

13　2014(平成26)年9月に水蒸気爆発をおこし，登山者に多くの犠牲をだし，第二次世界大戦後最大の火山災害となった長野・岐阜県境の火山を何というか。

13　御嶽山

★14　長野・群馬の県境に位置する標高2,568mの活火山を何というか。1783(天明3)年の噴火の際には大規模な泥流が発生し，約2,000人の死者をだした。

14　浅間山

★15　神奈川県西部静岡県境にまたがる複式火山を何というか。最高峰は中央火口丘の神山で標高1,438m。カルデラには芦ノ湖や仙石原，周辺には多数の温泉があり，観光地として発展している。

15　箱根山

★16 活火山の三原山がある伊豆諸島最大の島を何というか。水深300〜400mほどの海底からそびえる活火山の陸上部分であり、しばしば噴火を繰り返す。1986(昭和61)年の噴火では溶岩や噴石が発生して全島民が1カ月ほど避難を余儀なくされた。

16 伊豆大島

★17 活火山の雄山を中心に噴火を繰り返す伊豆諸島の島を何というか。水深300〜400mの海底からそびえる火山島の陸上部分である。2000(平成12)年の噴火では火砕流や噴石により、全島民が4年5カ月に及ぶ避難生活を余儀なくされた。

17 三宅島

★18 福島県猪苗代湖の北にある活火山を何というか。標高1816mの成層火山。1888(明治21)年に大規模な水蒸気爆発をおこし山体が崩壊、岩屑なだれや火山泥流により北麓の集落が埋没、477人の犠牲者をだし、桧原湖・小野川湖・秋元湖・五色沼などの湖沼群が生じた。

18 磐梯山

★★19 北海道、洞爺湖の南東に位置する標高733mの活火山を何というか。活動的な火山で、2000(平成12)年にも火山弾の噴出や降灰により大きな被害をだした。山麓には溶岩円頂丘の昭和新山がある。

19 有珠山

気象災害

1 大雨・大雪・洪水・干ばつ・冷害・台風・落雷など気象現象に伴って発生する災害を何というか。

1 気象災害

★2 雨が平年よりも少ないことなどで長期間にわたり水不足状態が続き、農作物に発育不良や枯死が生じる災害を何というか。

2 干ばつ(干害)

★3 農作物の生育期にあたる夏季の異常低温によって、農作物に発育不良や枯死が生じる災害を何というか。わが国では北海道や東北地方などで発生しやすい。

3 冷害

★4 台風や集中豪雨などにより、河川や海水面の水位が上昇することで発生する災害を何というか。河川の氾濫や高潮などによることが多い。

4 水害

★★5 狭い地域に短時間で大量に降る雨を何というか。台風の接近、寒冷前線の通過、梅雨の末期などに発生しやすく、1時間あたりの雨量が100mmをこえる

5 集中豪雨

	ような雨が観測されたこともある。	
★★ 6	河川の水位が異常に上昇するなどで河川が氾濫し、周辺の土地が浸水する現象を何というか。	6 洪水
★ 7	土砂の崩落や流下に伴って発生する災害を何というか。集中豪雨や地震，火山活動などに伴っておきる土石流，土砂崩れ，崖崩れ，地すべりなどにより発生する。	7 土砂災害
★★ 8	泥・砂・礫・岩塊などが水と一体となって高速で流下する現象を何というか。集中豪雨や雪解けが急速に進んだ場合などに発生し，山麓の集落や農地に大きな被害を与える。	8 土石流
★ 9	山腹や斜面を構成する土地の一部が徐々に下方へすべりだす現象を何というか。水を含みやすい第三紀地層の山地，断層破砕帯，温泉地などで発生することが多い。	9 地すべり
10	集中豪雨などで，都市内部の中小河川の洪水や，側溝・マンホールなどから排水があふれだして生ずる災害を何というか。地表がコンクリート建造物やアスファルト道路などに覆われ，地面が雨水を吸収できないことから発生する。	10 都市型水害
★★ 11	台風などの強い低気圧により海面が上昇したり，暴風で海水が海岸に吹き寄せられたりして生じる高波を何というか。	11 高潮

洪水対策

1	武田信玄が甲府盆地の治水対策のために建設したことで知られる，非連続堤防を何というか。	1 かすみ堤
★ 2	土砂災害を防止するために山間部の渓流沿いなどに設置された小規模なダムを何というか。	2 砂防ダム
★ 3	水害を防止するために洪水の水を一時的に貯留する池を何というか。	3 遊水池
4	大都市の水害を軽減することを目的に洪水の水を一時的に蓄えるため，市街地の地下に建設された貯留施設を何というか。	4 地下調整池

第6章 環境問題と環境保全

生態系と環境保全

★★ **1** ある地域における，太陽エネルギー・水・空気・土壌などの自然環境のもとで，生物が営む物質循環システムを何というか。

1 生態系(エコシステム)

★ **2** 生態系の中で，ある生物がより上位に位置する生物の食物になるという補食・被食関係で成り立っているつながりを何というか。

2 食物連鎖

★ **3** ペットボトルや空き缶，自動車や家電製品の部品の再利用やゴミの燃料化などを積極的に推進し，資源の有効利用と廃棄物発生の抑制をめざす社会を何というか。

3 循環型社会

★ **4** 環境破壊の進行を食い止め，人々の健康や生活を守るために必要な環境を維持することを何というか。その手段としては，環境の悪化を防ぐための法律の整備，環境アセスメント，自然災害の発生を防止するための治山・治水事業，緑化運動，自然保護活動など，様々な取り組みがある。

4 環境保全

★ **5** 人間生活と関わりあうことでつくり上げられた，人里に隣接した森林を何というか。人間が手を加えることにより守られた自然で，薪炭や肥料，山菜や木の実などを供給して人々の生活を支えてきた。

5 里山

6 樹木を育てながら樹間で農作物の栽培や家畜の飼育を行なう農林業を何というか。インドネシアやブラジルの熱帯林地域にその例がある。土壌流失を防いだり，家畜の排せつ物が肥料になるなど，より持続的な土地利用が可能になる。

6 アグロフォレストリー

★ **7** 生物が長い歴史の中で分化・分岐を重ねて生みだされてきた様々な生物の種・生態系・遺伝子の総体を何というか。

7 生物多様性

8 大規模な公共施設や工場などを新・増設する際に環境保全のために義務づけられている，その事業を実施した場合に生ずる自然的・社会的影響や弊害につ

8 環境アセスメント(環境影響評価)

いて評価する事前調査を何というか。

9 開発や都市化の波から自然的環境や歴史的環境を保全するため，広く国民から基金を募り，土地を買い取るなどして環境を守る運動を何というか。

9 **ナショナルトラスト運動**

様々な環境問題

★ **1** おもに工場から排出される亜硫酸ガスや煤塵，自動車の排気ガス中に含まれる一酸化炭素や亜硫酸ガス・窒素酸化物などにより，人間の生活が脅かされるほどに大気が汚されることを何というか。

1 **大気汚染**

2 石炭や石油に含まれる硫黄分が，燃焼に際して酸化した物質を何というか。主として工場や火力発電所の排煙中に含まれる大気汚染の主役で，酸性雨の原因となる。わが国では排煙脱硫技術が確立され，被害は減少している。

2 **亜硫酸ガス(硫黄酸化物)**

3 自動車・ビル・工場などから排出される排気ガスなどに含まれる大気汚染の主役の1つで，光化学スモッグの原因にもなる物質を何というか。主要発生源が移動性であることなどから排出規制対策は遅れている。

3 **窒素酸化物**

4 自動車の排気ガスや工場の排煙などに含まれる粉塵や煤塵などで，大気汚染の原因となる微細な液体または固体の粒子を何というか。

4 **浮遊性微粒子(エアロゾル)**

5 大気中に浮遊している浮遊性微粒子のうち，直径が$2.5\mu m$(マイクロメートル)以下の超微粒子を何というか。肺の奥まで入り込み呼吸器系統の障害をもたらす。

5 **PM2.5**

6 煤煙や排気ガスに含まれる塵が，霧と混じり合って地表を覆う大気汚染現象を何というか。

6 **スモッグ**

★ **7** 工場や自動車の排気ガス中の炭化水素と窒素酸化物が紫外線に反応してできる，オキシダントという汚染物質を含むスモッグを何というか。目の痛み・のどの痛みなどの粘膜刺激症状をおこす。

7 **光化学スモッグ**

★ **8** 河川・湖沼・沿岸海域などの水質が著しく悪化することを何というか。火山噴火や土砂災害で発生する場合もあるが，産業活動や生活によって排出される

8 **水質汚濁**

廃棄物や排水が原因となっている場合が多い。

9 海洋に排出・投棄された物質による海水の汚染を何というか。油田やタンカーなどからの原油流出，自然界では分解されないプラスチック製品の漂流，原子力発電所の事故による汚染水の流出など様々な原因がある。

9 海洋汚染

10 人間の活動により，湖沼水や海水に含まれる窒素化合物やリンなどの栄養物質が増加していく現象を何というか。

10 富栄養化

★11 富栄養化の進んだ内湾や内海などでみられる，植物プランクトンの異常発生を何というか。プランクトンが死んで，海底に堆積し分解されると，海水中の酸素を多く消費して無酸素状態となり，養殖魚類に多くの被害を与える。

11 赤潮

12 島原半島の北部に有明海から入り込む長崎県の湾で，干拓事業に伴う水門閉め切りによる環境悪化が争点になっている湾はどこか。

12 諫早湾

日本の主な公害

1 事業活動などによって，自然のバランスが破壊され，人間の生命や健康に関わるような被害が広範囲にわたって生じることを何というか。日本では1960年代以降，工業生産の急増や人口の都市集中を背景に激化し，大きな社会問題となった。

1 公害

2 栃木県足尾町（現・日光市）で発生した鉱毒事件を何というか。銅精錬所の排煙が山の木を枯らして水害をもたらし，鉱毒を含んだ水と土砂が渡良瀬川下流域の農村に被害を与え，わが国の公害の原点ともいわれた。

2 足尾銅山鉱毒事件

★3 熊本県南西部水俣湾沿岸で発生した，有機水銀中毒症を何というか。化学工場の排水中に含まれた有機水銀が食物連鎖で魚介類に濃縮され，それを食べた沿岸住民に中枢神経疾患の症状が現われ，多くの被害者をだした。

3 熊本水俣病

★4 新潟県阿賀野川下流域で発生した，有機水銀中毒症を何というか。中流域の鹿瀬町（現・阿賀町）にある

4 新潟水俣病

	化学工場の排水中に含まれた有機水銀が食物連鎖で魚介類に濃縮され，それを食べた人々に多くの被害者をだした。	
★ 5	富山県中北部婦中町(現・富山市)を中心とした神通川流域で発生した，カドミウム中毒症を何というか。岐阜県北部の神岡鉱山から流出した未処理水中のカドミウムが水田に蓄積され，その米を食べた人々の間に骨軟化症などの症状をもつ多くの被害者をだした。病名は，患者が「痛い痛い」と泣き叫ぶことから名づけられた。	5 **イタイイタイ病**
★ 6	三重県四日市市とその周辺で発生した，大気汚染による公害病を何というか。石油化学コンビナートの排煙に含まれる亜硫酸ガスにより，多くの呼吸器障害の被害者をだした。	6 **四日市ぜんそく**
★ 7	3〜6に記した公害をあわせて何というか。いずれも裁判により有害物質が特定され被害を受けた原告側が勝訴した。しかしその後も公害病の認定をめぐって控訴が続き，多くの課題を残している。	7 **四大公害病**
8	公害事件の多発を受けて1967年に制定された，公害の定義，事業者・国の責務，環境基準について規定した法律を何というか。この法律により，公害の種類として，大気汚染・水質汚濁・土壌汚染・地盤沈下・騒音・振動・悪臭の7種類があげられ，「典型7公害」と呼ばれた。	8 **公害対策基本法**
9	1992年の国連環境開発会議で合意された「リオ宣言」を前提に，公害対策基本法のあとを受けて成立した，わが国の環境行政の基本をなす法律を何というか。	9 **環境基本法**

地球環境問題

★ 1	二酸化炭素など温室効果ガスの濃度の増大など，人為的原因で地球全体の気温が上昇していくことを何というか。このような気温の上昇は，海水面の上昇や気候帯の変動による生態系への影響など，地球環境に深刻な問題をもたらす。	1 **地球温暖化**
2	化石燃料の燃焼に伴う二酸化炭素・メタン・フロンなどの濃度の増大などにより，熱の放散が妨げられ，	2 **温室効果**

気温が上昇する現象を何というか。

★★ 3 二酸化炭素・メタン・対流圏オゾン・フロンなど,地球温暖化の原因となる物質を総称して何というか。

3 温室効果ガス

★★ 4 高度約25km付近の成層圏に集まり,人体に有害な太陽からの紫外線の大部分を吸収する酸素の同位体O_3が集中している大気層を何というか。

4 オゾン層

★★ 5 オゾン層破壊の深刻な実態を示す,南極上空のオゾン層が薄くなった部分を何というか。

5 オゾンホール

★★ 6 冷蔵庫やエアコンの冷媒・エアゾール製品の噴霧剤・電子機器の洗浄用などに用いられてきた,オゾン層破壊の原因とされるガスを何というか。

6 フロンガス

★★ 7 硫黄酸化物や窒素酸化物などの大気汚染物質によって発生する,酸性の強い雨を何というか。この雨が原因となって,湖沼の生態系の破壊・森林の枯死・青銅の彫像や大理石建造物の溶解などの被害が生じている。

7 酸性雨

★ 8 人類の活動範囲が拡大することに伴う森林の減少を何というか。温帯林は歴史的に早くからその多くを失い,近年は熱帯林の開発が問題となっている。現在開発の中心は冷帯林に移行しつつあり,その減少が心配されている。

8 森林破壊

★ 9 先進国の木材輸入・農業開発・鉱産資源開発・人口増大に伴う薪炭採取や焼畑の増大などによる,熱帯地域の森林破壊を何というか。多様な生物資源の宝庫である森林破壊によって,野生生物種の絶滅・地球規模の気候変動などの影響が生じる。

9 熱帯林破壊

★ 10 焼畑農業地域において,森林の回復を待たずに火入れを行なうなど,地力を低下させる耕地の過剰な利用を何というか。

10 過耕作

★★ 11 牧草など飼料の成長・生産を上回る過剰な放牧を何というか。この状態が続くと牧草の再生産が追いつかず,砂漠化を引きおこす。

11 過放牧

★★ 12 乾燥地域や半乾燥地域で,過耕作や過放牧,降水量の減少,灌漑に伴う塩害などにより,植生が失われ不毛な土地に変わっていくことを何というか。

12 砂漠化

13 灌漑農地の塩類集積現象を何というか。乾燥地域で

13 土壌の塩性化(土壌

は，灌漑を行なうことでそれまで蓄積されていた土壌中の塩分が毛細管現象により吸い上げられて地表に蓄積し，農耕を不可能にする場合がある。（の塩類化）

環境保全と国際協力

1. 1972年，「かけがえのない地球」をスローガンに，スウェーデンのストックホルムで開かれた国際会議を何というか。

   1 国連人間環境会議

2. 国連人間環境会議で採択された，環境保全・公害防止政策のあり方などを示した宣言を何というか。

   2 人間環境宣言

3. ケニアのナイロビに本部をおき，オゾン層保護や地球温暖化防止，砂漠化防止などに積極的に取り組んでいる国連の機関を何というか。

   3 国連環境計画（UNEP）

4. 1992年，ブラジルのリオデジャネイロで開かれた国連主催の環境会議を何というか。

   4 環境と開発に関する国連会議（国連環境開発会議・（地球サミット）

5. 国連環境開発会議で確認された，将来の世代が享受する経済的・社会的利益を損なわない範囲で，地球環境を利用していこうとする考え方を何というか。

   5 持続可能な開発

6. 国連環境開発会議で採択された，環境保護についての行動計画を何というか。人口問題・大気汚染・野生動物の保護など，全40章からなる。

   6 アジェンダ21

7. 地球温暖化防止のため，温室効果ガスの発生量を削減し，気候変動に伴う悪影響を防止するための国連の条約を何というか。1992年の国連総会で採択，地球温暖化防止条約ともいう。

   7 気候変動枠組み条約

8. 気候変動枠組み条約に実効性をもたせるため，1997年に開催され，温室効果ガスの具体的な削減目標を定めた第3回締約国会議を何というか。

   8 地球温暖化防止京都会議（COP3）

9. 地球温暖化防止京都会議（COP3）で定めた温室効果ガス削減の取り決めを何というか。削減目標を達成するために排出量を売買するなどの京都メカニズムも取り入れたが，中国などの発展途上国に削減義務はなく，アメリカ合衆国が離脱を表明するなどの混乱もあり，目標達成はできていない。

   9 京都議定書

10 京都議定書に代わる地球温暖化対策の枠組みとして，2015年のCOP21で合意された国際協定を何というか。協定は，温室効果ガスの排出量を実質ゼロにすることにより，産業革命以前からの気温上昇を2℃未満に抑えることを目標にしている。2017年，アメリカ合衆国はこの協定からの脱退を表明した。

10 パリ協定

★11 ヨーロッパの酸性雨を防止するため，国連・ヨーロッパ経済委員会が1979年に締結した国際条約を何というか。その後，ヘルシンキ議定書やソフィア議定書で，硫黄酸化物や窒素酸化物の削減目標を定めた。

11 長距離越境大気汚染条約

12 国連環境計画(UNEP)が中心となって取りまとめたオゾン層の保護に関する国際条約を何というか。1985年に採択され，1987年発効している。

12 ウィーン条約

13 オゾン層の保護を決めたウィーン条約を具体化するため，フロンなどの規制・削減スケジュールを定めた国際条約を何というか。1987年採択。この条約の発効によりオゾン層破壊物質の生産と消費に関する規制は大きく進展した。

13 モントリオール議定書

14 国連が主催した砂漠化を食い止めるための国際会議を何というか。1977年，ケニアのナイロビで開催され「砂漠化防止行動計画」を採択，砂漠化に対する緊急の抑止策を実施するとともに，砂漠の緑化を進めるための特別基金の要請を決めた。

14 砂漠化防止会議

★15 砂漠化の深刻な影響を受けている国(特にアフリカの国)の砂漠化に対処するための国連条約を何というか。

15 砂漠化対処条約

★16 絶滅のおそれのある野生動植物保護を目的に，生物のほか，剥製・加工品の国際取引を禁止・規制する国際条約を何というか。近年は，クロマグロやニホンウナギなどが規制の対象として論議されている。

16 ワシントン条約

★17 多様な生態系をもち，水鳥の生息地として国際的に重要な湿地を保護する国際条約を何というか。日本では，釧路湿原・ウトナイ湖・霧多布湿原・伊豆沼・谷津干潟・琵琶湖・藤前干潟などが登録されている。

17 ラムサール条約

第Ⅰ部 人間と環境

第7章 生活圏の拡大と地図

1 生活圏の拡大と地図の利用

古代の世界像と地図

★ **1** 紀元前700年頃の作と考えられ，現存する最古の世界地図とされる，粘土板の上に円と直線を組み合わせてティグリス川・ユーフラテス川やペルシア湾を描きだした地図を何というか。 　**1** バビロニアの世界地図

2 紀元前5世紀頃のギリシアの歴史家・地理学者で，地中海を中心に南ヨーロッパ・北アフリカ・西南アジアの範囲を円盤状に描き，その周辺にオケアノス(大洋)をめぐらせた世界地図をつくった人は誰か。 　**2** ヘカタイオス

3 紀元前4世紀頃のギリシアの哲学者で，月食の際，月面にうつる地球の影が丸いことなどから，地球球体説をとなえた人は誰か。 　**3** アリストテレス

4 紀元前2世紀頃のギリシアの地理学者で，アレキサンドリアとシエネの間で子午線の長さを測り，地球の円周を測定した人は誰か。 　**4** エラトステネス

5 2世紀頃のギリシアの地理学者で，ヨーロッパ・北アフリカ・西アジア・インド・東南アジアを含めた当時のヨーロッパ人が知っていた世界の範囲を，単円錐図法に似た経緯線入りの世界地図に描いた人は誰か。 　**5** プトレマイオス(トレミー)

中世の世界像と地図

★ **1** 科学的な世界観が否定された中世ヨーロッパで，キリスト教の聖地エルサレムを中心に，アジア・アフリカ・ヨーロッパを区分するT字型の水域と，円盤状の陸地を取り巻くオケアノス(大洋)を描いた地図を何というか。 　**1** TO(OT)マップ

★ **2** 14世紀イタリアの旅行家で，陸路で中央アジアを経て中国に至り，フビライ＝ハンに仕えたのち海路南アジアをめぐり帰国し，『東方見聞録』を著した人は 　**2** マルコ＝ポーロ

誰か。

3 14世紀のイスラームの旅行家で，スーダンからインド・中国まで各地を回り，『三大陸周遊記』を著した人は誰か。

4 13世紀以降のヨーロッパにおいて，地中海の海上交通の発展と羅針盤の利用に伴ってつくられた海図を何というか。図中に記した方位盤から32方位に放射状の方位線が引かれ航路決定の目安とされた。

3 イブン＝バットゥータ

4 ポルトラノ海図

近世の世界像と地図

1 1492年に，現存する世界最古の地球儀をつくったドイツの地理学者は誰か。現在，この地球儀はドイツのニュルンベルク博物館に保存されている。

2 15世紀のイタリアの天文学者・地理学者で，地球球体説に基づく世界地図を作成し，コロンブスに西回り航海をする論拠を与えたのは誰か。

3 アジア・アフリカ・ヨーロッパの旧大陸に対して，南アメリカ・北アメリカ・オーストラリアの諸大陸につけられた呼称を何というか。

4 1488年アフリカ最南端を通過，「嵐の岬」と名づけたポルトガル航海者は誰か。

★ **5** 1497年，アフリカ南端"喜望峰"を回り，1498年，インドのカリカットに到達したポルトガルの航海者は誰か。

★ **6** スペイン女王イサベルの援助を得て西回りの航海を行ない，1492年，バハマ諸島のサンサルバドル島に到達したイタリアの航海者は誰か。

7 1499年以降，4回にわたってアメリカ大陸を探検し，1500年の報告書で，この地がアジアでないことを確認したスペインの探検家は誰か。アメリカの地名は彼に因む。

★ **8** アジアへの西航コースを求めて南アメリカ南端の水路に名を残し，1521年にフィリピンのセブ島で戦死したポルトガル生まれでスペインの航海者は誰か。1522年に部下の手により世界周航が完成した。

★ **9** 1569年，自己の発案した正角円筒図法に基づいて，

1 マルティン＝ベハイム

2 トスカネリ

3 新大陸

4 バルトロメウ＝ディアス

5 ヴァスコ＝ダ＝ガマ

6 コロンブス

7 アメリゴ＝ヴェスプッチ

8 マゼラン

9 メルカトル

第7章 生活圏の拡大と地図

世界全図を作成したオランダの地理学者は誰か。

10 イタリアのイエズス会の宣教師で，1582年に中国に入り，リマトウ(利瑪竇)の名で布教するとともに，地図と地理書をあわせた『坤輿万国全図』をつくった人は誰か。この地図および書物はわが国の江戸時代における世界知識の獲得に大きく貢献した。

10 マテオ＝リッチ

近代の世界像と地図

1 1642〜43年および1644〜48年の航海で，タスマニア・ニュージーランド・フィジーなどの島々を探検したオランダの航海者は誰か。

1 タスマン

★2 1768年以降，数回におよぶ航海で太平洋をベーリング海峡からニュージーランドまで縦横に探検し，オーストラリアのイギリス領有に貢献したイギリスの航海者は誰か。

2 クック

3 1860〜62年，中国各地を調査し，黄土の研究のほか，"中国"について5巻の著述と2巻の地図よりなる大著を著したドイツの地理学者は誰か。

3 リヒトホーフェン

4 中央アジアの東トルキスタン・タリム盆地を踏査するとともに，1901年に楼蘭の跡を発見し，ロプノールに対して"さまよえる湖"と名づけたスウェーデンの地理学者は誰か。

4 ヘディン

★5 1849〜56年にアフリカ南部を横断，ヴィクトリア滝を命名し，1866年にナイルの水源地を探ったイギリスの探検家は誰か。

5 リビングストン

6 1871年にリビングストン救出のためにアフリカに渡り，1877〜84年にコンゴ川流域を探検して，ベルギー国王の後援のもとにコンゴ自由国の建設に努めた，アメリカ合衆国の探検家は誰か。

6 スタンリー

7 1911年，南極点に初到達したノルウェーの探検家は誰か。

7 アムンゼン

8 南アメリカや中央アメリカに研究旅行を行ない，大著『コスモス(宇宙)』を著して，地理学研究に自然科学的な方法を導入し，自然地理学の祖と呼ばれるドイツの地理学者は誰か。

8 フンボルト

9 哲学，歴史学の研究から出発し，もっぱら書斎にお

9 リッター

いて文献による研究を重ね,『一般比較地理学』を著し,人文地理学の父と呼ばれる地理学者は誰か。

10 『人類地理学』『政治地理学』を著し,体系的な地理学を樹立するとともに,人類社会に及ぼす自然環境の影響力は,動植物の場合と同じく決定的なものだとする"環境決定論"を主張したドイツの地理学者は誰か。

10 ラッツェル

11 『人文地理学原理』を著して,自然環境は人間活動を規定するものではなく,単に可能性を与えるものにすぎないとする"環境可能論"を主張したフランスの地理学者は誰か。

11 ブラーシュ

日本

★1 奈良時代に行基がつくったと伝えられ,米俵を積み重ねたような形で表現し,国の位置と主要街道を記した最古の日本全図を何というか。

1 行基図

★2 1800〜16年にかけて,幕府の命を受けて全国の沿岸を測量し,わが国最初の実測図である『大日本沿海輿地全図』を作成した,江戸時代後期の測量家は誰か。

2 伊能忠敬

2 地図の種類と用途

縮尺

★★1 地上の実距離と,地図上に縮小して示された距離との比を何というか。一般に1を分子とする分数の形で表現される。

1 縮尺

2 各種の実測図や5,000分の1国土基本図など,比較的狭い範囲の地物をくわしく表現するのに用いられる縮尺を何というか。

2 大縮尺

3 100万分の1あるいは1,000万分の1など,比較的広い範囲を1枚の地図にコンパクトに表現するのに用いられる縮尺を何というか。

3 小縮尺

一般図と主題図

★★1 国土地理院発行の地形図などのように,一般に広く

1 一般図

利用されることを意図して，地表の地形，土地利用，行政区画などを網羅的に表現している地図を何というか。

★★ 2　土地利用図・地質図・植生分布図・道路図・航空図などのように，特定の目的のために特定の事象を意図的に取り上げて表現している地図を何というか。

2　主題図

3　わが国の主要地域（大都市周辺や平野など）を対象として，国土地理院が国土の開発・保全計画などのための基礎資料として作成している一般図で，2,500分の1および5,000分の1の大縮尺図を何というか。

3　国土基本図

★★ 4　地形の起伏を等高線で示し，土地利用や地表に分布する事物をできる限りくわしく表現した，国土地理院発行の一般図を何というか。

4　地形図

5　岩石や堆積物の分布や配列を，時代別にあるいは前後関係がよくわかるように色別に表示し，断層・褶曲・走向・傾斜などの地質構造，化石の産地，鉱山や温泉などを記した主題図を何というか。

5　地質図

★ 6　海の浅深，海底の性状，暗礁・浅瀬などの所在地，および航海に必要な沿岸の自然物・人工物を記入し，船舶の安全な航行のために利用される主題図を何というか。メルカトル図法で描かれ，図中の2点間を結んだ直線は等角航路を示す。

6　海図

統計地図

★★ 1　図上に統計事象の数値を彩色や濃淡，あるいは記号などで表現している地図を何というか。

1　統計地図

2　ある特定の事象の広がりの様子や，数量の地域的な相違を地図上に表現した図を何というか。

2　分布図

★★ 3　人口や各種の生産量などを点で表現し，地図にその分布を示した統計地図を何というか。

3　ドットマップ

4　地図上に等しい形と等しい面積からなる網をかけ，1つ1つの網の目にあたる地域の情報を表示した地図を何というか。

4　メッシュマップ

★★ 5　統計数値を幾つかの段階に区分し，それぞれを色や記号で表現して地図上にその分布を示した統計地図を何というか。

5　階級区分図

6 各地域の統計値を効果的に示すため，例えば国の大きさを統計数値の大きさによって変えるなど，本来の地図に手を加えて表現した地図を何というか。 — 6 カルトグラム（変形地図）

★★ **7** 等高線図や等温線図のように，ある事象についての同じ値をもった点を連ねて，その分布の状況を示した統計地図を何というか。 — 7 等値線図

8 物資や人などの移動の量や方向を，矢印と流線で示した地図を何というか。 — 8 流線図

9 視覚に訴えるため，統計数値を円や正方形，あるいは図案化して示した地図を何というか。 — 9 図形表現図

地理情報と地図

1 地図表現に必要な情報を数値化・符号化して，今まで手作業で行なってきた地図作成作業をコンピュータを用いて多彩な表現ができるようにした地図を何というか。 — 1 コンピュータマップ（デジタルマップ）

★★ **2** コンピュータを用い，様々な位置と空間に関する情報を加工・分析し，地図上に表現し，行政や地域研究，企業活動に役立たせるシステムを何というか。このシステムを利用して特定の情報に特化したシミュレーションマップなどをつくることができる。 — 2 地理情報システム（GIS）

3 国土交通省が提供している国土に関する様々な情報を位置情報と組み合わせて整備したデータを何というか。行政区域，鉄道，道路，河川，地価公示，土地利用メッシュ，公共施設などがある。 — 3 国土数値情報

4 標高・海岸線・行政界・土地利用など，メッシュ単位に数値化した様々な地図情報をもとに，コンピュータを用いて作成する地図を何というか。 — 4 数値地図

5 地理情報システム（GIS）に様々なデータを入力し，特定の状態（例えば災害など）を想定してつくられた地図を何というか。 — 5 シミュレーションマップ

★★ **6** 地震・火山活動・水害など，各種災害の被害予測と，災害発生時の避難経路などの緊急対応を示した地図を何というか。 — 6 ハザードマップ（防災地図）

7 アメリカ合衆国が打ち上げた地球観測のための科学衛星を何というか。 — 7 ランドサット

★ 8 人工衛星や航空機から発する電磁波などを用いて，地球の環境や資源などを探査・調査する方法を何というか。

8 リモートセンシング（遠隔探査）

様々な地図

1 地表の起伏や分布する事物を，空中のある角度から眺めた状態で立体的に描いた地図を何というか。

1 鳥瞰図

2 人それぞれが自分自身の空間理解に基づいて，頭の中にもっている地図を何というか。図化してみると実際の地図とは一致せず，空間理解のひずみが明確になる。

2 メンタルマップ

3 地球儀と時差

地球と地球儀

★★ 1 経緯線や大陸の形が記入され，地軸を中心に回転することが可能な，地球をかたどった球型の立体模型を何というか。

1 地球儀

★★ 2 地球の中心を通り，南北両極を結ぶ直線を何というか。地球の自転軸でもある。

2 地軸

3 地軸は地球の公転軌道面に対して何度何分傾いているか。

3 23度26分

★★ 4 地球が，地軸を中心に西から東へ24時間で1回転する回転運動を何というか。

4 自転

★ 5 地球が，自転しながら1年間で太陽の回りを1周する運動を何というか。

5 公転

6 a. 地球の半径はほぼ何kmか。
　b. 地球の円周はほぼ何万kmか。
　c. 地球の表面積はほぼ何億km^2か。
　d. 地球上の海洋と陸地の面積比はほぼどのくらいか。

6 a. 約6,400km
　b. 4万km
　c. 約5.1億km^2
　d. 約7：3

★ 7 地球上で，地球の中心を挟んで正反対の地点を何というか。

7 対蹠点

8 地球を半球に分けた場合，パリ南西のナント付近を中心として，陸地面積が最大になるように区分した半球を何というか。

8 陸半球

9 地球を半球に分けた場合，ナントの対蹠点にあたる

9 水半球

	南太平洋のアンティポディーズ諸島を中心として海洋面積が最大になるように区分した半球を何というか。	
★★10	地球を赤道で区分した時の北側の半球を何というか。ユーラシア大陸，北アメリカ大陸，アフリカ大陸の北半分，南アメリカ大陸の一部を含む。緯度を示す場合には北緯を用いる。	10 北半球
★★11	地球を赤道で区分した時の南側の半球を何というか。オーストラリア大陸，南極大陸，アフリカ大陸の南半分，南アメリカ大陸の大部分を含む。緯度を示す場合には南緯を用いる。北半球とは季節が逆になる。	11 南半球
12	地球を経度で区分した時の東側の半球を何というか。本初子午線から東回りに東経180度までの範囲で，オーストラリア大陸とユーラシア大陸の大部分，アフリカ大陸の大部分が含まれる。経度を示す場合には東経を用いる。	12 東半球
13	地球を経度で区分した時の西側の半球を何というか。本初子午線から西回りに西経180度までの範囲で，南北両アメリカ大陸を挟み，太平洋と大西洋が広がる。経度を示す場合には西経を用いる。	13 西半球

緯度と経度

★★1	地軸の中点を通り，地軸に垂直な平面で地球を切ったと仮定した場合，その切断面と地表面とが交わる線を何というか。	1 赤道
★★2	赤道面に平行な平面で地球を切ったと仮定した場合，その切断面と地表面とが交わる線を何というか。	2 緯線
★★3	地球上の任意の1点と地球の中心を結ぶ線が赤道面との間でなす角度を何というか。赤道面を0度として南北それぞれ90度に分け，北を北緯，南を南緯と呼ぶ。	3 緯度
★4	赤道の南北両側にあり，ともに地軸の傾きと同じ23度26分の緯線を何というか。	4 回帰線
★5	南極点と北極点を中心とし，それぞれ南北緯度66度34分までの緯線の範囲を何というか。北半球のこの地域では夏至の日には太陽は沈まず，冬至の日は全	5 極圏

く太陽は昇らない。

★★ 6 北半球で昼の時間が最も長い日を何というか。毎年6月21日ごろ，地球の自転軸の傾きにより，地球からみた見かけ上の太陽は，1年のうちで最も北，北回帰線上に位置する。 | 6 夏至

★★ 7 北半球で夜の時間が最も長い日を何というか。毎年12月22日ごろ，地球の自転軸の傾きにより，地球からみた見かけ上の太陽は，1年のうちで最も南，南回帰線上に位置する。 | 7 冬至

★★ 8 太陽が真東から昇り真西に沈み，昼と夜の長さが同じになる日を何というか。毎年3月21日ごろ，地球からみた見かけ上の太陽は赤道上にある。 | 8 春分の日

★★ 9 上記8と同様，昼と夜の長さが同じになる9月22日ごろの日を何というか。地球からみた見かけ上の太陽は赤道上にある。 | 9 秋分の日

★★ 10 北極と南極を結んだ地軸を含む平面で地球を切ったと仮定した場合，その切断面と地表とが交わる線を何というか。 | 10 経線(子午線)

★★ 11 経度0度を基線とし，基線と，地球上の任意の1点を通る経線(子午線)が，それぞれ赤道と交わってつくる2点と，地球の中心とを結んで得られる角度を何というか。赤道円周を東西180度に分け，東回りを東経，西回りを西経と呼ぶ。ほぼ180度線に沿って日付変更線が設置されている。 | 11 経度

子午線と時差

★ 1 世界各地の経度を測る基準となる経度0度の基線を何というか。以前はロンドンの旧グリニッジ天文台を通る経線が基準。 | 1 本初子午線

★★ 2 ロンドンの旧グリニッジ天文台を通る，本初子午線を基準として決められた時刻を何というか。 | 2 GMT(グリニッジ標準時)

★ 3 本初子午線を基準として，一定範囲の時刻を等しくするために設定された，ほぼ15度ごとの経線を何というか。 | 3 標準時子午線

★ 4 兵庫県明石市を通り，GMTとの間に9時間の時差のある東経135度の経線を何というか。 | 4 日本標準時子午線

5 ★a. より精度の高い原子時計をもとに，世界の標準時の基準として設定された時刻を何というか。

b. 上記 a の標準時に対して日本の標準時はどのように表示されるか。

★★6 地球上の各地方で用いる標準時が示す時刻の，地域相互間の差を何というか。一般的に経度15度ごとに1時間の時刻のずれが生ずる。

★★7 太平洋上をほぼ180度の経線に沿い，この線を西にこえる時には1日を加え，東にこえる時には1日を減らすよう日付を変更することを決めた線を何というか。

8 人工衛星による測定で明らかになった地球の形状をもとに，地球上の位置を緯度・経度で表わすための世界基準を何というか。

9 明治期以来，日本で用いられてきた位置の測定基準を何というか。この基準は世界基準との間にずれがあったため，2001年に人工衛星や電波を用いて測定した世界基準に改められた。

★10 人工衛星から電波を受けて，位置を確認する全球測位衛星システム（GNSS）の1つで，アメリカ合衆国や日本で使用されているシステムを何というか。カーナビゲーションシステムや全国に設置された電子基準点の位置の測定などに用いられている。

5 a. 協定世界時（UTC）
 b. UTC＋9

6 時差

7 日付変更線

8 世界測地系

9 日本測地系

10 GPS（全地球測位システム）

4 地球儀と地図投影法

★1 球体である地球を，その表面に描いた経線・緯線を基準に，平らな紙などの平面に写しかえて示す方法を何というか。

2 世界全図などの小縮尺の地図を描く場合，基線として図の中心に描かれる経線を何というか。一般に直線として描かれる。

1 地図投影法（地図の図法）

2 中央経線

円錐図法

★1 地球表面に接する円錐に地表の形を写し，これを平面に展開する図法を何というか。

2 円錐図法の1つで，各経線上と基準となる緯線上の

1 円錐図法

2 正距円錐図法

第7章 生活圏の拡大と地図　73

距離が正しく表わされる図法を何というか。トレミー（プトレマイオス）がその当時の世界地図に用いたことからトレミー図法ともいう。

3 円錐図法を改良した図法で，各緯線は同心円，経線は中央が直線，ほかは曲線をなし，経緯線間隔は実際の距離の比により描かれた正積図法を何というか。中緯度地方の地方図などに用いられる。　　　　3 ボンヌ図法

4 円錐図法を改良した図法で，各緯線は同心円，経線は放射直線で，正角性をもたせるため緯線間隔と経線間隔の拡大率を同じくした正角図法を何というか。中緯度地方の地方図などに用いられる。　　　　4 ランベルト正角円錐図法

5 円錐図法を改良した図法で，紙風船をつくる手法のように，北極と南極を両端とした舟底型の平面をつなぎ合わせて地球を包み，中心に光源を置いた形で地表の形を写しだした図法を何というか。この図法は南北に細長い地域の表現に適している。　　　　5 多円錐図法

円筒図法

★1 地球表面に接する円筒に地表の形を写し，これを平面の上に展開する図法を何というか。メルカトル図法・ユニバーサル横メルカトル図法・ミラー図法などがある。　　　　1 円筒図法

2 円筒図法の緯線が直線となる性質を利用して，経線に様々な曲線を用いた図法を何というか。サンソン図法・モルワイデ図法などがある。　　　　2 擬円筒図法

方位図法（平面図法）

★1 地球に接する一平面を想定し，この平面に地球の中心や反対側から光線をあて，地球の表面の状態を写しとるようにして表現した図法を何というか。地球に接する一平面に投影することから平面図法と呼ぶことがある。光源（視点）の位置から正射図法・平射図法・心射図法などに分けられる。　　　　1 方位図法（平面図法）

2 方位図法の１つで，非常に遠い所から地球に光線をあて，表面の状態を写す図法を何というか。周辺部のゆがみが大きい。天球図の中の地球を描くときな　　　　2 正射図法

どに用いられる。

3 方位図法の1つで，地球の表面の1点に光源をおき，光源の反対側にあたる半球の表面の状態を地球に接する平面に写す図法を何というか。

3 平射図法

4 方位図法の1つで，地球の中心に光源をおき，地表の状態を地球に接する平面に写す図法を何というか。地図上の任意の2点を結んだ直線が，2点間の最短経路を示すという特色をもつ。

4 心射図法

面積を正しく表わす図法

★★ 1 地球表面を平面に表現する場合，面積が正しく表わされる地図を何というか。面積を正しく表わそうとすると，形にひずみがでやすい。

1 正積図

★★ 2 緯線は等間隔の平行線で，経線はこれに直交する中央経線を除き正弦曲線をなす正積図法を何というか。ひずみの少ない低緯度地方を中心とした地方図に用いられる。

2 サンソン図法

★★ 3 上記2の地図の，高緯度地方のひずみが大きいという欠点を補うため，中央経線以外の経線を楕円曲線とし，緯線間隔を調節することにより正積を得る図法を何というか。世界全図や，世界全体を範囲とした分布図に用いられる。

3 モルワイデ図法

★★ 4 南北それぞれ緯度40度44分を境として，高緯度地方を描くモルワイデ図法と，低緯度地方を描くサンソン図法を接合し，さらに中央経線を2～3本設けて海洋部分で図を断裂し，大陸部分の形のひずみを少なくした正積図法を何というか。世界全体を範囲とした分布図としてよく利用される。

4 グード図法（ホモロサイン図法）

角度を正しく表わす図法

★ 1 地球儀を平面に表現する場合，面積・距離・角度・方位をすべて正しく表現することは不可能である。これらのうち地球儀上の角度と地図上の角度の大きさが等しくなるように表わされた図法を何というか。

1 正角図法

★★ 2 オランダの地図学者が考案した円筒図法による正角図を何というか。地球儀と同様，地図上では緯線と

2 メルカトル図法

経線は直交する平行な直線として表わされる。図上のどの地点でも経線は正確に南北を示し，羅針盤を使う航海に「海図」として用いられる。船が羅針盤に頼って一定の方向へ航行を続けると，その航路は図上に直線として示される。経緯線が平行な直線で表わされるため面積と距離は高緯度ほど拡大して示される。

★ 3　メルカトル図の上で直線で示されるような，地球上の1地点から他の地点へ行くのに，経線と絶えず一定の角度で交わりながら進む航路を何というか。

3 等角航路

4　正角図ではないが，高緯度地方が表現できないメルカトル図法の欠点を補うため，緯線間の拡大率を調節して高緯度地方や両極が表せるようにした図法を何というか。

4 ミラー図法

距離・方位を正しく表わす図法

★ 1　地球儀の表面を平面上に表現する場合，とくに方位の正しさに重点をおいて作成した地図を何というか。

1 方位図法

★★ 2　地球上1地点からみた，他の任意の1地点の位置関係を何というか。一般に東西南北の4方位を基準として用い，さらに8方位16方位などと細分されることが多い。また「N35°W」などのように北を基準にして東回りの角度で表わすこともある。

2 方位

★ 3　地図上の2点を結んだ直線がこの2点間の距離を正しく表わす図法を何というか。地球儀の表面は球面で地図は平面であるため，世界全体を表現するような小縮尺の地図では任意の2点間の距離を正しく表わすことは不可能である。そのため，赤道などの特定の経緯線沿いとか，図の中心と他の任意の点を結ぶ直線上などのように特定の条件に限定して用いられる。

3 正距図法

★★ 4　図の中心から，他の任意の1点への距離と方位を正しく求めることができる図法を何というか。国連のマークは，北極を中心においてこの図法によって描いた世界地図を図案化したものである。

4 正距方位図法

★ 5　地球上の2地点間の最短航路を何というか。心射図

5 大圏航路（大円航路）

76　第Ⅰ部　人間と環境

法では常に直線として表わされ，またその他の方位図法でも図の中心とほかの任意の1点を結んだ場合に直線として表現される。

5 地形図の利用と地域調査

国土地理院発行の主な地図

★★ **1** 国土についての様々な調査・測量を行ない，2万5,000分の1地形図をはじめとする各種の地図を作成・発行している国土交通省の付属機関を何というか。

1 国土地理院

2 1960年までわが国の地形図の作成に使われていた図法で，地球の表面を数多くの台形の紙で覆い，中心からの投影で一部分ずつの地図を描き，それをつなぎ合わせるかたちで全体の地図をつくる図法を何というか。

2 多面体図法

★ **3** 1960年以降の地形図の作成に使われている図法で，円筒を横にした形のメルカトル図法を用い地表の事物を地図面に投影する，国際的な協定による地図作成法を何というか。

3 ユニバーサル横メルカトル図法（U.T.M.図法）

4 2m間隔の等高線をもち，1軒1軒の建造物の形態も記している国土地理院発行の5色刷り地形図を何というか。全国の主要都市について発行されている。

4 1万分の1地形図

★★ **5** 実測に基づいて作成された日本の全国土をカバーする地形図を何というか。この図幅の一葉の中に表現されるのは，経度7.5分，緯度5分の経緯線に囲まれた範囲である。デジタル化が進められている。

5 2万5,000分の1地形図

★★ **6** 実測図を編集することによって作成された日本の全国土をカバーする国土地理院発行の地形図を何というか。この図幅の一葉のなかに表現されるのは，経度15度，緯度10度の経緯線に囲まれた範囲である。

6 5万分の1地形図

7 1つの図葉中に都道府県程度の広さの地形・水系・交通路・集落などの概況を表現し，わが国全土を129図葉でカバーする国土地理院発行の小縮尺図を何というか。

7 20万分の1地勢図

8 8図葉をもってわが国全体を表現する，国土地理院発行の小縮尺一般図を何というか。　　8 **50万分の1地方図**

9 わが国全土が3図葉からなる国土地理院発行の小縮尺一般図を何というか。1891年，ベルリンで開かれた国際地理学会での，世界各国が共通の縮尺と図式でそれぞれの領域の地図をつくろうという提唱に基づき作成されるようになった。　　9 **100万分の1国際図**

実測図と編集図

★**1** 現地での測量や空中写真測量をもとにして作成された地図を何というか。国土地理院発行の2,500分の1や5,000分の1国土基本図などがある。2万5,000分の1地形図はデジタル化によって2013年発行以降編集図となった。　　1 **実測図**

2 航空機を用いて地表の写真をとり，これを地図作成の資料とする測量法を何というか。　　2 **空中写真測量**

★**3** 国土地理院発行の5万分の1地形図や20万分の1地勢図，50万分の1地方図，100万分の1国際図などのように，実測図をもとにこれを縮小したり簡略化したりして作成された地図を何というか。　　3 **編集図**

地形図の見方

1 国土地理院発行の地形図の作成にも用いられている測量法で，1つの辺の長さとこれを挟む2つの角の大きさで三角形の形を決める三角法の原理を用い，各地点の方位や距離を測定する測量を何というか。　　1 **三角測量**

★★**2** 三角測量を行なう際の位置を決める基準点を何というか。　　2 **三角点**

3 国土地理院発行の地形図作成にも用いられている測量法で，基準面を決めてこれからの比高を測定することにより，土地の高低を求める測量を何というか。　　3 **水準測量**

★★**4** 平均海面を基準面として決定された土地の高さを何というか。わが国では東京湾の中等潮位面を平均海水面としている。　　4 **標高（海抜高度）**

★**5** わが国の主要道路沿いにほぼ2kmの間隔で設けられている，水準測量の基準点を何というか。　　5 **水準点**

★★ 6	地表の起伏を表示するため,地表面上の高さの等しい点を連続的に連ねた等値線を何というか。	6 **等高線**
★ 7	5万分の1地形図では100m間隔,2万5,000分の1地形図では50m間隔で記される,太い実線の等高線を何というか。	7 **計曲線**
★ 8	5万分の1地形図では20m間隔,2万5,000分の1地形図では10m間隔で記される,細い実線の等高線を何というか。	8 **主曲線**
★ 9	5万分の1地形図では20m以下,2万5,000分の1地形図では10m以下の微起伏を示す,破線または点線で表現される等高線を何というか。	9 **補助曲線**

地形図を使った作業

★ 1	地形図を耕地(水田・畑・果樹園)・牧草地・森林・集落などに塗り分けて,調査地域の特色を把握するためにつくられる地図を何というか。	1 **土地利用図**
2	地形の起伏をはっきりさせるため,等高線の間を一定間隔で塗り分けた地図を何というか。一般に低地から高地への変化を緑─黄─茶の色彩の段階的変化で表現する。	2 **高度段彩図**
3	山地を示す等高線の屈曲が低い方へ張りだしている場合,その最先端部を結んで描いた曲線を何というか。	3 **尾根線**
4	谷を示す等高線の屈曲が山地の高い方へ張りだしている場合,その最先端部を結んで描いた曲線を何というか。	4 **谷線**

地域調査

★★ 1	あるテーマをもって特定地域を調査することを何というか。調査対象地域を先に選び,その地域と特色を解明していく方法と,テーマを先に設定し,そのテーマの解明にふさわしい地域を選ぶ方法がある。	1 **地域調査**
2	調査対象地域を,古文書,古地図,各種文献,統計資料などを通じて調べ,調査の目的と対象を絞り込んでいく事前調査を何というか。	2 **文献・資料調査**
3	地域調査の対象地域を訪れ,対象を観察し,アンケ	3 **フィールドワーク**

ート調査・聞き取り調査や資料収集などを行ない,現地での情報を入手する調査方法を何というか。 **(野外調査)**

4 地域調査の発表形式の1つで,模造紙などに調査内容をコンパクトにまとめ,相互に発表しあう形式を何というか。その場で質疑応答が行なわれるため,調査内容に対する理解を深めやすい。

4 **ポスターセッション**

第II部 資源と産業

第1章 農牧業

1 農牧業の発達と成立条件

農牧業の自然的条件

★ **1** 気温の低下に伴って現われる，高緯度側の耕作限界を何というか。 — 1 **寒冷(極)限界**

★ **2** 降水量の減少に伴って現われる，耕作限界を何というか。 — 2 **乾燥限界**

★ **3** 海抜高度の増加に伴って現われる，垂直的な耕作限界を何というか。 — 3 **高度限界**

★★ **4** 傾斜地の利用方法の1つで，ルソン島やジャワ島などに多くみられる階段状につくられた水田を何というか。 — 4 **棚田**

★★ **5** アメリカ合衆国などに多くみられるもので，土壌侵食や肥料の流出を防ぐため，同じ高さのところに連続して畝をつくり作付する耕作方法を何というか。 — 5 **等高線耕作**

★★ **6** 耕地を深く耕して地中に雨水をしみ込ませ，さらに浅く耕して毛細管現象を遮断し，水分の蒸発を防ぐことによってわずかな降雨を有効に利用する，グレートプレーンズや華北などにみられる耕作方法を何というか。 — 6 **乾燥農法(ドライファーミング)**

★★ **7** アメリカ合衆国のグレートプレーンズなどにみられるもので，360°回転するアームで地下水などを散水する灌漑農法を何というか。 — 7 **センターピボット方式**

耕作形式と経営形態

★★ **1** 新潟平野の水稲栽培やブラジルのコーヒー栽培などのように，同一耕地に同一の作物だけを広い範囲にわたって栽培することを何というか。 — 1 **単一耕作(単作)**

★★ **2** 1年間に同一耕地に2種類の農作物を栽培することを何というか。 — 2 **二毛作**

★★ **3** 1年間に同一耕地に同じ農作物を2回栽培することを何というか。 — 3 **二期作**

第1章 農牧業 81

★4	アジアの水稲栽培のように、同一耕地に同一作物を毎年栽培することを何というか。	4 連作
★★5	ヨーロッパの混合農業のように、同一耕地に異なった農作物を年ごとに一定の順序で循環的に栽培することを何というか。	5 輪作
★6	生産者の自家消費をたてまえとして行なわれる農業を何というか。	6 自給的農業
★7	生産物の販売を目的として行なわれる農業を何というか。	7 商業的(企業的)農業
★★8	単位面積あたりの土地から得られる生産力の大きさを何というか。	8 土地生産性
★★9	単位時間あたりの労働によって得られる生産力の大きさを何というか。	9 労働生産性
★★10	単位面積あたりの資本投下・労働力が多く、収穫量や土地利用率が高い農業を何というか。	10 集約的農業
★★11	単位面積あたりの資本投下・労働力が少なく、収穫量や土地利用率が低い農業を何というか。	11 粗放的農業
★12	耕作している農地のほとんどが自己の所有地である農家を何というか。	12 自作農
★13	耕作している農地の多くを地主から借り、土地の借用料を支払っている農家を何というか。	13 小作農
★★14	広大な農牧場に多数の雇用労働者を定住させ、責任者の管理のもとに作業させる、南ヨーロッパやラテンアメリカなどにみられる土地制度を何というか。	14 大土地所有制
★15	地主制度などの封建的な土地所有制度を、自作農中心などの近代的な土地所有に変えることを何というか。	15 土地改革(農地改革)
★16	農機具や肥料などの共同購入、農産物などの共同出荷・販売、金融や教育などの事業を行なう農家の共同組織を何というか。	16 農業協同組合

2 主要農畜産物

★★1	インドのアッサムから中国のユンナン(雲南)を結ぶ地方の原産と考えられ、生育期間中の気温17〜18℃以上、年平均降水量1,000mm以上を必要とする、アジアの主要食料は何か。	1 米(稲)

2 次の説明にあてはまる米の種類を答えよ。

 a. インドや東南アジア・中国南部などで栽培される粒型が細長く，粘り気が少ない米。

 b. 日本や朝鮮・中国北部などで栽培される粒型が丸く，粘り気が多い米。

3 焼畑地域などにみられる，畑に直播きする稲は何か。

4 陸稲に対し，水田で栽培される稲を何というか。

★ **5** 減水期に直播きされ，水位が上昇するとともに茎が数mの長さに成長する，東南アジアの低湿地などにみられる稲は何か。

★★ **6** 冷涼・乾燥を好む西アジアあるいはカフカス地方を原産地とする穀物で，現在世界で最も広く食料として消費されている作物は何か。

7 次の説明にあてはまる小麦の種類を答えよ。

 ★★**a.** 春に種を播き，秋に収穫する高緯度地方で栽培される小麦。

 ★★**b.** 秋から初冬にかけて種を播き，初夏から夏にかけて収穫する温暖な地方で栽培される小麦。

★ **8** 世界各地の小麦の収穫時期を月別に図示し，生産地の収穫期が一目で分かるように示した表を何というか。

★ **9** 耐寒性が強く，砂質土壌を好む麦類の一種で，黒パンの原料のほか，家畜の飼料にもなっているものは何か。

10 冷涼湿潤な気候を好み，高緯度地方で栽培される麦類の1種で，飼料のほか食用（オートミール）にもなっているものは何か。

11 耐寒性，耐乾性が強く，極地近くから赤道付近まで広範囲にわたって栽培される麦類の1種で，飼料のほかビール・みそなどの原料にもなっているものは何か。

12 穀物のうち，副食や加工原料に用いられるもので，もろこし・あわ・きび・そばなどを総称して何というか。

★★**13** 高温多湿の気候に適するアメリカ大陸原産の穀物で，アンデス地方・アジア・アフリカなどでは主食とな

2

 a. インディカ種

 b. ジャポニカ種

3 陸稲

4 水稲

5 浮き稲

6 小麦

7

 a. 春小麦

 b. 冬小麦

8 小麦カレンダー

9 ライ麦

10 えん麦（オート麦，からす麦）

11 大麦

12 雑穀

13 とうもろこし

るほか，北アメリカやヨーロッパなどの冷涼な地方では青刈りし，飼料として利用されているものは何か。

14 乾燥気候に強く，やせた土壌でも栽培可能なもろこし類の雑穀で，中国の華北から東北部にかけて多く生産されているものは何か。

14 こうりゃん

15 排水良好な土地に適し，干ばつや冷害時などに重要な食料となるイネ科の雑穀で，インド・西アフリカ・中国に生産が多い作物は何か。

15 あわ

★★**16** 気候に対する適応性が強い中国北部原産のマメ科の作物で，食用や豆腐・油脂などの原料のほか，その粕(かす)を肥料や飼料として用い，アメリカ合衆国などでは青刈りにして飼料として利用するものは何か。

16 大豆

★**17** 成長期に高温と湿潤，収穫期には乾燥を必要とする南アメリカ原産のマメ科の作物で，中国・インド・ナイジェリア・アメリカ合衆国での生産が多く，油脂原料や食用に用いられるものは何か。

17 落花生

★★**18** 冷涼な気候を好む中央・南アメリカ原産のいも類で，食用のほか家畜の飼料やアルコール原料となるものは何か。

18 じゃがいも（ばれいしょ）

19 温暖な気候を好む中央アメリカ原産のいも類で，中国が最大の生産地であり，日本では鹿児島県に生産が多い作物は何か。

19 さつまいも（かんしょ）

20 次の説明にあてはまる，主として熱帯の焼畑農業地域で栽培される作物名を答えよ。

20

★**a.** ブラジル原産の熱帯作物で，その根茎からタピオカと呼ばれる澱粉質の粉が得られ，パンや菓子に加工して食料とするほか，織物の糊の原料としても用いられる。

a. キャッサバ（マニオク）

b. 東南アジアが原産と推定され，日本のさといもに似たいも類で，オセアニアの島々や熱帯アフリカの住民の主食となっている。

b. タロいも

c. 東南アジアが原産と推定され，日本のやまいもに似たいも類で，オセアニアの島々・東インド諸島・熱帯アフリカで栽培される。

c. ヤムいも

★**21** 綿花やさとうきびなど，工業原料にするために栽培

21 工芸作物

される作物を総称して何というか。

★★22 熱帯雨林気候を好み，アマゾン盆地を原産地とする，樹液を利用する作物で，現在では，生産量の多くが東南アジアによって占められている工芸作物は何か。

22 天然ゴム

★★23 成育期には高温多湿，収穫期には乾燥する気候に適し，排水のよい肥沃な砂質土壌を好み，天然繊維の中では最大の生産量を示す工芸作物は何か。

23 綿花

★24 インド原産のシナノキ科の草の茎からとり，その繊維からつくった袋は穀物や砂糖を入れるために用いられる，ガンジスデルタを主産地とする麻は何か。

24 ジュート(黄麻)

25 温帯地方を中心に生育する落葉高木で，その葉が蚕の餌となる樹木は何か。

25 桑

26 **a.** 西アフリカを原産地とするやしの1種で，実は食用のほか，石けんやろうそくの原料となる樹木は何か。

26 a. 油やし

  b. 上記 **a** の樹木の実からとれるやし油を何というか。

  b. パーム油

27 **a.** 熱帯アジアを原産地とするやしの1種で，繊維はロープの原料になり，実からは油脂原料がとれる樹木は何か。

27 a. ココやし

  b. 上記 **a** の実からとれる油脂原料を何というか。

  b. コプラ

28 **a.** 乾燥気候を好み，イラクまたは地中海沿岸のオアシスを原産地とするやしの1種で，実を食用とするほか，菓子やシロップの原料となる樹木は何か。

28 a. なつめやし

  b. 上記 **a** の実を何というか。

  b. デーツ

29 次の説明にあてはまる香料の産地を答えよ。

29

  a. ヨーロッパのアジア進出の動機となった肉ズクやクローブなどが得られる諸島。

  a. マルク(モルッカ)諸島

  b. 東南アジア以外の丁字の生産地として有名なタンザニアの小島。

  b. ザンジバル島

★30 冷涼乾燥な気候に適する根菜類で，砂糖の原料となるほか，葉やしぼりかすが飼料として利用されるものは何か。

30 てんさい

★★31 成育期は高温多湿，収穫期は高温乾燥を好み，インド原産の砂糖の原料となるイネ科の多年草で，石灰分に富む排水良好な土地に適する工芸作物は何か。

31 さとうきび

32 熱帯アメリカを原産地とし，喫煙を目的として栽培

32 たばこ

されるナス科の工芸作物で、中国・ブラジル・インド・アメリカ合衆国などで生産が多く、ブルガリア・トルコ・キューバなどで重要な輸出品となっているものは何か。

★★33 高温多湿で排水良好な土地に適する東アジア原産の嗜好作物で、その収穫に多量の労働力を必要とするものは何か。　　　　　　　　　　　33 茶

34 ★a. 高温で成長期に雨が多く、成熟期に乾燥を好む作物で、熱帯の排水のよい高原に適するエチオピア原産の嗜好作物は何か。　　　　　34 a. コーヒー

　b. 上記 **a** の作物名の語源となった原産地の地方名を答えよ。　　　　　　　　　　　　　　　b. カッファ地方

★★35 高温多湿を好む熱帯アメリカの低地を原産地とし、現在、アフリカが世界生産高の半分以上を占めている嗜好作物は何か。　　　　　　　　　　35 カカオ

36 次の説明にあてはまる地中海式農業で栽培される作物の名称を答えよ。　　　　　　　　　　　36

　★★a. モクセイ科の樹木で、成熟前の実は塩づけにして食用に、成熟したものは採油用に利用する。　a. オリーブ

　★b. ブナ科の樹木で、その樹皮は厚く、多孔質で弾力性に富み、栓や断熱・防音用に利用する。　　b. コルクがし

　★★c. 果実の中でも生産量が世界有数で、生食用または乾燥して食用にするほか、ジャム・果汁・酒などの原料として利用する。　　　　　　　　　　c. ぶどう

　★d. オレンジ・レモン・グレープフルーツなどのみかん類を総称して何というか。　　　　　　　d. 柑橘類(かんきつ)

★★37 熱帯から亜熱帯にかけて広く栽培される熱帯果実で、主食としても用いられるインド原産のバショウ科の多年性草木は何か。　　　　　　　　　　37 バナナ

★38 ブラジル原産の熱帯果実で、ハワイ諸島では日本人によるプランテーションとして発達し、コスタリカ・ブラジル・フィリピン・タイ・インドネシアなどで生産の多い作物は何か。　　　　　　38 パイナップル

★★39 えん麦・とうもろこしをはじめ、牧草やてんさいなど家畜の餌とすることを目的に栽培される作物を総称して何というか。　　　　　　　　　　39 飼料作物

★40 耐乾性が強い栄養価に富む完全牧草で，とくにアルゼンチンの肉牛飼育に用いられていることから有名になったものは何か。

40 アルファルファ

41 次の説明にあてはまる遊牧地域で飼育される家畜の名称を答えよ。

41

★★a. 遊牧の代表的な家畜で，その毛からつくったフェルトがゲル（パオ）を覆う材料として用いられる。

a. 羊

★b. 環境に対する適応力が高く，乾燥地方・山岳地方ややせ地でも飼育される家畜で，毛や乳・肉が利用される。

b. やぎ

★★c. アラビア半島や北アフリカで飼育される乾燥に強い大型家畜で，荷役のほか毛や肉なども利用される。

c. ラクダ

★d. チベット高原に分布する牛の1種で，毛・乳・肉・糞を利用するほか，荷役としても利用される。

d. ヤク

★★e. アンデス山地で飼育されるラクダ科の家畜で，荷役としてよく耐え，肉・毛・皮なども利用される。

e. リャマ

★★f. アンデス山地で飼育されるラクダ科の家畜で，毛が絹糸状で光沢があり織物になるため，おもに採毛用に飼われている。

f. アルパカ

★★g. 北極地方にすむ地衣類を主食とするシカ科の家畜で，荷役として利用されるほか，肉・毛皮・角なども利用される。

g. トナカイ（カリブー）

★★42 白くて細長い羊毛が得られるスペイン原産の採毛用の羊の種類を何というか。

42 メリノ種

★★43 混合農業地域で飼育される代表的な家畜で，粗食に耐え，繁殖力も旺盛な家畜は何か。

43 豚

★★44 混合農業地域のほか，企業的牧畜地域でも飼育され，ショートホーン・ヘレフォードなどの種類がある家畜は何か。

44 肉牛

★★45 酪農地域で飼育され，ホルスタインやジャージーなどの種類がある家畜は何か。

45 乳牛

3 農牧業地域の諸形態

農業地域区分

★1 アメリカ合衆国の地理学者で，家畜や作物の組み合

1 ホイットルセー

わせ，生産物の商品化の程度などの指標から，世界を13の農牧業地域に区分した人は誰か。

農牧業地域区分図

★★1 次のホイットルセーの農牧業地域区分図にあてはまる(a)〜(k)の名称を答えよ。

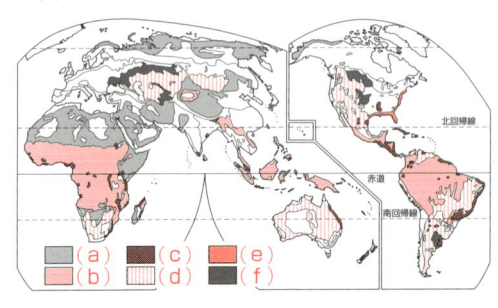

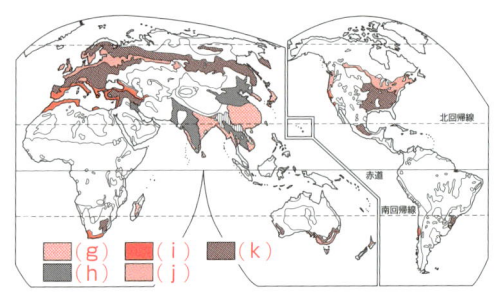

1

(a) 遊牧地域

(b) 焼畑農業地域

(c) プランテーション農業地域

(d) 企業的牧畜地域

(e) 園芸農業地域

(f) 企業的穀物農業地域

(g) 集約的自給的(アジア式)稲作農業地域

(h) 集約的自給的(アジア式)畑作農業地域

(i) 地中海式農業地域

(j) 酪農地域

(k) 混合農業地域

原始的農牧業

★★1 森林を切り払って乾燥させて焼き，草木灰だけを唯一の肥料として行なう農業を何というか。

1 焼畑農業

★2 長さ2mほどの木の棒を上下に動かして地面に穴をあけ，その中に種をまくという焼畑農業などでみられる耕作方法を何というか。

2 ハック耕

★★3 自然の草と水を求めて，家畜とともに一定範囲を移動しながら行なう，乾燥地域や寒冷地域の粗放的な牧畜を何というか。

3 遊牧

アジア式農牧業

★★1 アジアのモンスーン地域で，家族労働を中心として

1 集約的自給的(アジ

小規模かつ自給的に米を生産する農業を何というか。 … ア式)稲作農業

★★ 2 アジアの冷涼・乾燥した地域で，主として家族労働により，自給用の麦類や雑穀，換金用の大豆や綿花などを小規模に生産する農業を何というか。　2 集約的自給的(アジア式)畑作農業

3 ★★ a. 中国における米作と畑作のおおよその境界に位置している山脈と河川の名前をそれぞれ答えよ。　3 a. チンリン(秦嶺)山脈・ホワイ川(淮河)

★★ b. その境界あたりの年平均降水量はおよそ何 mm か。　b. 800mm(1000mm)

★★ 4 インドのガンジス川中下流・マラバル海岸・コロマンデル海岸などの水田農業の盛んな地方は，年平均降水量がほぼ何 mm 以上の地域か。　4 1000mm

ヨーロッパ式農牧業

★★ 1 主穀と飼料作物を栽培し，肉用家畜の飼育に力を入れて，畜産物の販売を目的とする農業を何というか。　1 混合農業

★★ 2 飼料作物を栽培して乳牛を飼育し，それから生産した加工品をおもな販売物とする農業を何というか。　2 酪農

★★ 3 夏高温乾燥，冬温暖湿潤な気候を利用し，耐乾性の強い樹木作物と自給用の穀物を栽培して，やぎや羊などを飼育する農業を何というか。　3 地中海式農業

★★ 4 大都市への出荷を目的として，野菜・果樹・花卉などを集約的に栽培する農業を何というか。　4 園芸農業

★ 5 普通栽培より早く作物を成熟させ，出荷時期を早めるようにした栽培方法を何というか。　5 促成栽培

★ 6 大都市近郊や温暖地に多くみられるもので，ビニールハウスや温室などの施設を用いて行なわれる園芸農業を何というか。　6 施設園芸

★★ 7 大都市近郊にみられる園芸農業で，葉菜類などの栽培を多毛作で行なう農業を何というか。　7 近郊農業

8 ★★ a. 大都市への出荷を目的とし，気候条件や交通機関の有利性を生かし，遠隔地で行なう園芸農業を何というか。　8 a. 遠郊農業(輸送園芸)

b. きゅうり・トマト・かぼちゃの栽培など，消費地より温暖な気候を利用して行なう遠郊農業を何というか。　b. 暖地農業

c. 白菜やキャベツの栽培など，消費地より海抜高度の高い地方の冷涼な気候を利用して行なう遠郊農業を何というか。

c. 高冷地農業

新大陸・熱帯の企業的農牧業

★★ 1 小麦などの穀物を大規模に栽培し，その商品化に重点をおく農業を何というか。

1 企業的穀物農業

2 ★a. おもに作物の生産地や取引地にみられるもので，穀物をばらのまま貯蔵する大規模な倉庫を何というか。

2 a. 穀物エレベーター

b. 上記 a のうちで，カナダのウイニペグなどのような生産地に設置されたものを何というか。

b. カントリーエレベーター

c. 上記 a のうちで，アメリカ合衆国のセントルイスなどのような集散地に設置されたものを何というか。

c. ターミナルエレベーター

d. 上記 a のうちで，アメリカ合衆国のニューオーリンズなどのような貿易港に設置されたものを何というか。

d. ポートエレベーター

★★ 3 畜産物の販売を目的として行なわれる大規模な放牧による牧畜を何というか。

3 企業的牧畜

★★ 4 グレートプレーンズなどで放牧された肉牛をとうもろこし地帯に連れていき，そこでの濃厚飼料で肥育する飼育場を何というか。近年は西部の放牧地帯にも多く分布する。

4 フィードロット

5 熱帯や亜熱帯の地域に発達した商業的農園農業で，欧米人が資本や技術を提供し，現地民や移民の安価な労働力を利用して，商品作物を単一耕作する農業を何というか。

5 プランテーション農業

社会主義的農牧業

1 社会主義諸国に多くみられたもので，生産手段が社会化，集団化された農業を何というか。

1 集団農業

4　アジアの農牧業

東アジア

★★ 1 1978年まで中国農業の集団化の基本組織として存在

1 人民公社

した，農業ばかりではなく，行政・教育・軍事などを一体化した生産組織を何というか。

★★ **2** 農業生産力の向上をめざして1980年から導入された，戸別請負耕作制度を何というか。
2 生産責任制

3 生産責任制が広まる中で登場した，年収入が1万元をこえる富裕な農家を何というか。
3 万元戸

★★ **4** リャオ川(遼河)流域の寒暑の差が大きい大陸性気候で，春小麦・こうりゃん・とうもろこしのほか，南部では大豆の大産地となっているのは，中国のどの地方か。
4 トンペイ(東北)地方

★★ **5** チンハイ(青海)省に源を発し，黄土高原や華北平野を流れ，下流では天井川となっている中国第2位の長流である河川は何か。
5 黄河(ホワンホー)

★★ **6** 黄河(ホワンホー)の中下流域で古くから文化が栄え，現在では冬小麦・こうりゃんのほか，綿花の大産地となっているのは中国のどの地方か。
6 華北地方

★★ **7** チベット高原に源を発し，スーチョワン盆地を経て，河口部に広大なデルタを形成している中国第1の長流である河川は何か。
7 長江(チャンチヤン)

★★ **8** 長江(チャンチヤン)の中下流域で温暖湿潤気候からなり，広大な沖積平野や盆地では冬小麦などとの二毛作がみられる，中国最大の米生産地は中国のどの地方か。
8 華中地方

★ **9** 長江(チャンチヤン)上流に位置する構造盆地で，棚田が開かれ，裏作に冬小麦・なたねなどが栽培されている盆地名を何というか。
9 スーチョワン(四川)盆地

★★ **10** 丘陵が広く温暖冬季少雨気候で，米の二期作のほか，茶・さとうきびなどの生産も多いのは，中国のどの地方か。
10 華南地方

★ **11** 中国の代表的な米の二期作地域は，同国三大河川のうちの何という河川の流域にみられるか。
11 チュー川(珠江)

12 中国西部に位置し，大部分が乾燥気候からなり，山麓部のオアシスで綿花・小麦・とうもろこしなどを栽培している広大な内陸盆地を何というか。
12 タリム盆地

★ **13** シンチヤンウイグル(新疆維吾爾)自治区の乾燥地域にみられる地下用水路を何というか。
13 カンアルチン(坎児井)

★14 次の図の(a)〜(f)にあてはまる農作物名を下から選べ。
とうもろこし，小麦，米，大豆，茶，綿花

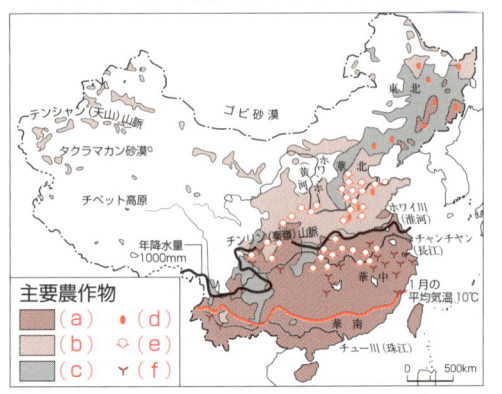

14

(a) 米

(b) 小麦

(c) とうもろこし

(d) 大豆

(e) 綿花

(f) 茶

15 韓国における農村の近代化をめざす活動で，水利開発・農道・住宅の改善，共同栽培の推進などをはかる運動を何というか。

15 セマウル（新しい村）運動

東南アジア

1 ベトナム北部を流れ，トンキン米の生産地域となっているのは，何という河川の流域か。

1 ホン（ソンコイ）川

2★a. ラオスやカンボジアの米作地域を貫流し，下流のデルタがかつてフランス資本によって商業的米作地として開発されたのは，何という河川の流域か。

2 a. メコン川

★b. メコンデルタの中心に位置する農産物の集散地で，米やゴムなどを輸出するベトナム最大の都市はどこか。

b. ホーチミン

★★3 タイの中央部を流れ，下流では浮稲栽培もみられ，世界有数の米作地帯となっているのは，何という河川の流域か。

3 チャオプラヤ（メナム）川

★★4 ミャンマーの中央部を流れ，下流のデルタがかつてイギリス資本によって商業的米作地として開発されたのは，何という河川の流域か。

4 エーヤワディー（イラワジ）川

★★5 19世紀以降，イギリス人によってプランテーションがつくられ，現在，タイ・インドネシアとともに，世界の天然ゴムの主産国となっているのはどこか。

5 マレーシア

6★a. オランダの植民地時代に，天然ゴム・コーヒー・

6 a. インドネシア

藍・さとうきびなどを生産し，第二次世界大戦後，オランダ人経営の大農園を接収して国有化したり，小農園に分割した国はどこか。

★**b.** オランダ支配時代から集約的な米作が発達し，最近では灌漑設備の改善により二期作田が増加して，代表的な米作地域の1つとなった上記**a**の国の島名を答えよ。 | b. ジャワ島

7★**a.** スペイン支配時代の大土地所有制(アシエンダ)が今も残り，さとうきび・バナナ・たばこ・ココやし・マニラ麻(アバカ)などのプランテーション作物を生産する国はどこか。 | 7 a. フィリピン

★**b.** 上記**a**の国の北部に位置し，ココやし・たばこ・さとうきびの栽培がさかんで，棚田でも知られる同国最大の面積をもつ島はどこか。 | b. ルソン島

★**c.** 上記**a**の国の南部に位置し，米・パイナップル・バナナのほか，マニラ麻(アバカ)の生産で知られる同国第2位の面積をもつ島はどこか。 | c. ミンダナオ島

南アジア

★★**1** インド最大の米作地域を流れ，中流域ではさとうきび，下流域ではジュートの栽培も盛んなのは，何という河川の流域か。 | 1 ガンジス川

★★**2** サバナ気候やステップ気候からなる玄武岩の台地で，落花生や小麦のほか，レグール土を利用して綿花の大産地となっているインドの高原名を答えよ。 | 2 デカン高原

★**3** イギリス植民地時代に大規模な灌漑工事が実施され，現在では小麦や綿花の大産地となっている，インダス川上流の地方名を答えよ。 | 3 パンジャーブ地方

4 次の説明にあてはまるインドの茶栽培の盛んな地方名および関係深い都市名を答えよ。 | 4

★**a.** 世界的な多雨地の1つで，イギリス資本によって開かれた大農園がみられる丘陵地。 | a. アッサム丘陵

b. ヒマラヤ山脈南麓にあるチベットへの交通の要地で，保養地としても有名な都市。 | b. ダージリン

★**5** 低地ではココやし，中腹では天然ゴム，高地では茶など，海抜高度によって栽培される商品作物に違い | 5 スリランカ

がみられる島国はどこか。

★6 ガンジス川とブラマプトラ川がつくるデルタ地帯に位置し、米とジュートが主要農産物となっている国はどこか。

6 バングラデシュ

★★7 次の図中の(a)〜(f)の農作物名を下から選べ。
小麦・米・綿花・さとうきび・ジュート・茶

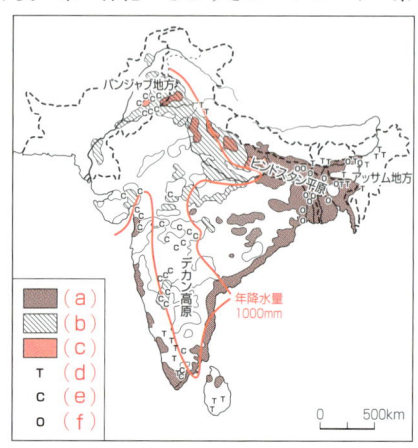

7

(a) 米
(b) 小麦
(c) さとうきび
(d) 茶
(e) 綿花
(f) ジュート（黄麻）

西アジア

★★1 地下水・湧水・外来河川などの水で灌漑し、穀物・綿花・果実などを集約的に栽培する乾燥地域の農業を何というか。

1 オアシス農業

2★★a. 山麓地帯の地下水を水源とし、乾燥地方の集落立地や耕地の灌漑のために掘られた地下用水路をイランでは何というか。

2 a. カナート

★★b. 同様に、アフガニスタンではこれを何というか。

b. カレーズ

★★c. 同様に、北アフリカではこれを何というか。

c. フォガラ

3★a. 2つの大きな外来河川に挟まれた、西アジアの代表的なオアシス農業地域の地方名を答えよ。

3 a. メソポタミア地方

★b. この2つの外来河川の名前をそれぞれ答えよ。

b. ティグリス川・ユーフラテス川

5 アフリカの農牧業

★★1 ナイル川によるオアシス農業が発達し、綿花・米・

1 エジプト

小麦などの栽培が盛んな国はどこか。

★★ **2** 上記**1**で，旧ソ連の援助により，1970年に完成し，灌漑農地の拡大や発電能力の増大に役立った多目的ダムを何というか。 — **2** アスワンハイダム

3 ナイル川の二大支流の合流地点付近で実施されているゲジラ灌漑計画により，大規模に綿花を栽培している国はどこか。 — **3** スーダン

4 国土の大部分を砂漠が占め，アトラス山脈と地中海に挟まれたせまい海岸地域に地中海式農業が発達する，フランスからの独立国はどこか。 — **4** アルジェリア

★ **5** ギニア山地に源を発し，上・中流地域にオアシス農業を発達させ，河口地域には油田地帯が広がる外来河川の名称を答えよ。 — **5** ニジェール川

6 次の説明にあてはまるカカオの主産国を答えよ。 — **6**

　★**a.** ギニア湾沿岸で，現地民の小農園で生産されたカカオなどを政府機関が買いあげ，その資金をもとに総合開発を実施している国。 — **a.** ガーナ

　★**b.** ギニア湾沿岸で，南西部でのカカオのほか北部で落花生や綿花の栽培が盛んな国。 — **b.** ナイジェリア

　c. ギニア湾沿岸で，カカオのほかコーヒーやバナナの栽培も盛んな国。 — **c.** コートジボワール

7 白人の経営に始まるコーヒー・茶・サイザル麻の栽培が盛んなケニアの高原地帯をとくに何と呼んでいるか。 — **7** ホワイトハイランド

8 マレー系の住民が大半を占め，米や香辛料の生産も多い，旧フランス領の東アフリカの島国はどこか。 — **8** マダガスカル

6 ヨーロッパの農牧業

1 ヨーロッパの地中海沿岸などで古くから行なわれていた農法で，耕地を2つに分け，耕作と休耕を毎年交互に繰り返す農業を何というか。 — **1** 二圃式農業

★ **2** 中世のヨーロッパで行なわれていた農法で，地力保持のため，耕地を夏作地・冬作地・休閑地に3区分し，これを年毎に交代させて耕作する農業を何というか。 — **2** 三圃式農業

3 近世のヨーロッパにみられたもので，中世以来の共 — **3** 囲い込み運動（エン

有地や開放農地を垣や柵で囲い，まとまった私有の農地とした運動を何というか。	クロージャー）
★★ 4 世界で最も早く産業革命を行ない，海外からの農産物の自由な流通を図った結果，酪農や園芸農業への専門化が進み，現在でも1農家あたりの平均経営面積が西ヨーロッパ有数の国はどこか。	4 イギリス
★ 5 氷河の侵食による低い丘陵と平野からなり，農業の生産性が低く，酪製品が主な輸出品となっているケルト人中心の国はどこか。	5 アイルランド
★★ 6 国土の大部分が低平でやせた土壌からなり，農業協同組合制度を活用して，酪農に養豚・養鶏を結びつけた独特の農業経営を発達させた国はどこか。	6 デンマーク
★ 7 オランダの代表的な酪農地帯となっている地域で，低湿地や浅海を干拓造成した土地を何というか。	7 ポルダー
★★ 8 ライ麦・じゃがいも・てんさいの栽培をもとに，豚や肉牛を飼育する混合農業を主体とし，南部ではビール用大麦とホップ，西部の河川流域ではぶどうの栽培が盛んな国はどこか。	8 ドイツ
9★ a. スイスなどにみられるもので，定住農民が夏は高地の牧場，冬は平地の牧場へとやぎや乳牛を移動させながら行なう牧畜形態を何というか。	9 a. 移牧（トランスヒューマンス）
b. 上記 a の際に利用される，村落あるいは組合所有の高地牧場を何というか。	b. アルプ（アルム）
★★10 ヨーロッパ最大の農業国で，農産物の輸出も多く，家族経営を主体とした自作農中心の国はどこか。	10 フランス
★11 小麦と牧牛を中心とする商業的混合農業がみられ，シャンペンの名で知られるワインの主産地でもあるパリ盆地東部の地方名を何というか。	11 シャンパーニュ地方
12 温暖な気候を背景に小麦やとうもろこしを栽培し，下流はメドックと呼ばれるぶどうの産地で，多角的な農業経営がみられるガロンヌ川流域の盆地名を答えよ。	12 アキテーヌ盆地
★★13 北部は近代的経営による混合農業，南部は大土地所有制に基づく地中海式農業と，1国内で対照的な農業形態がみられる国はどこか。	13 イタリア
★14 輪作によって米の単位面積あたりの収量が高いイタ	14 ポー川

リアの米作地域は，何という河川の流域にみられるか。

★**15** 南部の半島地方に比べ，生産性の高い商業的混合農業地域としての特色をもつポー川流域の平野名を答えよ。

15 **パダノ＝ヴェネタ平野**

16 大土地所有制のもとに果樹栽培が盛んな地中海最大の島を何というか。

16 **シチリア島**

17 果樹栽培のほか，集約的米作のみられるスペインの地中海沿岸の地方を何というか。

17 **バレンシア地方**

18 次の説明にあてはまる東ヨーロッパの国名を答えよ。

18

★**a.** 北部のバルト海沿岸では酪農，中部の平原地帯では自給的混合農業が発達し，社会主義時代にも農業サークルに属する個人農を中心としてきた国。

a. **ポーランド**

★**b.** プスタと呼ばれる温帯草原の地域では灌漑農業がみられ，小麦・とうもろこし・ぶどうの栽培や牛・豚の飼育が盛んな国。

b. **ハンガリー**

★**c.** ドナウ川下流の平原が穀倉地帯で，小麦やとうもろこしの生産が多い国。

c. **ルーマニア**

★**d.** 黒海に面し，穀物・果実のほかバラやヒマワリの生産で知られる国。

d. **ブルガリア**

★★ 19 次の図の(a)～(f)にあてはまる作物地域名を下から選べ。

とうもろこし・小麦地域, 春小麦地域, ライ麦地域, 小麦・果実地域, 大麦・えん麦地域, 牧草地域

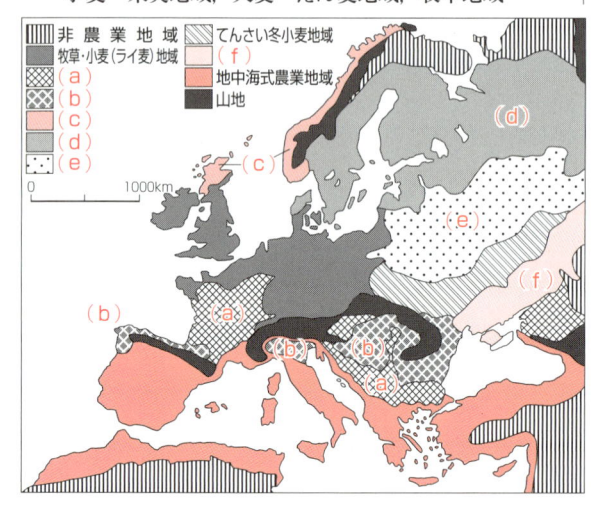

19
(a) 小麦・果実地域
(b) とうもろこし・小麦地域
(c) 牧草地域
(d) 大麦・えん麦地域
(e) ライ麦地域
(f) 春小麦地域

7 ロシアとその周辺諸国の農牧業

★★ **1** 旧ソ連において,土地を共有化し協同組合によって運営されてきた農場を何というか。

★★ **2** 旧ソ連において,集団化の初期は模範農場・実験農場としての役割をもち,その後,新開拓地の中心農場としての役割を果たした農場を何というか。

★★ **3** コルホーズ,ソフホーズから組織替えされた,現ロシアの中心的な農業経営体は何か。

★★ **4** 現ロシアにみられる一般市民が郊外で経営する小規模農園が付属する別荘を何というか。

 5 冷涼な気候と氷食を受けた低平な土地にライ麦やじゃがいも・牧草を栽培し,酪農や養豚が盛んな旧ソ連のバルト3国を答えよ。

 6 肥沃なチェルノーゼムを背景に小麦を生産し,ロシア革命前はヨーロッパ諸国に輸出して「世界の穀物倉」と呼ばれ,黒海に面する国はどこか。

 7 中央アジアのアラル海にそそぐ2つの河川の流域は,

1 コルホーズ(集団農場)

2 ソフホーズ(国営農場)

3 農業企業体

4 ダーチャ(別荘)

5 エストニア・ラトビア・リトアニア

6 ウクライナ

7 アムダリア川・シル

灌漑により大規模な綿花栽培地域となっている。この2つの河川名を答えよ。 　ダリア川

8 アムダリア川やシルダリア川流域の灌漑農地を中心に綿花栽培を行ない，首都を中心として綿工業の発展が著しい中央アジアの国を答えよ。 　8 ウズベキスタン

9 アムダリア川の中流から分水したカラクーム運河の用水により畑地灌漑が進んでいるカスピ海南東部の国はどこか。 　9 トルクメニスタン

10 小麦と飼料用穀物の生産増大をめざして大規模な処女地の開拓を進め，現在は小麦の重要な生産地となっている中央アジアの国はどこか。 　10 カザフスタン

★★11 次の図の(a)～(f)にあてはまる農牧業地域名を下から選べ。
穀物農業，混合農業，灌漑農業(綿花・米)，遊牧(トナカイ)，酪農，放牧

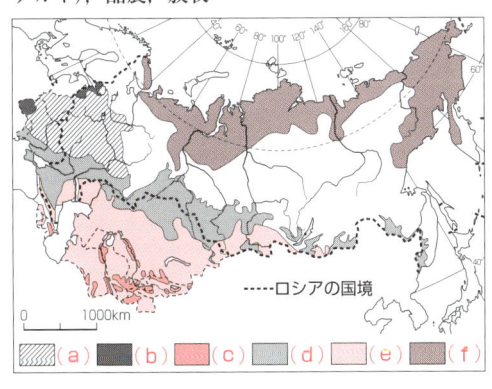

11

(a) 混合農業
(b) 酪農
(c) 灌漑農業(綿花・米)
(d) 穀物農業
(e) 放牧
(f) 遊牧(トナカイ)

8 アングロアメリカの農牧業

1 18世紀後半から19世紀にかけて，アメリカ合衆国やカナダで実施された，160エーカー(約65ha)を1農家に与えるという公有地分割制度を何というか。 　1 タウンシップ制

2 西部開拓を進めるために，入植者が5年以内に規定面積を開拓した場合，これを自営農地として認めることを定めた1862年に成立したアメリカ合衆国の土地法を何というか。 　2 ホームステッド法

3 アメリカ合衆国において，東の農業地域と西の牧畜 　3 西経100度線

第1章　農牧業　99

地域とを分ける年降水量500mmの境界線は経度何度とほぼ一致するか。

4 a. オハイオ州西部からアイオワ州にかけて広がるアメリカ合衆国を代表する商業的混合農業の農業地帯を何というか。

b. 上記**a**の農業地帯の西部はおもに何と呼ばれる植生の地域に分布しているか。

c. 上記**a**の農業地帯を主産地とし，アメリカ合衆国が世界有数の生産を占める油脂作物は何か。

5 次の説明にあてはまるアメリカ合衆国の酪農地帯の地方名を答えよ。

a. メガロポリスの周辺に広がり，主として生乳やクリームなどの出荷が多い地方。

b. ウィスコンシン州を中心とし，主としてバターやチーズなどの出荷が多い地方。

6 アメリカ合衆国における代表的な地中海式農業地域で，米作も盛んな盆地はどこか。

7 a. アメリカ合衆国における代表的な近郊農業地帯はどの地方に発達しているか。

b. アメリカ合衆国の遠郊農業地帯の1つで，亜熱帯の温暖な気候を利用して，オレンジ・グレープフルーツなどの果樹や野菜を栽培しているのはどの地方か。

8 a. アメリカ合衆国のノースダコタ州・サウスダコタ州を中心とする企業的穀物農業地帯を何というか。

b. アメリカ合衆国のカンザス州・ネブラスカ州を中心とする企業的穀物農業地帯を何というか。

9 ロッキー山脈の東側に広がる台地で，とうもろこし地帯などに送られる肉牛などを飼育しているのは何と呼ばれる植生の地域か。

10 a. 無霜期間200日以上，年平均降水量500mm以上，秋の降水量250mm以下の線で囲まれたアメリカ合衆国南部の農業地帯を何というか。

b. 上記**a**の地帯の農業発展に大きな役割を果たした労働力は何か。

---

4 a. とうもろこし地帯（コーンベルト）

b. プレーリー

c. 大豆

5

a. ニューイングランド地方

b. 五大湖沿岸地方

6 セントラルヴァレー（カリフォルニア盆地）

7 a. ニューイングランド地方

b. フロリダ地方

8 a. 春小麦地帯

b. 冬小麦地帯

9 グレートプレーンズ

10 a. 綿花地帯（コットンベルト）

b. 黒人労働力

11 温暖湿潤気候を利用して農業が発達し，大規模な米作も行なわれているのはアメリカ合衆国のどの地方か。

11 メキシコ湾岸地方

★12 次の図の(a)～(g)の農業地域名および作物名を下から選べ。
春小麦，冬小麦，とうもろこし・大豆，混合農業，綿花，酪農，園芸農業

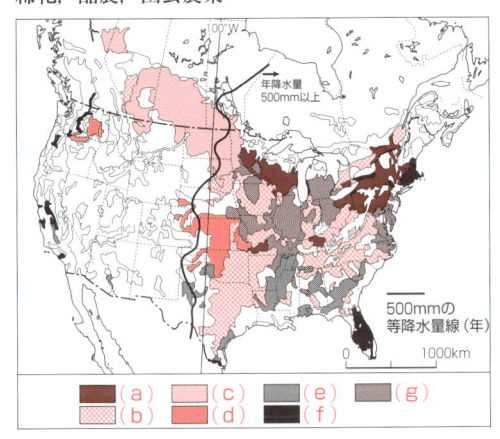

12
(a) 酪農
(b) 混合農業
(c) 春小麦
(d) 冬小麦
(e) 綿花
(f) 園芸農業
(g) とうもろこし・大豆

13 カナダの企業的穀物農業地域は，平原３州と呼ばれる地域に発達している。その３州の州名を答えよ。

13 アルバータ州・サスカチュワン州・マニトバ州

14 マニトバ州の州都で，小麦や家畜の大集散地となっている都市はどこか。

14 ウィニペグ

9 ラテンアメリカの農牧業

1★a. 第二次世界大戦前に土地改革を行ない，北部の乾燥地域で灌漑を用いて綿花を栽培するほか，とうもろこし・さとうきび・コーヒーなどの生産が多い中央アメリカの国はどこか。

1 a. メキシコ

b. メキシコの革命前における大土地所有制に基づく大農園を何というか。

b. アシエンダ

2★a. 大部分が低い台地と平野からなる国で，サバナ気候を利用してさとうきびの単一耕作が大規模に行なわれ，砂糖の生産・輸出国となったのはどこか。

2 a. キューバ

★b. 上記 a の国に資本を投下し，プランテーションの

b. アメリカ合衆国

発展に大きな影響を及ぼした国はどこか。

★★ **3** 古くから北東部の海岸地方に黒人労働者によるさとうきびのプランテーションが発達し，現在も世界有数のさとうきび生産がみられる国はどこか。

3 ブラジル

4 ブラジルのコーヒー栽培について，次の説明にあてはまる地名を答えよ。

4

 a. 19世紀以降，コーヒー栽培の中心となった州。

 a. サンパウロ州

 b. 上記 **a** の州の北東部に位置し，従来のパラナ州に代わってコーヒー生産が増えた州。

 b. ミナスジェライス州

 c. 同国で最大のコーヒー輸出港。

 c. サントス

5★ **a.** ブラジルにおける大土地所有制に基づく大農園を何というか。

5 a. ファゼンダ

 b. 地主から未墾地と農機具や種子を借りてコーヒーを植え，成木になると地主に返却する耕作方法を何というか。

 b. 請負耕作法

 c. この農場で働く黒人やイタリア人などの契約労働者のことを何というか。

 c. コロノ

★★ **6** ファゼンダでは，近年，モノカルチャーの弊害を避けるため綿花や大豆などの栽培が盛んであるが，このような経営の変化を一般に何というか。

6 農業の多角化

★ **7** 太平洋とカリブ海に面し，高原でのコーヒー栽培が盛んで，世界有数の生産量を示す南アメリカの国はどこか。

7 コロンビア

★ **8** 赤道直下に位置する南アメリカの国で，アメリカ合衆国資本によるバナナのプランテーションが発達し，現在もバナナが石油とともに主要輸出品になっているのはどこか。

8 エクアドル

★ **9** 南アメリカで地中海式農業がみられる地方はどこか。

9 チリ中部地方

10★ **a.** アルゼンチンにおける大土地所有制に基づく大規模な農牧場を何というか。

10 a. エスタンシア

 b. この農牧場で牛や羊を飼育する牧夫を何と呼ぶか。

 b. ガウチョ

11★ **a.** ブエノスアイレスを中心に広がる温帯草原で，肥沃な土壌に恵まれ，小麦・とうもろこしの栽培や牛・羊の飼育が盛んな沃野を何というか。

11 a. パンパ

 ★ **b.** アルゼンチンの商業的混合農業は，ラプラタ川流域の年平均降水量550mm以上の地方にみられる。

 b. 湿潤パンパ

それより西側の牧羊地域に対してこの地域は何と呼ばれるか。

★c. 上記bの西部に広がる年平均降水量550mm以下の主として牧羊が盛んな地域を何というか。

★12 アルゼンチンの肉牛生産地域の発展と輸出の拡大に大きな影響を与えた，保存・輸送上の改善に関係深い交通手段名を答えよ。

13 次の説明にあてはまる南アメリカの代表的な企業的牧畜業地域を答えよ。

★a. ベネズエラのオリノコ川流域で，牧牛が盛んな地域。

★b. ブラジル高原一帯を含み，南部で牧牛が盛んな地域。

★c. パラグアイ川流域の低平な草原地帯で，牧牛・牧羊が行なわれている地域。

★d. 南アメリカ南端，アンデス山脈東麓の乾燥台地で，牧羊が盛んな地域。

★★14 次の図中の(a)～(c)にあてはまるものを下から選べ。
小麦，とうもろこし，アルファルファ

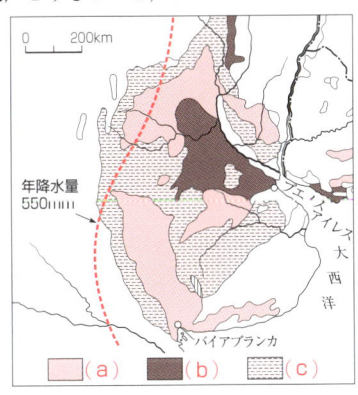

c. 乾燥パンパ

12 冷凍船（冷蔵船）

13

a. リャノ

b. カンポ，セラード

c. グランチャコ

d. パタゴニア

14

(a) 小麦
(b) とうもろこし
(c) アルファルファ

10 オセアニアの農牧業

★1 南東部のスノーウィーマウンテン山地から流れでる水をダムで堰き止め，オーストラリアアルプス山脈をトンネルで通し，マリー川へ流して，小麦栽培の安定，家畜飼育，電力供給の増加などをめざす地域

1 スノーウィーマウンテンズ計画

開発計画を何というか。

★2 スノーウィマウンテンズ計画による灌漑耕地の拡大で、オーストラリアの代表的な小麦産地となった盆地を何というか。 — 2 マリー(マーレー)ダーリング盆地

3 かつてはメラネシア現地民を用いたが、現在は白人労働者により栽培されるさとうきびの生産が多いのは、何州の海岸地域か。 — 3 クインズランド州

★★4 次の図中の(a)の年等降水量線の数値、(b)〜(f)の農牧業地域の名称をそれぞれ下から選べ。
〔年降水量 mm〕 250, 500, 1000
〔農牧業地域〕 小麦, さとうきび, 牧羊, 肉牛, 酪農

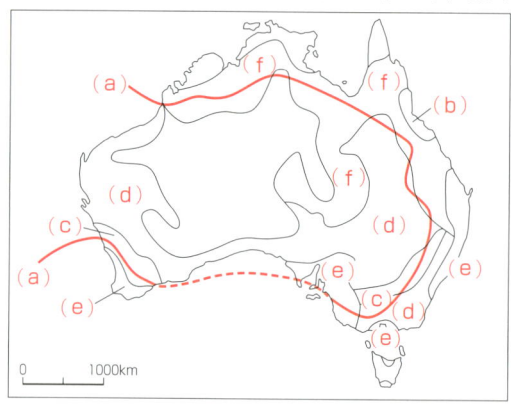

4
(a) 500mm
(b) さとうきび
(c) 小麦
(d) 牧羊
(e) 酪農
(f) 肉牛

★5 大部分が高原状の台地からなり、西岸海洋性気候のもとで年中、野飼いされる乳牛による酪農が盛んなニュージーランドの島を何というか。 — 5 ニュージーランド北島

★6 中央部をサザンアルプス山脈が走り、降水量の比較的少ない東側斜面に牧羊地域が発達するニュージーランドの島を何というか。 — 6 ニュージーランド南島

11 日本の農牧業

1 第二次世界大戦後に行なわれた土地所有関係の変革で、政府が地主の土地を買収し、小作農に売り渡すことによって農村の民主化を図った改革を何というか。 — 1 農地改革

2 自立経営農家の育成、経営規模の拡大など、1961年 — 2 農業基本法

に日本の農業政策の基本方針を定めた法律を何というか。

3 食糧管理制度の赤字と古米在庫量の減少を目的に，水田の削減や畑作などへの転作をめざした政策を何というか。

3 減反政策

4 1995年より用いられるようになった，次の説明にあてはまる新しい農家分類の呼称を答えよ。

4

a. 年間60日以上働く65歳未満の農業従事者がいて，農業からの収入が全収入の半分以上の農家。

a. 主業農家

b. 年間60日以上働く65歳未満の農業従事者がいて，農業以外からの収入が全収入の半分以上の農家。

b. 準主業農家

c. 年間60日以上働く65歳未満の農業従事者がおらず，農業以外からの収入が全収入の半分以上の農家。

c. 副業的農家

★ 5 北海道最大の沖積平野で，泥炭地を開発して水田化し，酪農も盛んな農牧業地域はどこか。

5 石狩平野

★ 6 北海道有数の平野で，河谷の沖積地における水田のほか，洪積台地の大部分が麦類・豆類・じゃがいも・てんさいなどの畑作地帯として，方形の規則正しい土地割と防風林に特色をもつのはどこか。

6 十勝平野

★ 7 米栽培のほか，わが国有数のりんごの生産地でもある岩木川流域の平野はどこか。

7 津軽平野

★ 8 わが国最大の潟湖であったが，国営事業により大型機械による稲作地域として干拓されたのはどこか。

8 八郎潟

★ 9 わが国有数の穀倉地帯で，米の単作地帯である最上川下流一帯の平野を何というか。

9 庄内平野

10 東北地方東北部の隆起準平原で，畑作が卓越し，近年では酪農のほか高冷地蔬菜の栽培も増加しているのはどこか。

10 北上高地

★11 大消費地の東京に近接し，温暖湿潤で，内陸部ではいも類・落花生などの畑作，海岸部では野菜や花卉の暖地輸送園芸が盛んな半島はどこか。

11 房総半島

★12 養蚕のほか，わが国有数のぶどうやももの生産地として知られる，山梨県の断層盆地を何というか。

12 甲府盆地

13 降水量が少なく砂質土壌のため，多くの灌漑用溜池を利用して米などの栽培が行なわれていることで知られる四国北東部の平野を何というか。

13 讃岐平野

★14	土佐湾に面した沖積平野で，古くは米の二期作がみられ，きゅうり・ピーマンなどの遠郊農業が発達しているのはどこか。	14 高知平野
★15	九州最大の沖積平野で，クリークが発達し，生産性の高い集約的な米作がみられるのはどこか。	15 筑紫平野
★16	保水力に欠け，さつまいもやたばこなどの畑作物が栽培される，南九州の火山灰台地を何というか。	16 シラス台地

12 世界の食料問題

★1	各国民の栄養の向上，食料の増産および分配の改善などを主目的として1945年に設立された，国連の専門機関を何というか。	1 FAO（国連食糧農業機関）
★2	発展途上国の自然災害や地域紛争などによって生じた緊急事態に対し，食料援助を通してその改善を図ることを目的として設立された国連の機関を何というか。	2 WFP（世界食糧計画）
★★3	国民が消費する食料のうち，国内生産でまかなうことができる比率を何というか。	3 食料自給率
4	食料のカロリーを計算する場合，肉や卵などを生産するのに必要な飼料に換算し直したカロリーを何というか。	4 オリジナルカロリー
5	農産物の量(t)に食料の生産地から食卓までの距離(km)を掛けて算出する値で，食料輸入を見直す必要性から考えだされた数値を何というか。	5 フードマイレイジ
6	食料を輸入した場合，その食料を生産するのに使用した水も間接的に輸入したことになるが，その水のことを何というか。	6 バーチャルウォーター（仮想水）
7★a.	高収量品種の開発や技術の改良を行なって，東南アジアなどの発展途上国の食料問題を解決しようとする方策を何というか。	7 a. 緑の革命
★b.	上記aの方策の一環として，国際稲研究所（IRRI）が開発した高収量品種IR-8の俗称を何というか。	b. 奇跡の米（ミラクルライス）
★8	乾燥や病虫害に強いアフリカ種と高収量のアジア種を交配して開発された新種で，アフリカの食料確保の切札として期待されている陸稲の名称を答えよ。	8 ネリカ米
★9	食品の安全性などの観点から，堆肥・厩肥・緑肥な	9 有機農業

どを使用し，化学肥料や農薬などを用いないで行なう農業を何というか。

★10　害虫に強い，日持ちがよいなど，栽培に有利な遺伝子を組み込み，省力やコストの低減に役立つように改良された作物を総称して何というか。

10 **遺伝子組み換え作物**

★★11　農産物の生産から貯蔵・加工・運搬・販売に至るまでの農業関連企業で，生産資材・飼料の供給や農産物の買い取りなどを通して農民に大きな影響力を及ぼしている，アメリカ合衆国などにみられる産業を総称して何というか。

11 **アグリビジネス**

★★12　アグリビジネスの中でも，穀物の国際流通を支配する多国籍企業をとくに何と呼ぶか。

12 **穀物メジャー**

第II部 資源と産業

第2章 水産業

1 漁業と漁場

1 次の説明にあてはまる漁業形態（養殖業を含まず）の名称を答えよ。

a. わが国の漁業生産量の21.1％（2017年）を占め，定置網や小規模漁家による小型漁船を中心として，陸地に近い海域で行なう漁業。 → a. 沿岸漁業

b. わが国の漁業生産量の48.1％（2017年）を占め，個人経営による小・中型漁船を中心として，一般に経済水域内を2日ないし1週間程度の航海で行なう漁業。 → b. 沖合漁業

c. わが国の漁業生産量の7.6％（2017年）を占め，企業経営による大型漁船を中心として，長期間にわたる航海と操業を伴う漁業。 → c. 遠洋漁業

2 次の説明にあてはまる漁場成立の自然的条件を答えよ。

a. 海岸から水深200mほどの海底の部分で，好漁場であるとともに鉱産資源の存在で注目を浴びている海底部分。 → a. 大陸棚

b. 大陸棚の海底の部分が周囲より浅くなっているところで，下層の栄養分が上昇し，プランクトンが発生しやすい。 → b. バンク（浅堆）

c. 寒暖両流が会合するところで，対流により下層の栄養分が上昇し，プランクトンの発生しやすい海域。 → c. 潮境（潮目）

d. 水深200〜300mほどのところを流れる寒流が，暖流の補流として海面近くに湧き上がる海域で，プランクトンの発生が多い。 → d. 湧昇海域

3 次の説明にあてはまる魚類の総称を答えよ。

a. たら・にしん・さけ・ほっけ・さんまなどのように，比較的低温な海域に生息する魚類。 → a. 寒海魚

b. さば・ぶり・まぐろ・かつお・いわしなどのように，比較的高温な海域に生息する魚類。 → b. 暖海魚

4 a. 沿岸国に限り漁業権が認められ，他国の漁船は沿 → 4 a. 漁業専管水域

岸国の許可がなくては操業することができない水域。
- ★★ **b.** 第三次国連海洋法会議での主張を通じて、沿岸国が一般に実施するようになってきた排他的経済水域の範囲。 — b. **200海里**
5 暖海系の大型回遊魚で、熱帯・温帯の海域に広く棲息する。美味のため乱獲が進み、資源量が減少したので、漁獲量が厳しく制限されている魚類は何か。 — 5 **マグロ**
6 捕鯨頭数と種類・捕鯨期間と海域を取り決める基礎となる国際条約は何か。 — 6 **国際捕鯨取締条約**

2 世界の主要漁場

★★ 1 北海を中心として、北はアイスランド沖合から、南はビスケー湾に至るまでを海域とし、トロール漁業が盛んで、たら・にしんを主要漁獲物とする漁場を何というか。 — 1 **大西洋北東部漁場（北東大西洋漁場）**

2 上記1の漁場について、次の事項に答えよ。
- ★ **a.** 北方の海域から南下し、北大西洋海流と会合して潮境（潮目）をつくる寒流。 — a. **東グリーンランド海流**
- ★ **b.** 北海の中央部にあり、漁場の中心となっている最浅部13m、最深部25mの大バンクを何というか。 — b. **ドッガーバンク**
- ★ **c.** ノルウェー南西部にあるハンザ同盟以来の港湾都市で、水産物の集散と加工が盛んな都市。 — c. **ベルゲン**

★★ 3 ニューファンドランド島からニューイングランド沖合に至るまでを海域とし、たら・にしんを主要漁獲物とする漁場を何というか。 — 3 **大西洋北西部漁場（北西大西洋漁場）**

4 上記3の漁場について、次の事項に答えよ。
- **a.** ニューファンドランド島の南東沖合にあり、たら漁業の中心をなす水深40〜170mの大バンク。 — a. **グランドバンク**
- ★ **b.** ニューファンドランド島の南東部に位置し、大漁場のグランドバンクを前にひかえた漁業根拠地。 — b. **セントジョンズ**

★★ 5 日本列島を中心として、オホーツク海から東シナ海にかけて広がる、世界最大の漁獲量をもつ漁場を何というか。 — 5 **太平洋北西部漁場（北西太平洋漁場）**

6 上記5の漁場について、次の事項に答えよ。
- **a.** 宗谷海峡にのぞむ北洋漁業の根拠地で、かに缶などの水産加工業も盛んな漁港。 — a. **稚内**（わっかない）

 b. 北海道東端，根室半島にあるかにの缶詰業など水産加工が盛んな漁港。 — b. **根室**

 c. 北洋漁業の根拠地で，水揚量がわが国有数の北海道東部の太平洋にのぞむ漁港。 — c. **釧路**

 d. 三陸沖の漁場をひかえ，水揚量が多く，缶詰工業などの水産加工業も発達している青森県南東部の漁港。 — d. **八戸**(はちのへ)

 e. 古くから内陸水運との積み替え港として栄え，水揚量が多く，大きな魚市場や水産加工・造船業などの関連産業も発達する千葉県の漁港。 — e. **銚子**

 f. まぐろ・かつおなどの水揚量が多い遠洋漁業の根拠地で，冷凍施設も完備する駿河湾に面する漁港。 — f. **焼津**(やいづ)

 g. 日本海沿岸の代表的な沿岸・沖合漁業の根拠地で，鳥取県弓ヶ浜の先端に位置する漁港。 — g. **境港**

★★ **7** 寒流の湧昇海域を中心に，南半球最大の漁獲量をもつ漁場を何というか。 — 7 **太平洋南東部漁場（南東太平洋漁場）**

8 上記 **7** の漁場について，次の事項に答えよ。

 ★**a.** 日本では，かたくちいわしと呼ばれるこの海域の中心的漁獲物。 — a. **アンチョビー**

 ★**b.** 上記 **a** の漁獲物から得られる，主として家畜の飼料として用いられる加工品。 — b. **フィッシュミール（魚粉）**

3 水産養殖と水産加工

1 人工的に孵化(ふ)した稚魚を放流し，成長したあと再捕獲する漁業を何というか。 — 1 **栽培漁業**

★**2** 河川や湖沼，また海面の特別に区画された水域で，魚介類を人工的に管理・育成する水産業を何というか。 — 2 **水産養殖業**

3 次の説明にあてはまる，かきの養殖が盛んな地域名を答えよ。 — 3

 a. アメリカ合衆国東部のヴァージニア州とメリーランド州とを分ける長大な溺れ谷。近年，かきの生産は停滞。 — a. **チェサピーク湾**

 b. 日本の東北地方の中心的養殖地。 — b. **松島湾**

 c. 日本の瀬戸内海地方の中心的養殖地。 — c. **広島湾**

4 次の説明にあてはまる日本の代表的な真珠養殖地を — 4

答えよ。
- **a.** 日本ではじめて真珠養殖が成功した三重県志摩半島の溺れ谷。 — a. 英虞湾
- **b.** 長崎県中部，九州本土と西彼杵半島に囲まれた日本有数の真珠養殖地。 — b. 大村湾

5 静岡県の代表的なうなぎ養殖地はどこか。 — 5 浜名湖

6 水産物を缶詰・干物・燻製・練製品などに加工する工業部門を何というか。 — 6 水産加工業

7 かつお節の生産で有名な鹿児島県の漁港はどこか。 — 7 枕崎

第3章 林業

1 世界の林業

1 アマゾン盆地の熱帯雨林のように，人間の影響が全く及んでいない森林を何というか。　**1 天然林(自然林)**

2 植林などにより，人間が育成した森林を何というか。　**2 人工林**

3 a. 各種の林産資源の生産を行ない，営利の対象となる森林を何というか。　**3 a. 経済林**

　b. 建築資材や家具製造など，産業用に用いられる木材を何というか。　**b. 用材**

　c. 薪や木炭の原料となる木材を何というか。　**c. 薪炭材**

4 a. 水源の涵養や治水・土壌保全など，公益機能を果たすことを目的とした森林を何というか。　**4 a. 保安林**

　b. 河川の水源地帯で洪水緩和や流量調節を目的として，特別に保護・管理されている森林を何というか。　**b. 水源涵養林**

　c. 風の強い地方で，耕地や家屋を保護するためにつくられた人工林を何というか。　**c. 防風林**

5 a. 森林面積，木材蓄積量とも世界最大なのは，どの気候帯の森林か。　**5 a. 熱帯林**

　b. 上記 **a** の地域に繁茂する樹種を，総称して何というか。　**b. 常緑広葉樹**

　c. 上記 **a** の地域には，材質からみてどのような樹木が多いか。　**c. 硬木**

6 次の説明にあてはまる熱帯の有用材を答えよ。　**6**

　a. 材質は堅硬でひずみが少なく，船材や家具などに利用される。タイやミャンマーなどが主産地。　**a. チーク**

　b. フィリピンなどを主産地とするフタバガキ科の高木。加工しやすく，建築・家具材のほか，合板用に用いられる。　**b. ラワン**

　c. オーストラリア原産のフトモモ科に属する高木で，葉から油をとり，薬品や香料として利用する。　**c. ユーカリ**

　d. 西インド諸島や中央アメリカなどに産するセンダン科の常緑高木。材質が硬く，磨けば美しい木目と光沢がみられ，高級家具材として用いられる。　**d. マホガニー**

7 熱帯林の保護と合理的な利用を図るため，熱帯木材の生産国・消費国の双方が加盟する1986年に設立された準国連機関を何というか。

7 国際熱帯木材機関（ITTO）

8 a. 常緑広葉樹，落葉広葉樹と針葉樹との混合林からなり，人工林の割合が比較的高いのはどの気候帯の森林か。

8 a. 温帯林

★b. ドイツのライン川河谷の東側にある人工造林地で，「黒森」を意味する地域はどこか。

b. シュヴァルツヴァルト

9 ★a. 森林面積では世界の約3分の1ほどにすぎないが，木材の輸出地域として最も重要なのは，どの気候帯の森林か。

9 a. 冷帯林（亜寒帯林）

★b. 上記aの地域の主な樹種は何か。

b. 針葉樹

★c. 上記aの地域には，材質からみてどのような樹木が多いか。

c. 軟木

d. 上記aの地域の森林は，林相の特徴から何と呼ばれるか。

d. 純林

10 ロシア北西部，白海にそそぐ北ドヴィナ川の河口付近に位置し，木材加工，木材輸出港として知られる林業都市はどこか。

10 アルハンゲリスク

2 日本の林業

1 わが国の森林面積は，国土のほぼ何％を占めているか。

1 67％（2015年）

2 日本の森林の所有形態別で，森林面積の約58％（2015年）を占めるのは何か。

2 私有林

3 日本の森林の所有形態別で，北海道から東北，中央高地にかけて広く分布し，森林面積の約31％，蓄積量の約24％（2015年）を占めるのは何か。

3 国有林

4 次の説明にあてはまる3大美林の代表的樹種を答えよ。

4

a. 青森県の津軽半島に生育する針葉樹で，建築・家具・漆器などに用いられる。

a. ひば

b. 秋田県の米代川流域に生育する針葉樹で，わが国では伐採量が最も多い。

b. すぎ

c. 長野県の木曽地方に生育する優れた材質の針葉樹で，幕藩時代から手厚く保護されてきた。

c. ひのき

5 次の説明にあてはまるわが国のおもな林業地を答えよ。

　a. 諏訪湖から流れだし，太平洋にそそぐ河川流域にあり，すぎの産地として知られる林業地。

　d. 宮崎県南東部，日南市を集散地とするすぎの林業地。

　c. すぎの巨木で知られる鹿児島県の南方洋上の島。

6 次の説明にあてはまる林業都市名を答えよ。

　a. 秋田県北部，米代川河口部の木材集散地。春慶塗で知られる漆器の生産地でもある。

　b. 三重県南部，大台ヶ原山麓の木材集散地。日本有数の多雨地で，ひのきの美林で知られる。

　c. 和歌山県東部，熊野川河口部の木材集散地。

5

a. 天竜

d. 飫肥

c. 屋久島

6

a. 能代

b. 尾鷲

c. 新宮

第4章 エネルギー・鉱産資源の利用

1 エネルギー・鉱産資源の種類と開発

1 石炭・石油・天然ガス・水力・薪炭など、変換・加工される以前のエネルギーを総称して何というか。

1 一次エネルギー

2 電力・コークスなど、石炭・石油・水力などから変換・加工されたエネルギーを総称して何というか。

2 二次エネルギー

3 石炭・石油・天然ガスなど、地質時代の動植物が枯死し、地圧と地熱の影響を受けて燃料となったものを総称して何というか。

3 化石燃料

4 次の説明にあてはまる一次エネルギーの名称を答えよ。

4

a. 地質時代の植物が埋没・堆積し、長期間の炭化作用によりエネルギー源となったもので、2015年現在、世界エネルギー総生産量の28%を占めている。

a. 石炭

b. 地質時代の海棲生物が地圧と地熱の影響で分解して生じた可燃性の流体エネルギー源で、2015年現在、世界エネルギー総生産量の32%を占めている。

b. 石油

c. 水辺の植物が水中で分解されて生じたと考えられている流体エネルギー源で、2015年現在、世界エネルギー総生産量の22%を占めている。

c. 天然ガス

d. 発電に用いられる更新可能なエネルギー源で、比高と河川流量によって資源量が決まる。

d. 水力

e. ウランなどの原子核の連鎖反応によって生じるエネルギー源で、発電用に用いられる。

e. 原子力

5 銅・すず・ニッケル・金など、鉄以外の金属を総称して何というか。

5 非鉄金属

6 アルミニウム・マグネシウム・チタンなど、比重の軽い金属を総称して何というか。

6 軽金属

7 a. ジルコンやバナジウムなど、地球上での埋蔵量は少ないが、合金・半導体・超電導などの材料として先端技術産業での需要が高い金属を総称して何というか。

7 a. レアメタル(希少金属)

b. レアメタルの1種で、パソコン部品の研磨材など、

b. レアアース

	先端技術製品の製造に不可欠な，中国を主産地とする17の希土類を総称して何というか。	
★★ 8	現在の埋蔵量と採掘量から計算された，エネルギー資源や鉱産資源などの採掘可能な耐用年数を何というか。	8 可採年数
9	坑道を掘らずに，直接地表から地下資源を削り取る採掘方法を何というか。	9 露天掘り

2 石炭

1	直接燃料としてではなく，薬品や肥料などを生産する石炭化学工業や鉄鋼業のコークスの原料となる石炭を総称して何というか。	1 原料炭
2	都市ガスや発電用の燃料として，石炭を乾溜(かんりゅう)して燃料ガスをつくることを何というか。	2 石炭ガス化
3	第二次世界大戦中，わが国で人造石油の名で研究され，サンシャイン計画でも取り上げられている石炭を液体化する方法を何というか。	3 石炭液化
4	次の説明にあてはまる北アメリカの炭田名を答えよ。	4
★★ a.	アメリカ合衆国有数の炭田で，無煙炭や強粘炭が多く，五大湖沿岸の工業地域などへ輸送される。	a. アパラチア炭田
★★ b.	東部のイリノイ炭田と西部のミズーリ炭田からなり，アメリカ合衆国有数の出炭量がある。	b. 中央炭田
★★ c.	アメリカ合衆国西部，ロッキー山脈沿いに位置し，埋蔵量は同国最大で，近年，出炭量が増えている。	c. ロッキー炭田
5	次の説明にあてはまるヨーロッパの炭田名を答えよ。	5
★★ a.	西ヨーロッパ有数の炭田で，良質の瀝青炭を豊富に産し，ドイツの工業発達の原動力となった。	a. ルール炭田
★ b.	ドイツとフランスの国境付近に位置し，その所属をめぐって幾度か係争がみられた。ロレーヌの鉄鉱石と結びつき，ザールブリュッケンの鉄鋼業発達の基礎となった。	b. ザール炭田
c.	ドイツ中東部，エルツ山脈北麓に位置する炭田で，ドレスデン・ケムニッツ・ライプツィヒなどの工業発展を支えてきた。	c. ザクセン炭田
★★ d.	東ヨーロッパ最大の炭田で，スデーティ山脈の北部に位置する。ポーランドの工業発展の基礎となっ	d. シロンスク(シュレジエン)炭田

6. 次の説明にあてはまるロシアおよびその周辺諸国の炭田名を答えよ。

★a. ウクライナにある炭田で，無煙炭，製鉄に適する強粘結炭を産し，ドニエツクの鉄鋼業など，この地方の工業発展の原動力となっている。

★b. シベリアへの工業進出の誘因となったロシア有数の炭田で，良質の瀝青炭を産し，かつてはウラル地方へも大量に送られていた。

★c. カザフスタンの北東部に位置する炭田で，開発当初はウラル地方への供給が主であったが，最近では付近の鉄鉱石や銅鉱と結びついて独自の工業地域を形成している。

★d. バイカル湖南西部に位置する炭田で，アンガラバイカル工業地域の重要な動力資源となっている。

e. ロシア連邦，アムール川中流に位置する炭田で，ハバロフスクを中心とする工業地域のエネルギー源として重要である。

7. 次の説明にあてはまるアジアの炭田名を答えよ。

★a. 露天掘りで知られる中国リヤオニン(遼寧)省の炭田で，第二次世界大戦前，日本によって開発された。戦後，東北地区における工業発展の基盤となった。

★b. ペキン(北京)の西方270kmほどのところにある第二次世界大戦後に積極的に開発された炭田で，埋蔵量が多く，バオトウ(包頭)などにも送られている。

★c. ビハール州・西ベンガル州を中心に分布するインド第1の炭田で，付近の鉄鉱石などと結びついて，同国最大の工業地域を形成する原動力となっている。

8. 次の説明にあてはまるオーストラリア・アフリカの炭田名を答えよ。

★a. オーストラリア，クインズランド州の東南部に位置する炭田で，日本の資本によって開発され，良質の粘結炭が日本に輸出されている。

b. グレートディヴァイディング山脈東麓にあるオーストラリア有数の炭田で，日本の資本も参加して良質の瀝青炭や無煙炭を産出している。

6
a. ドネツ炭田
b. クズネツク炭田
c. カラガンダ炭田
d. チェレンホヴォ炭田
e. ブレヤ炭田

7
a. フーシュン(撫順)炭田
b. タートン(大同)炭田
c. ダモダル炭田

8
a. モウラ炭田
b. ボウエン炭田

★**c.** 南アフリカ共和国の北東部に位置する同国の代表的な炭田で，付近からは金・ダイヤモンド・銅などの鉱産資源も採掘されている。　　　　　c. **トランスヴァール炭田**

3　石油・天然ガス

1　石油や天然ガスを多く埋蔵する，地層が上方にアーチ状に屈曲した地質構造を何というか。　　1 **背斜構造**

★★2　黒褐色の含油性の頁岩で，乾溜によって石油と同質の油が得られるエネルギー資源は何か。　　2 **オイルシェール（油母頁岩）**

★★3　タール状の原油を含んだ砂層で，熱水処理と精製によって石油と同質の油が得られるエネルギー資源は何か。　　3 **オイルサンド（タールサンド・油砂）**

★★4　地下2,000〜3,000mにある微細な粒子からなる頁岩に閉じ込められた天然ガスで，最近開発が注目されているエネルギー資源は何か。　　4 **シェールガス**

★5　天然ガスを冷却・加圧して液体にしたもので，硫黄分を含まないクリーンエネルギーを何というか。　　5 **LNG（液化天然ガス）**

★6　石油精製工場などで副産物として発生するプロパン・ブタンなどの混合ガスを加工し，液状にしたものを何というか。　　6 **LPG（液化石油ガス）**

★★7　石油や天然ガスなどの流体を，ポンプの圧力で流して送る輸送管を何というか。　　7 **パイプライン（送油管）**

8　次の説明にあてはまる石油パイプラインの名称を答えよ。　　8

★**a.** ロシアのヴォルガ＝ウラル油田から東ヨーロッパ諸国に送油するために敷設された石油パイプライン。　　a. **ドルジバ（友好）パイプライン**

★**b.** カスピ海沿岸のバクー（B）からジョージア（グルジア）のトビリシ（T）を経て，地中海沿岸のトルコのジェイハン（C）に至る石油パイプライン。　　b. **BTCパイプライン**

9　次の説明にあてはまる北アメリカの油田名を答えよ。　　9

★**a.** テキサス州・オクラホマ州・カンザス州に分布するアメリカ合衆国有数の油田で，原油はパイプラインで五大湖沿岸や大西洋沿岸の工業地域に送られている。　　a. **内陸油田**

★**b.** テキサス州・ルイジアナ州の海岸地方にあるアメリカ合衆国有数の油田。開発当初はオイルラッシュ　　b. **メキシコ湾岸油田**

を引きおこし，今では海底油田も開発されている。

★★ **c.** 19世紀末に開発され，20世紀初頭にはアメリカ合衆国有数の産油量を示した油田。ロサンゼルスはこの油田の開発とともに発展した。

c. カリフォルニア油田

★★ **d.** ロッキー山脈東麓に位置するカナダ最大の油田で，第二次世界大戦後にアメリカ合衆国資本によって開発された。

d. アルバータ油田

★★ **e.** 1968年に発見されたプルドーベイ油田などを中心とする北極海沿岸の油田で，南のアラスカ湾までパイプラインが縦断している。

e. ノーススロープ油田

10 次の説明にあてはまる中・南アメリカの油田名を答えよ。

10

　a. メキシコ南部，テワンテペク地峡東部に位置する同国有数の油田で，近年産油量が増加している。

a. レフォルマ油田

★ **b.** ベネズエラ北西部に位置する同国有数の油田で，現在では湖底からも採油されている。

b. マラカイボ油田

★★ **11** イギリス水域のフォーティーズ油田やノルウェー水域のエコフィスク油田などを含む海底油田を総称して何というか。

11 北海油田

12 次の説明にあてはまるロシアおよびその周辺諸国の油田名を答えよ。

12

★★ **a.** カスピ海西岸，アゼルバイジャンに分布する油田名を答えよ。旧ソ連で最も早く開発され，第二次世界大戦前まで同国最大の産油量がみられた。戦後は減産している。

a. バクー油田

★★ **b.** ヴォルガ川中流域からウラル山脈西麓に分布する油田の総称で，ロシア革命後に開発され，ドルジバパイプラインの起点となっている。

b. ヴォルガ＝ウラル（第2バクー）油田

★★ **c.** オビ川流域の西シベリア低地に分布する大油田の総称。サモトロール油田などを中心とし，埋蔵量が多く，硫黄分の少ない良質の石油を産出する。

c. チュメニ（第3バクー）油田

★ **d.** サハリン（樺太）北部にある油田で，第二次世界大戦前に日本によって開発された。パイプラインでハバロフスクなどに送られている。

d. オハ油田

13 次の説明にあてはまる西アジアの油田名を答えよ。

13

★★ **a.** 古くから開発されたイラク北東部に位置する同国

a. キルクーク油田

有数の油田で、パイプラインで地中海沿岸に送られている。

- ★★ **b.** クウェート南部に位置する同国最大の油田で、アメリカ合衆国やイギリス資本によって開発された。 b. ブルガン油田
- ★★ **c.** サウジアラビア東部にあり、アブカイク油田とともに埋蔵量・産油量とも世界最大級の油田。 c. ガワール油田
- ★★ **d.** サウジアラビアとクウェートの国境付近に位置する海底油田で、日本の企業によって開発された。 d. カフジ油田

14 次の説明にあてはまる東・東南アジアの油田名を答えよ。

- ★★ **a.** 1960年から開発が始められた中国東北地区にある同国最大の油田で、現在ではペキン(北京)およびターリエン(大連)までパイプラインが敷設されている。 a. ターチン(大慶)油田
- ★ **b.** 黄河(ホワンホー)河口付近に位置する中国第2の油田で、パイプラインでチンタオ(青島)・チーナン(済南)などに運ばれる。 b. ションリー(勝利)油田
- ★ **c.** 中国カンスー(甘粛)省にある油田で、パイプラインによってランチョウ(蘭州)まで送られている。 c. ユイメン(玉門)油田
- **d.** スマトラ島中部にあるインドネシア最大の油田で、低硫黄石油を産出することで有名である。 d. ミナス油田
- ★ **e.** スマトラ島南部にあるインドネシア有数の油田で、大精油所もある。 e. パレンバン油田

15 次の説明にあてはまるアフリカの油田名および地域名を答えよ。

- **a.** エジェレ油田と並ぶアルジェリアの代表的な油田で、第二次世界大戦後に開発された。付近には天然ガスの産出もみられる。 a. ハシメサウド油田
- **b.** ナイジェリア南部、同国最大の河川がギニア湾に流れ込む河口付近の低湿地が油田地帯。ポートハーコートが原油積出港である。 b. ニジェールデルタ

4 電力

- ★★ **1** 石炭・石油などの燃料により生じた高温・高圧の蒸気でタービンを回転させ、これによって電力を得る発電形式を何というか。 1 火力発電
- ★★ **2** 水の落下エネルギーによりタービンを回転させ、こ 2 水力発電

れによって電力を得る発電形式を何というか。

3 ★a. 核分裂の際に生じる熱の利用で得た蒸気でタービンを回転させ，これによって電力を得る発電形式を何というか。 — 3 a. 原子力発電

b. 高速中性子を使って，運転中に消費する核燃料よりも多量の新核分裂物資を生産する原子炉を何というか。 — b. 高速増殖炉

★★4 フランスのランス発電所などのように，潮の干満による潮位差を利用して電力を得る発電形式を何というか。 — 4 潮力発電

★★5 ニュージーランドのワイラケイ発電所などのように，地下にある高温の熱水や蒸気を利用して電力を得る発電形式を何というか。 — 5 地熱発電

★★6 偏西風が卓越するオランダやデンマークなどにみられるように，風の力を利用して電力を得る発電形式を何というか。 — 6 風力発電

★★7 シリコンなど半導体でできた太陽電池を使い，光のエネルギーを直接電気にかえる発電形式を何というか。 — 7 太陽光発電

★★8 廃材や家畜の糞尿，一般家庭からでるごみなど，動植物や微生物の中で燃料に転化できる生物エネルギーを利用した発電形式を何というか。 — 8 バイオマス発電

9 次の説明にあてはまる，水力・火力発電からみた電力構成の型を答えよ。 — 9

★a. ノルウェーやブラジルなどのように，発電量の多くが水力発電によって占められる型。 — a. 水力中心型

★b. カナダやスイスなどのように，水力発電を主とし，火力発電が補助的な役割にある型。 — b. 水主火従型

★c. エクアドルなどのように，水力発電と火力発電がほぼ相半ばする型。 — c. 水火相半型

★d. アメリカ合衆国や日本などのように，火力発電を主とし，水力発電が補助的な役割にある型。 — d. 火主水従型

★e. イギリスやサウジアラビアなどのように，発電量の多くが火力発電によって占められる型。 — e. 火力中心型

★10 フランスの電源別電力構成で最も大きな割合を占めるのは何か。 — 10 原子力発電

第4章　エネルギー・鉱産資源の利用

11 次の説明にあてはまる水力発電の形式を答えよ。

★**a.** 川から直接河水を水路に導いて，落差をつけ，地形の傾斜を利用する発電形式。

★**b.** 川をせき止めて大きな人造湖をつくり，その落差を利用する発電形式。

★**c.** 兵庫県の奥多々良木発電所のように，豊水時や深夜の余剰電力を利用して，人造湖に水を汲み上げておき，電力消費量の多い時にこの水を再利用する発電形式。

★**12** 開発可能な水力発電の総量のことを何というか。

★★**13** 洪水防止・舟航の安定・各種用水の供給・発電など，河川水の多面的な利用を目的として建設されたダムを何というか。

14 a. アメリカ合衆国のニューディール政策のもとで，世界最初の河川の総合開発が実施された，オハイオ川支流の河川を何というか。

★**b.** ニューディール政策の一環として，上記 **a** の河川流域の開発のために設立された政府直属の機関を何というか。

15 ★a. ロッキー山脈に源を発し，コロラド高原を横断してカリフォルニア湾にそそぐ，総合開発で知られた河川を何というか。

★**b.** 上記 **a** の中流域に建設された，流域最大の多目的ダムを何というか。

16 ★a. カナダに源を発しワシントン州を流れ，オレゴン州との境で太平洋にそそぐ河川で，周辺地域の灌漑と産業用の電力を得ることなどを目的として総合開発が進められた河川を何というか。

★**b.** コロンビア川の中流域に建設され，世界有数の発電能力をもつ水力発電所があるダムを何というか。

★**17** バイカル湖から流出してエニセイ川に合流する河川で，ブラーツク発電所の建設など電源開発で知られた河川を何というか。

★**18** 黄河(ホワンホー)の水利事業により，黄土高原を刻む中流部に建設された，治水・灌漑・発電を兼ねた多目的ダムを何というか。

11
a. 水路式発電
b. ダム式発電
c. 揚水式発電

12 包蔵水力
13 多目的ダム

14 a. テネシー川
b. TVA(テネシー川流域開発公社)

15 a. コロラド川
b. フーヴァーダム

16 a. コロンビア川
b. グランドクーリーダム

17 アンガラ川

18 サンメンシャ(三門峡)ダム

★**19** 中国最長の河川である長江(チャンチヤン)の中流域に水利調節・発電のために建設された巨大なダムを何というか。

19 サンシャ(三峡)ダム

20 a. ガーナの国土を貫流し,ギニア湾にそそぐ河川で,アルミニウム精錬のための電力開発,灌漑整備,水運の安定などの開発が進められた河川を何というか。

20 a. ヴォルタ川

b. 上記 a の河川流域の開発計画で,建設された多目的ダムを何というか。

b. アコソンボダム

21 ザンビア・ジンバブエの国境地帯のザンベジ川中流の峡谷部に,銅精錬用の電力を得ることを目的として建設されたダムを何というか。

21 カリバダム

22 ブラジルとパラグアイの国境地帯のパラナ川に両国の共同事業として建設された,世界最大級規模の発電能力をもつダムを何というか。

22 イタイプダム

5 鉄鉱石

★★**1** ボーキサイトに次いで地殻に含まれている量が多く,近代文明の担い手となった重要な鉱物資源は何か。

1 鉄鉱石

2 次の説明にあてはまる北アメリカの鉄鉱石産地を答えよ。

2

★★**a.** スペリオル湖の北西部沿岸一帯に分布するアメリカ合衆国最大の鉄鉱石産地で,大部分は露天掘りである。

a. メサビ

b. ラブラドル半島の中央部に位置するカナダ有数の鉄鉱石産地で,アメリカ合衆国の資本によって開発された。

b. ラブラドル鉄鉱床(キャロルレーク)

3 次の説明にあてはまる南アメリカの鉄鉱石産地を答えよ。

3

★★**a.** 1967年に発見されたブラジル高原北縁にある世界有数の埋蔵量をもつ鉄鉱石産地で,品位65%以上の富鉱を産する。

a. カラジャス

★★**b.** ブラジル南東部のミナスジェライス州にある鉄鉱石産地で,良質の赤鉄鉱を産し,大西洋岸のヴィトリア港から各国に輸出されている。

b. イタビラ

c. ベネズエラ東部,ギアナ山地北麓に位置する同国最大の鉄鉱山で,高品位の赤鉄鉱を産し,アメリカ

c. セロボリバル

4 次の説明にあてはまるヨーロッパの鉄鉱石産地およびその輸出港を答えよ。

 a. モーゼル川上流に分布するフランス最大の鉄鉱石産地で、ミネット鉱の産出で知られた。

 ★**b.** スウェーデンの最も北部に位置する同国最大の鉄鉱石産地で、良質の磁鉄鉱を産する。

 ★**c.** 上記**b**やイェリヴァレで産出した鉄鉱石を冬季に積みだすノルウェーの港湾都市。

 d. スペイン北部、ビスケー湾岸近くに位置する鉄鉱山で、かつて良質の赤鉄鉱を産し、ドイツやフランスに輸出された。現在は閉山している。

5 次の説明にあてはまるロシアおよびその周辺諸国の鉄鉱石産地を答えよ。

 ★★**a.** ウクライナ南部に位置する世界有数の鉄鉱石産地で、良質の赤鉄鉱を産し、鉄鋼業が発達している。

 ★★**b.** ウラル山脈南東麓に位置する鉄鉱石産地で、第一次五か年計画以後開発され、良質の磁鉄鉱を露天掘りで採掘し、この地域の鉄鋼業の中心都市の1つとなっている。

6 次の説明にあてはまるアジアの鉄鉱石産地を答えよ。

 ★★**a.** 中国東北地区に位置する同国有数の露天掘りの鉄鉱石産地で、フーシュン(撫順)などの石炭を背景に、当地に建設された鉄鋼コンビナートの基盤をなしている。

 ★**b.** フーペイ(湖北)省東部に位置し、華中の代表的な鉄鉱石産地で、ウーハン(武漢)コンビナートの重要な原料供給地となっている。

 ★**c.** ジャルカンド州南東部に位置するインド有数の鉄鉱石産地で、マンガンや銅の産出も多い。

7 次の説明にあてはまるオーストラリアの鉄鉱石産地を答えよ。

 ★★**a.** ウェスタンオーストラリア州北西部にある主要鉄鉱石産地で、鉄鉱石輸出港であるポートヘッドランドまで鉄道が通じている。

 ★★**b.** 上記**a**の北西部にある主要鉄鉱石産地で、鉄鉱石

4
 a. ロレーヌ地方
 b. キルナ
 c. ナルヴィク
 d. ビルバオ

5
 a. クリヴォイログ
 b. マグニトゴルスク

6
 a. アンシャン(鞍山)
 b. ターイエ(大冶)
 c. シングブーム

7
 a. マウントホエールバック(マウントニューマン)
 b. マウントトムプ

輸出港であるダンピアからの鉄道の終点にあたっている。 ライス

c. 上記 a, b の鉄鉱石産地のある地域の地方名。　c. ピルバラ地区
d. サウスオーストラリア州南部に位置する鉄鉱山地で，早くから開発され，積出港であるワイアラと鉄道で結ばれている。　d. アイアンノブ

6 非鉄金属

1 伸張性に富み，加工しやすく，電気伝導性が高いため，電気産業の発展にともなって需要が増大してきた非鉄金属は何か。　1 銅

2 次の説明にあてはまる銅産国または銅産地を答えよ。　2

a. モンタナ州西部のロッキー山脈中にあるアメリカ合衆国有数の銅産地で，鉛やすずなども産出する。　a. ビュート

b. アメリカ合衆国のユタ州北部にある世界的な銅鉱山で，ほかに金や鉛も産出し，大規模な露天掘りが行なわれている。　b. ビンガム

c. チリ北部の乾燥地域にある世界有数の露天掘り銅鉱山で，アメリカ合衆国によって開発されたが，現在では国営化されている。　c. チュキカマタ

d. チリ北部，アンデス山中に位置する世界有数の銅鉱山で，開発は新しいが2008年産出量が世界最大を記録した。　d. エスコンディーダ

e. コンゴ(旧ザイール)川の流域に広がる国で，南東端に世界的な銅資源の分布がみられる。　e. コンゴ民主共和国(旧ザイール)

f. 上記 e の国の南部に位置し，隣接地帯に銅の埋蔵が多くみられる国。　f. ザンビア

g. 上記 e, f の国境付近に分布する豊富な銅埋蔵地帯。　g. カッパーベルト

3 蓄電池としての利用のほか，無機薬品・電線被覆・活字などに用いられ，中国・オーストラリア・アメリカ合衆国などを主産国とする非鉄金属は何か。　3 鉛

4 展延性に富み，加工しやすくメッキなど鉄類の防食用に使用される，中国・オーストラリア・ペルーなどが主産国である非鉄金属は何か。　4 亜鉛

5 次の説明にあてはまるオーストラリアの鉛・亜鉛などの産地を答えよ。　5

- a. ニューサウスウェールズ州の西端にあり，鉛・亜鉛の世界的な産地で，銀なども産出する。　　　a. ブロークンヒル
- b. クインズランド州北西部にあり，鉛や亜鉛のほか，銅や銀なども産出する。　　　b. マウントアイザ

6 展延性や耐食性に富み，青銅・ハンダ・活字などの合金用として用いられる非鉄金属は何か。　　　6 すず

7 次の説明にあてはまるすずの産出国を答えよ。
- a. ジャワ海に浮かぶバンカ島・ビリトン島などを主産地とするすず産出国。　　　a. インドネシア
- b. アンデス山地にあるポトシ(海抜4,000m以上の高地に位置)などを主産地とするすず産出国。　　　b. ボリビア

8 高温多湿の熱帯・亜熱帯に多く産出するアルミニウムの原鉱石を何というか。　　　8 ボーキサイト

9 次の説明にあてはまるボーキサイト産出国または産出地を答えよ。
- a. オーストラリア北部のヨーク岬半島にある世界有数のボーキサイト産出地。　　　a. ウェイパ
- b. オーストラリア北部，アーネムランド半島に位置するボーキサイトの産出地。開発は新しいが産出量は同国有数で世界各地に輸出されている。　　　b. ゴヴ
- c. カリブ海にある島国で，世界有数のボーキサイト産出国。　　　c. ジャマイカ
- d. アフリカ西端にある旧フランス領の国で，ボーキサイトのほか，金やダイヤモンドなどの産出も多い。　　　d. ギニア

10 耐食性・耐熱性にすぐれ，ステンレスなどの特殊鋼・メッキ・非鉄合金に用いられ，最近では半導体などの電子材料分野での需要が伸びている非鉄金属は何か。　　　10 ニッケル

11 次の説明にあてはまるニッケル産出地を答えよ。
- a. カナダ南東部，ヒューロン湖北部にある世界有数のニッケル鉱山で，銅産地としても知られる。　　　a. サドバリ
- b. オーストラリア東部にある島で，世界的なニッケルの産地として有名なフランス領植民地。　　　b. ニューカレドニア島

12 特殊鋼の合金に用いられ，南アフリカ共和国・オーストラリア・中国・ガボンなどを主要産出国とする非鉄金属は何か。　　　12 マンガン

13 融点度が高い特徴を利用して，耐熱金属や電球のフィラメントなどに用いられている，中国・ベトナム・ロシアが代表的な産出国である非鉄金属は何か。 — **13 タングステン**

14 錆びず，硬い特性を生かしてメッキ用やステンレスの合金用などに利用される。南アフリカ共和国・インド・カザフスタンなどを主産地とする非鉄金属は何か。 — **14 クロム**

15 パソコン・携帯電話・電気自動車などに使われる電池の原料で，チリ・オーストラリア・中国などが主産地のレアメタルは何か。 — **15 リチウム**

16 ボリビア南西部，アンデス山脈中の塩湖で，その湖底に莫大なリチウムが埋蔵されていることで注目されているのはどこか。 — **16 ウユニ塩原**

★17 核分裂により巨大な熱を放出し，発電などのエネルギー源として利用されている鉱産資源は何か。 — **17 ウラン鉱**

★★18 展延性に富み，装身具のほか国際通貨として貿易の決済に使われる貴金属は何か。 — **18 金**

★19 ウエスタンオーストラリア州南部の砂漠地帯に位置する金鉱都市。用水が500km以上のパースから送られてくるのはどこか。 — **19 カルグーリー**

★20 熱・電気の最良導体で，写真感光材，装身具のほか補助貨幣に使われる貴金属は何か。 — **20 銀**

21 南アフリカ共和国にある鉱山都市で，世界有数のダイヤモンド産地として知られているのはどこか。 — **21 キンバリー**

22 燐酸肥料の原料となる鉱石で，中国・アメリカ合衆国・モロッコなどで産出が多い非金属資源は何か。 — **22 燐鉱石**

7 エネルギー問題

★★1 第二次世界大戦後，エネルギー源の需要が石炭から石油・天然ガスへと大きく転換したことを何というか。 — **1 エネルギー革命**

★★2 太陽熱・風力・潮力など，環境汚染をおこさないエネルギーを総称して何というか。 — **2 クリーンエネルギー**

★★3 産業・生活・社会活動の全般において，エネルギーの効率的な利用を図ることを一般に何というか。 — **3 省エネルギー**

★★4 自然エネルギーや原子力エネルギーなど，現在の主 — **4 代替エネルギー**

要エネルギー源である化石燃料にかわる新しいエネルギーを総称して何というか。

★ **5** さとうきびなどの植物の糖やでんぷんを発酵させてつくるアルコールで，ガソリンに混ぜ自動車の燃料として使用する石油代替エネルギーは何か。

5 バイオエタノール

★ **6** 水素と空気中の酸素とを結合させる発電システムで，自動車の動力として開発が進められているのは何か。

6 燃料電池

★★ **7** 巨大な資本と高度な技術をもち，採掘・輸送・精製・販売などをあわせ行なう国際的な石油会社を何というか。

7 メジャー(国際石油資本)

★★ **8** 発展途上国による石油や鉱産資源などの自国内資源に対する民族的主権の主張を何というか。

8 資源ナショナリズム

★★ **9** 世界の主要石油生産輸出国が石油政策の調整，原油価格の安定などを目的として1960年に結成した国際機関を何というか。

9 OPEC(石油輸出国機構)

★★ **10** アラブ産油諸国が石油戦略活動を共同で行なうため，1968年に設立した地域機構を何というか。

10 OAPEC(アラブ石油輸出国機構)

11 OPEC(石油輸出国機構)のように，発展途上国を中心として資源を保有する国々が生産や販売の利益を守るため結成している組織を何というか。

11 資源カルテル

★★ **12** 1973年の第四次中東戦争を契機に発生した石油不足とそれに伴う世界的な経済混乱を何というか。

12 石油危機(オイルショック)

13 石油の緊急融通・消費の抑制・代替エネルギーの開発などを目的につくられたOECDの下部機関で，主要石油消費国30カ国から構成されている国際組織を何というか。他に，欧州委員会も業務に参加。

13 IEA(国際エネルギー機関)

★ **14** 原子力発電所・核燃料の製造工場および処理工場などから排出される，放射性物質を含む廃棄物を何というか。

14 放射性廃棄物

★ **15** 1979年3月に事故をおこし，周辺に多量の放射性物質を出したアメリカ合衆国ペンシルヴェニア州南部にある原子力発電所の所在地はどこか。

15 スリーマイル島

★★ **16** 1986年4月に事故をおこし，周辺に多量の放射性物質をだすことにより，国境をこえた放射能汚染被害を発生させたウクライナにある原子力発電所の所在地はどこか。

16 チェルノブイリ

17 青森県下北半島南部の村で，ウラン濃縮と再処理施設の建設が行なわれているところはどこか。

★★18 2011年3月，東北地方太平洋沖地震(東日本大震災)の際に水素爆発や炉心溶融をおこし，大量の放射性物質をだした原子力発電所はどこか。

19 ごみとして破棄される携帯電話などの電子機器は再生すれば利用可能なレアメタルが多く含まれるが，これらの資源が都市に多く存在することを見立てて何というか。

17 六ヶ所村

18 福島第一原子力発電所

19 都市鉱山

第Ⅱ部 資源と産業

第5章 工業

1 工業の発達と種類

★ **1** 簡単な道具と手作業により，客の注文を受けて加工生産を行なう，工業発展の初期の段階における生産形態を何というか。

1 **手工業**

★ **2** 中世から近世にみられた，自宅で家族や少数の使用人を用いて小規模生産を行なう工業生産形態を何というか。

2 **家内制手工業**

★ **3** 商人が家内工業をその支配下におき，原料や道具を貸しつけて生産を行なわせ，その製品を売りさばいて利益を得る工業生産形態を何というか。

3 **問屋制家内工業**

★ **4** 資本家が多くの労働者を集め，工場内で道具を用いて分業により生産させる工業生産形態を何というか。

4 **工場制手工業（マニュファクチュア）**

★★ **5** 18世紀中期以降のイギリスに始まる道具から機械への生産技術の革新と，これに伴う産業・経済・社会の変革を何というか。

5 **産業革命**

★★ **6** 従来の手工業にかわって機械を用い，大資本のもとに多数の労働者を工場に集めて大量生産を行なう，産業革命期以降の工業生産形態を何というか。

6 **工場制機械工業**

★ **7** 繊維・食品・雑貨など，高度な技術や資本をあまり必要とせず，主として日常生活に用いる比較的重量の軽い製品をつくる工業を総称して何というか。

7 **軽工業**

★ **8** 鉄鋼・金属・機械など，大資本と高度な技術を用い，主として生産活動に用いる比較的重量の重い製品をつくる工業を総称して何というか。

8 **重工業**

★ **9** 鉄鋼・機械・肥料など，工業や農業の生産のために必要な資材をつくる工業部門を何というか。

9 **生産財工業**

★ **10** 衣料品・食品・雑貨など，日常生活に必要な資材をつくる工業部門を何というか。

10 **消費財工業**

★ **11** 金属・石油精製・パルプ工業など，消費財工業や生産財の組み立て工業の中間原料をつくる工業を総称して何というか。

11 **素材型工業**

★★ **12** 鉄鋼・石油化学・パルプ工業など，原料やエネルギ

12 **資源多消費型工業**

	ーを大量に消費する工業を総称して何というか。	
★13	繊維工業や電気器具の組み立てなど，生産コストの中で労働費の比重が高い工業を総称して何というか。	13 労働集約型工業
★14	鉄鋼業や石油化学工業など，生産コストのなかで多額の設備費を必要とする工業を総称して何というか。	14 資本集約型工業
★15	精密機械や電子工業など，高度の知識や技術を必要とする工業を総称して何というか。	15 知識集約型工業
★16	メカトロニクスや新素材産業，また宇宙・航空産業など，最先端の技術を用いて工業製品を生産する産業を総称して何というか。	16 先端技術産業
★17	和紙・漆器・陶磁器・織物工業など，近代工業が発達する以前から続いている，その地域の特色を強く反映した伝統的手工業を何というか。	17 地場産業(在来工業)
★18	もとは旧ソ連の計画的な工業地域に対する呼称として用いられたもので，相互に関連しあう多くの工場が原料や製品の有機的・合理的な利用をめざして集中している工業地域にも用いられる呼称は何か。	18 コンビナート
19	コンビナートよりやや狭い域内での資源開発や工業生産の結合を図り，道路整備などの社会資本の充実をめざす旧ソ連の地域単位を何というか。	19 地域生産コンプレックス(複合体)
20	延岡や豊田などのように，1つの企業グループがその地方の経済に大きな影響力をもっている工業都市を何というか。	20 企業城下町
21	同一規格の製品を多量に生産することにより，生産工程の合理化とコストダウンをはかる生産方式を何というか。	21 大量生産方式
★22	外国資本と国内資本の共同出資により，設立・運営される企業を何というか。	22 合弁会社(合弁企業)
23	完成品に課される高率の関税などを避けるために，部品や半製品を輸出し，現地の工場で組み立てる工業の形式を何というか。	23 ノックダウン方式
★24	韓国・シンガポール・ブラジルなどのように，発展途上国の中で工業の発達が著しい地域を総称して何というか。	24 NIES(新興工業経済地域群)
★25	近年経済発展が著しいブラジル・ロシア・インド・中国・南アフリカ共和国の5カ国に対する総称とし	25 BRICS(ブリックス)

て用いられる呼称は何か。

★★26 以前は世界で最初に産業革命を達成したイギリスをさしたが、現在では20世紀末から各種工業の発達が著しい中国をさす言葉として用いられる呼称は何か。

26 世界の工場

★★27 外国からの輸入に依存していた消費財などを、国内自給をめざして生産しようとする工業を総称して何というか。

27 輸入代替型工業

★★28 発展途上国などにみられるもので、安価な労働力などを活用し、輸出を目的に発展させようとする工業を総称して何というか。

28 輸出指向(志向)型工業

★★29 先進国において生産拠点の海外進出や製品の輸入依存が高まり、基幹産業である製造業が衰退する現象を何というか。

29 産業の空洞化

2 工業立地と各種工業

工業立地

★1 工場がある場所を選んで生産活動を営む場合、最小の投資で最大の効果を上げるために考慮される種々の条件を総称して何というか。

1 立地条件

★2 原料・用水・用地・労働力の入手の難易、輸送の方法、港湾・消費市場・関連企業の存在など、工場立地を決定する際に企業が考慮する要因を何というか。

2 立地因子

3 工場の立地因子のうち、とくに輸送費の作用を重視し、工業立地条件を理論化したドイツの経済学者は誰か。

3 ウェーバー

4 次の説明にあてはまる工業は総称して何と呼ばれるか。

4

★★a. 製糸・パルプ・セメント工業などのように、原料産地に立地しやすい工業。

a. 原料指向(立地)型工業

★★b. アルミニウム工業のように、電力源の得やすい地域に立地する工業。

b. 電力指向(立地)型工業

★★c. 鉄鋼・製糸・醸造業などのように、冷却・洗浄や製造工程の中で大量の水を使用するため、用水の得やすい地域に立地する工業。

c. 用水指向(立地)型工業

★★d. 自動車工業のように、部品や製品の輸送に便利な

d. 交通指向(立地)

交通条件のすぐれた地域に立地しやすい工業。 | 型工業

★★ **e.** 出版・印刷業や化粧品，ビール工業などのように，市場の情報を重視したり，破損しやすい製品のため，大都市に立地する工業。 | e. 市場指向(立地)型工業

★★ **f.** 繊維工業や各種の組み立て工業などのように，安価で豊富または高度の技術をもつ労働力の得やすい地域に立地する工業。 | f. 労働力指向(立地)型工業

★ **5** 工場が特定地域に集まると，原料の共同入手，工業関連施設の共同利用，中間製品の活用など，様々な便宜が得られる。工場が集中することにより，生じるこれらの利益を総称して何というか。 | 5 集積の利益

★ **6** 工場が特定地域に集中すると，用地・用水不足，公害などのマイナス現象が生じ，これを避けて工場が他地域へ分散することもおこる。集中に伴うこれらのマイナス面を総称して何というか。 | 6 過密の弊害

繊維工業

★★ **1** アジアにおける古くからの在来工業で，産業革命のさきがけとなり，ムンバイ(旧ボンベイ)・タシケント・アトランタ・マンチェスターなどの工業都市に代表される天然繊維工業は何か。 | 1 綿工業

★★ **2** ヨーロッパにおける古くからの在来工業で，中世はフランドル地方を中心に栄え，リーズ・リール・ヘント・トリノ・サンクトペテルブルク・ボストンなどの都市や愛知県の尾西地方に代表される天然繊維工業は何か。 | 2 羊毛工業(毛織物工業)

3 ★★ **a.** アジアにおける古くからの在来工業で，明治時代から第二次世界大戦前まで，原料の糸がわが国の代表的輸出品であった天然繊維工業は何か。 | 3 a. 絹工業

b. この工業は，わが国ではかつて富岡・秩父・八王子などの中央高地から関東北西山麓地方で盛んであった，絹織物の原料となる生糸を製造する工業部門を何というか。 | b. 製糸業

c. この工業は，パターソン・リヨン・ミラノ，わが国の京都・金沢・福井・桐生・足利などで盛んであり，布を製造する工業部門を何というか。 | c. 絹織物工業

第5章 工業 133

4 インドやバングラデシュなどの低湿地で生産される原料を用い，穀物や砂糖を入れる麻袋などをつくる天然繊維工業は何か。　　　　　　4 ジュート工業

5 a. 天然繊維に化学的処理を加えたり，化学的に合成したりして新しい繊維をつくりだす，中国・インド・アメリカ合衆国などで盛んな繊維工業を何というか。　　5 a. 化学繊維工業

b. レーヨン・スフ・ベンベルグなど，パルプやくず綿に化学的処理を加えて利用しやすいようにかえた，この工業で生産される繊維を何というか。　　b. 再生繊維

c. ナイロン・ビニロン・テトロンなど，この工業で化学的に高分子の結合をつくりだして繊維としたものを何というか。　　c. 合成繊維

金属精錬業

1 鉄鉱石を原料とし，各種の鋼材をつくる近代工業の基幹産業は何か。　　　　　　　　1 鉄鋼業

2 生産の合理化と能率向上を図るため，1つの敷地内で製銑・製鋼・圧延を連続的に行なう工場を何というか。　　2 銑鋼一貫工場

3 製鉄所の立地には原料と消費地の関係から4つのタイプがある。次のグループに共通する立地型を答えよ。　　3

a. バーミンガム・バーミングハム　　a. 石炭・鉄鉱石産地立地型

b. ピッツバーグ・ノヴォクズネツク・ザールブリュッケン・エッセン・カーディフ　　b. 石炭産地立地型

c. ダルース・クリヴォイログ・マグニトゴルスク　　c. 鉄鉱石産地立地型

d. ボルティモア・シカゴ・ダンケルク・シャンハイ（上海）・川崎　　d. 消費地(港湾)立地型(交通立地型)

4 ボーキサイトを原料として中間製品をつくり，それを電気分解して軽金属を製造する工業を何というか。　　4 アルミニウム工業

機械工業

1 多くの機械工業にみられるように，部品を集め，こ　　1 組立て型工業

れを流れ作業によって完成品に仕上げてゆく工業を何というか。

★2 自動車工業などにみられるもので,大企業の親会社から受注して素材の加工や部品の製造を行なう,中小・零細企業を総称して何というか。

2 **下請け企業**

★3 自動車工業や電気機械工業などの広い分野で採用されているもので,労働者の各種工業を代替する自動化された機械のことを何というか。

3 **産業用ロボット**

★★4 旋盤・ボール盤・研削盤など,機械の部品や製品を加工する機械を製造する機械工業の一部門を何というか。高度の加工精度を必要とし,その国の工業技術の水準を示すといわれている。

4 **工作機械工業**

★★5 発電用および産業用電気機械器具・電球・ラジオ・テレビ・通信用機器などを製造する機械工業の一部門を何というか。

5 **電気機械工業**

★★6 先端技術を利用し,各種の工業・通信の部品となる電子の働きを応用して機器をつくる電気機械器具工業の一部門を何というか。

6 **電子(エレクトロニクス)工業**

★★7 集積回路などの中で使用される伝導体と絶縁体との中間的な性格をもった物質を総称して何というか。

7 **半導体**

★★8 自動車・鉄道車両・自転車・航空機・船舶およびこれらの部品などを製造する機械工業の一部門を何というか。

8 **輸送用機械器具工業**

★★9 多くの関連産業をもち,ベルトコンベアーによる量産効果を生かすことにより,先進資本主義諸国の景気主導産業としての性格をもつ,輸送用機械器具工業の一部門を何というか。パリ・コヴェントリ・トリノ・ニジニーノヴゴロド,わが国の豊田・川崎・広島などの都市に立地する。

9 **自動車工業**

★★10 フィラデルフィア・ハンブルク・グラスゴー・ウルサン(蔚山),わが国の佐世保・長崎などの都市に立地する輸送用機械器具工業の一部門を何というか。

10 **造船業**

★★11 アルミニウム工業と関連して発達した,軍需産業とも密接な関係にある工業で,シアトル・ロサンゼルスなどを代表的工業都市とする輸送用機械器具工業の一部門を何というか。

11 **航空機工業**

★★ **12** ロケット・人工衛星，打上げや追跡用の施設など宇宙開発に必要な資材の開発に関わる産業を総称して何というか。 — 12 宇宙産業

★★ **13** スイスのジュネーヴ・チューリヒ，アメリカ合衆国のロチェスター，ドイツのシュツットガルト，わが国の岡谷・諏訪などの都市に立地し，カメラをはじめとする光学機器・時計などを製造する機械工業の一部門を何というか。 — 13 精密機械工業

化学工業

1 化学工業に代表されるように，巨大な設備・装置を必要とし，労務費の比率が少ないため大規模化によりコストの低下を図ることができる工業を一般に何というか。 — 1 装置工業

★ **2** 木材を機械でくだいたり，化学薬品で溶解するなどして繊維質の部分を取り出す工業で，ポートランド・ヴァンクーヴァー，わが国の苫小牧・富士・日南などに立地する工業を何というか。 — 2 パルプ工業

★ **3** パルプを原料として，各種の紙を製造する工業を何というか。 — 3 製紙工業

★★ **4** 石油・天然ガスを原料として，合成樹脂・合成繊維・合成ゴム・化学肥料・塗料・染料・建材などの多様な製品を製造する工業を何というか。 — 4 石油化学工業

★ **5** 原油に熱や圧力を加えて揮発油・ガソリン・灯油・軽油・重油などに分ける工業を何というか。 — 5 石油精製工業

★★ **6** 石油精製工場を中心に原料や中間製品がタンクやパイプで相互に結ばれ，工程が有機的に配置された生産施設を何というか。 — 6 石油化学コンビナート

窯業

★ **1** 粘土や石などを窯で焼いて陶磁器・ガラス・セメントなどをつくる工業を何というか。 — 1 窯業

★ **2** 瀬戸・多治見・有田など各地に伝統的な工場が立地する工業で，陶土・珪石・長石などを調合し成型したものを窯に入れ，高温で焼き上げて陶器・磁器をつくる窯業の一部門を何というか。 — 2 陶磁器工業

★3 珪砂・石灰石・ソーダ灰などの原料を溶融炉でとかし，板状の製品などを生産する窯業の一部門である工業を何というか。わが国では珪砂の輸入と製品の輸送の便のため，横浜・尼崎・北九州・堺などの臨海部の都市に立地する。 | 3 **ガラス工業**

★4 石灰石・粘土を粉末にして回転窯で焼き，石こうを加えて土木建築用材をつくる窯業の一部門である工業は何か。秩父・宇部・小野田(現，山陽小野田)・北九州などに立地する。 | 4 **セメント工業**

その他の工業

1 小麦を原料として，小麦粉をつくる工業を何というか。 | 1 **製粉業**

2 さとうきび・てんさいを原料にして，砂糖を製造する工業を何というか。ニューヨーク・ロンドン・東京・大阪・横浜などの原料輸入港やマグデブルク・帯広などの原料産地に立地する。 | 2 **製糖業**

★3 果実や穀物の発酵作用を利用して，酒類やみそなどをつくる工業を総称して何というか。 | 3 **醸造業**

4 次の説明にあてはまる醸造業の名称を答えよ。 | 4
　a. 神戸の灘五郷に代表される，米を原料としたわが国独特の方法で醸造するアルコール飲料工業。 | 　a. **酒造業**
　b. ミュンヘン・ミルウォーキー・札幌などの産地に代表される，大麦・ホップを主原料としたアルコール飲料工業。 | 　b. **ビール工業**
　c. ボルドー・シャンパーニュなどの産地に代表される，ぶどうを原料としたアルコール飲料工業。 | 　c. **ワイン工業**

★5 新聞や書籍などの製造・販売に関連する工業で，情報が得やすい大都市に立地しているものは何か。 | 5 **印刷・出版業**

3 アングロアメリカの工業地域

アメリカ合衆国

★★1 アメリカ合衆国で最も早く工業の発達したところで，優秀な技術と大消費地を背景に，綿織物・毛織物・皮革などの高級品製造と精密機械・造船などが盛ん | 1 **ニューイングランド工業地域**

な工業地域はどこか。

★★ 2 上記**1**の工業地域の中心都市で，繊維・機械・造船・エレクトロニクス工業のほか，印刷・出版などの工業がみられる港湾都市名を答えよ。

2 ボストン

★ 3 上記**2**の郊外の高速道路沿いに電子機器工場の集積がみられる地域をとくに何というか。

3 エレクトロニクスハイウェイ

★★ 4 上記**1**の南に続くメガロポリスを中心とした地域で，アパラチア炭田や輸入原料，また大消費市場を背景に，各種の重化学工業や繊維・雑貨などの大都市型工業が発達する工業地域はどこか。

4 大西洋中部沿岸工業地域

 5 上記**4**の工業地域に含まれる次の工業都市名を答えよ。

5

 ★★a. ハドソン川河口にあり，被服・印刷・出版・食品・機械・造船・化学などの各種工業, IT工業がみられ，大貿易港でもある。

 a. ニューヨーク

 ★★b. 独立宣言が発せられた都市として知られ，輸入原料などを基礎に，鉄鋼・機械・精油などの工業が盛ん。

 b. フィラデルフィア

 ★c. チェサピーク湾奥に位置する港湾都市で，鉄鋼をはじめ造船・自動車工業などが発達。

 c. ボルティモア

★★ 6 アパラチア炭田・スペリオル湖岸の鉄鉱石・五大湖の水運などを背景に，各種の重化学工業が発達しているアメリカ合衆国有数の工業地域はどこか。

6 五大湖沿岸工業地域

 7 上記**6**の工業地域に含まれる次の工業都市名を答えよ。

7

 ★★a. アパラチア炭田の中心にあり，"鉄の都"として有名な鉄鋼業都市。金属・機械・化学，バイオ産業などの先端技術工業も盛ん。

 a. ピッツバーグ

 ★b. エリー湖南岸にある港湾都市で，鉄鋼業のほか自動車・電気機器などの機械工業，化学工業なども発達。近年，先端技術産業の進出も盛ん。

 b. クリーヴランド

 ★c. エリー湖東岸にあり，ナイアガラ滝を利用した水力発電により，鉄鋼・製粉業が発達。自動車・化学・機械などの工業も盛ん。

 c. バッファロー

 ★★d. ヒューロン湖とエリー湖との中間に位置する自動車工業都市。多数の自動車関連工場が集中するほか，

 d. デトロイト

航空機・製鉄などの工業も発達。

★★**e.** ミシガン湖の南西岸にある交通の要地で，農業機械・鉄鋼・自動車などのほか，食肉・缶詰・製粉などの食品工業も盛ん。近年，先端技術産業の誘致を進めている。

　f. ミシガン湖西岸にあるビール工業で有名な都市。機械・自動車・鉄鋼などの工業も発達。近年，重工業の停滞に伴い，ソフトウェアや医療機器などへの転換が図られている。

8 ミシシッピ川の中流沿岸とその支流に広がり，豊かな農業地帯を背景に，農業機械や食品工業が発達する工業地域はどこか。

9 上記**8**の工業地域に含まれる次の工業都市名を答えよ。

★★**a.** ミネソタ州のミシシッピ川右岸にある商工業都市で，春小麦地帯の東端に位置し，製粉業で知られるほか，繊維や農業機械工業なども盛ん。最近ではIT産業やハイテク産業が集積する。

★★**b.** ミシシッピ川とミズーリ川の合流点近くに位置するとうもろこし地帯の中心都市で，炭田を基礎に鉄鋼・製粉・農業機械などの工業が発達。

★**c.** ミズーリ川とカンザス川の合流点に位置する冬小麦地帯の中心地帯で，大規模な家畜市場があり，製粉などの食品工業のほか，農業地域・石油精製工業などが発達。

　d. ロッキー山脈東麓に位置するコロラド州の州都で，豊かな農牧業地帯を背景に食品工業が発達するほか，鉱産資源を基礎に冶金工業が盛ん。近年は先端技術産業もみられる。

10 アパラチア山脈南麓からメキシコ湾岸に至る地域で，綿花や鉄鉱石などの原料，水力発電や石油などのエネルギー資源，豊富な労働力などを背景に成立したアメリカ合衆国の工業地域はどこか。

11 上記**10**の工業地域に含まれる次の工業都市名や地域名を答えよ。

★★**a.** アパラチア山脈東麓の工業都市。綿工業を基礎に

---

e. **シカゴ**

f. **ミルウォーキー**

8 中西部工業地域

9

a. **ミネアポリス**

b. **セントルイス**

c. **カンザスシティ**

d. **デンヴァー**

10 南部工業地域

11

a. **アトランタ**

発展，食品工業をはじめ自動車工業や航空機工業の発達が著しい。

b. アパラチア山脈南西麓に位置する鉱工業都市で，付近に産する鉄鉱石・石炭を基礎に鉄鋼業が発達。近年は自動車工業や先端医療産業なども盛ん。 — b. バーミンガム

c. 運河によってメキシコ湾岸に通じる港湾都市。メキシコ湾岸油田を背景に石油関連工業がみられ，最近では宇宙関連産業も盛ん。 — c. ヒューストン

d. ミシシッピ川河口にある綿花の積み出しで有名な港湾都市。石油関連工業のほか食品加工・航空機工業も発達。 — d. ニューオーリンズ

e. 内陸油田の東部に位置する商工業都市。石油精製・石油化学工業が盛んなほか，航空機・繊維工業も発達。近年はIT産業・電子工業など先端技術産業も集積している。 — e. ダラス

f. エレクトロニクス産業が急速に発達してきているダラスやフォートワースなどを中心とした南部の平原地域の俗称。 — f. シリコンプレーン

g. アリゾナ州の州都で，温暖で乾燥した気候を生かし観光保養地として発展したが，1990年代以降，航空機・電子工業などハイテク産業が発達し，周辺地域はシリコンデザートと呼ばれるようになった。 — g. フェニックス

h. フロリダ半島のタンパからオーランドにかけての半導体生産が盛んな地域の俗称。 — h. エレクトロニクスベルト

12 1970年代以降，工場の進出や人口の増加が著しいアメリカ合衆国の，ほぼ北緯37度線以南の地域を何というか。 — 12 サンベルト

13 サンベルトに対して，アメリカ合衆国のほぼ北緯37度線以北の地域を何というか。 — 13 フロストベルト（スノーベルト）

14 第二次世界大戦前は石油精製・食品・映画製作・木材加工を中心としていたが，大戦中からは航空機工業が発達し，現在では自動車・電子工業も盛んなアメリカ合衆国西部の工業地域はどこか。 — 14 太平洋沿岸工業地域

15 上記**14**の工業地域に含まれる次の工業都市名や地域名を答えよ。 — 15

a. アメリカ合衆国第2の人口をもつ都市で，カリフ — a. ロサンゼルス

ォルニア油田を背景とした石油関連産業のほか，自動車・航空機・電子などの工業が盛ん。ハリウッドを中心とする映画産業も有名。

★**b.** 陸海空路の要衝にある貿易港で，果実などの食品加工をはじめ，電子・自動車工業などが発達。

b. サンフランシスコ

★**c.** 上記 **b** の郊外，サンノゼを中心とした先端技術工業の盛んな地方の俗称。

c. シリコンヴァレー

★**d.** メキシコとの国境に近い港湾都市で，海軍基地がある。食品・化学のほかに航空機などの工業が盛ん。

d. サンディエゴ

★★**e.** カナダとの国境に近い太平洋沿岸北部にある港湾都市。パルプ・製材工業のほか，造船・航空機工業が盛ん。

e. シアトル

f. コロンビア川支流に位置する港湾都市で，製材・製紙・造船などの工業が発達するほか，近年はハイテク産業が集積してシリコンフォレストとも呼ばれる。

f. ポートランド

★**16** 次の図中の①〜⑦は，アメリカ合衆国の石炭・石油・鉄鉱石のいずれかの主産地，〔A〕〜〔E〕は工業地域，ⓐ〜ⓕは工業都市を示している。次の(1)〜(6)の説明にあてはまるものを，図中の記号から1つずつ選ぶとともに，それに該当する地名を答えよ。

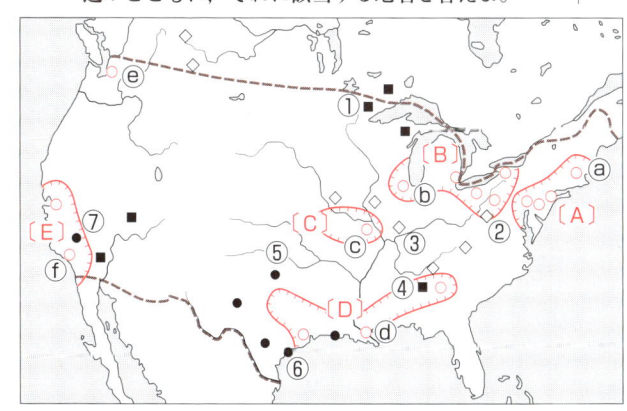

16

(1) 無煙炭や強粘結炭を産する同国有数の炭田で，付近の工業地域発展の基礎となった。

(1) ②，アパラチア炭田

(2) 大部分が露天掘りの同国最大の鉄鉱石産地で，その

(2) ①，メサビ

鉱石は付近の水運を使って各地の工業都市へ送られる。

(3) 石炭や鉄鉱石の基礎資源に恵まれ，各種の重工業が発達するほか，豊かな農牧業地域を背景に食品工業などの軽工業もみられ，水上交通も盛んな同国有数の工業地域。

(3) B，五大湖沿岸工業地域

(4) 石油資源を基礎に第二次世界大戦中に航空機工業の発達がみられ，現在では自動車工業のほか，シリコンヴァレーなどでは電子工業も盛んな工業地域。

(4) E，太平洋沿岸工業地域

(5) 同国で最も早く工業が発達し，優秀な技術や大消費地を背景に高級衣料品・精密機械などの製造が盛んで，郊外のエレクトロニクスハイウェイには電子工業の集積がみられる工業都市。

(5) ⓐ，ボストン

(6) 大河川の河口に位置し，古くから綿花・小麦などの積み出し港として知られ，現在では石油関連工業のほか，食品・機械工業も発達する工業都市。

(6) ⓓ，ニューオーリンズ

カナダ

1 豊富な水力発電や林産資源，セントローレンス川の水運などを背景に，製材・パルプ・製紙・アルミニウム・機械工業などが発達する，カナダ東部の工業地域はどこか。

1 セントローレンス川沿岸工業地域

2 上記1の工業地域に含まれる次の工業都市名を答えよ。

2

★a. セントローレンス水路の起点に位置するカナダ有数の都市で，繊維工業をはじめ製材・パルプ・機械工業などが発達。

a. モントリオール

★b. セントローレンス川の支流に位置するカナダの首都で，製材・製紙工業のほか，出版業も盛ん。

b. オタワ

3 次の説明にあてはまるカナダの工業都市名を答えよ。

3

★a. オンタリオ湖北西岸にあるカナダ最大の都市で，農業機械・車両工業のほか，パルプ工業も盛ん。

a. トロント

b. アルバータ油田の中心都市で，石油精製・石油化学工業が発達。

b. エドモントン

★c. 太平洋沿岸ではカナダ最大の港湾都市で，豊富な鉱産資源と水力発電に恵まれ，鉄鋼・機械・製紙・

c. ヴァンクーヴァー

食品などの工業が発達。最近ではIT産業も立地。

4 ラテンアメリカとオセアニアの工業地域

1 アナワク高原南部にあるメキシコ最大の都市で,鉄鋼・化学・たばこ・繊維工業などが盛んな都市はどこか。

1 メキシコシティ

2 メキシコとアメリカ合衆国の国境沿いに設置された,電気・電子機器などの工場が進出する保税輸出加工区を何というか。

2 マキラドーラ

3 次の説明にあてはまるブラジルの工業都市名を答えよ。

3

a. 同国最大の都市で,綿工業をはじめとする繊維工業や化学・機械・食品などの各種工業が発達。

a. サンパウロ

b. 大西洋沿岸に位置する同国の旧首都で,金属・繊維・食品・化学工業などが発達し,世界3大美港の1つでもある工業都市。

b. リオデジャネイロ

c. 同国南東部にある鉱工業都市で,日本との合弁で設立されたウジミナス製鉄所がある。

c. イパチンガ

d. アマゾン川中流に位置する河港都市で,自由貿易地域に電子・精密機械工業などが発達。

d. マナオス(マナウス)

4 アルゼンチンの首都で,大農牧業地域をひかえ食品工業が発達するほか,金属・化学・自動車などの工業が盛んな都市はどこか。

4 ブエノスアイレス

5 次の説明にあてはまるオーストラリアの工業都市名を答えよ。

5

a. 世界3大美港の1つで,同国最大の都市。織物・機械・食品工業などが発達。

a. シドニー

b. タスマニア島との間にあるバス海峡の北岸に位置する同国第2の都市で,自動車・航空機などの機械工業や化学工業のほか,石油精製・食品工業などが発達。

b. メルボルン

c. サウスオーストラリア州の州都で,金属・自動車・化学・繊維などの工業が発達。

c. アデレード

d. ウェスタンオーストラリアの州都で,繊維・機械などの工業が発達。

d. パース

5 ヨーロッパの工業地域

★★ 1 イギリス南西部からベネルクス3国，ルール工業地帯，ライン川流域を経て，イタリア北部にかけての各種工業が発達する地域を，ある果物の形にたとえて何というか。

1 青いバナナ

イギリス

★★ 1 イギリス北部の地溝帯に位置し，クライド炭田を背景に，輸入鉄鉱石を用いて鉄鋼業・機械などの重工業のほか，醸造・毛織物などの軽工業が発達している工業地域はどこか。

1 スコットランド工業地域

★ 2 イギリス北部，クライド川の河口に位置するスコットランドの中心都市で，付近に産する石炭を背景に鉄鋼・造船・化学工業などが発達し，最近ではハイテク産業も盛んな工業都市はどこか。

2 グラスゴー

★ 3 イギリス北部，グラスゴーやエディンバラを中心とし，近年半導体やコンピュータなどエレクトロニクス産業が立地するようになった地域をとくに何というか。

3 シリコングレン

★ 4 イングランド北東部ティーズ川河口付近にある工業都市で，鉄鋼業のほか，北海油田からパイプラインが通じ，精油・化学工業が発達しているのはどこか。

4 ミドルズブラ(ティーズサイド)

★★ 5 ペニン山脈東麓に位置し，リーズやブラッドフォードを中心として炭田を背景に毛織物工業をはじめ鉄鋼業・自動車工業のほか，先端技術産業も発達する工業地域はどこか。

5 ヨークシャー工業地域

★★ 6 ペニン山脈の西麓に位置し，綿工業を中心として産業革命発祥の地となり，現在では機械・化学工業などのほか，先端技術産業も発達している工業地域はどこか。

6 ランカシャー工業地域

7 上記6の工業地域に含まれる次の工業都市名を答えよ。

7

★★ a. 産業革命発祥の地となったこの地方の中心都市で，綿工業で有名なほか，現在では機械・化学・鉄鋼などの工業が発達。最近ではハイテク産業もみられる。

a. マンチェスター

運河によってアイリッシュ海と結ばれる。

★**b.** マージー川河口に位置するイギリス有数の貿易港で，製粉・製糖業のほか，各種の機械工業が発達。 — b. リヴァプール

★★ **8** イングランド中央部に位置し，鉄鉱石と豊富な炭田を背景に成立した鉄鋼業地で，かつて「ブラックカントリー(黒郷)」と呼ばれた同国有数の工業地域はどこか。 — 8 ミッドランド工業地域

9 上記**8**の工業地域に含まれる次の工業都市名を答えよ。 — 9

★★**a.** イギリス第2の人口をもつこの地方の中心都市で，鉄鋼・機械・化学などの重工業が発達。現在，再開発が進む。 — a. バーミンガム

b. 古くは羊毛・絹などの繊維工業を中心としていたが，現在は自動車・航空機・オートバイ製造に特色がある。 — b. コヴェントリ

★★**10** イギリス最大の人口をもつ都市を中心とし，衣服・出版・皮革・化学・食品など，大都市型の総合工業地域となっているのはどこか。 — 10 ロンドン工業地域

ドイツ

★★ **1** ライン川下流地域に位置するヨーロッパ最大の工業地域で，良質な石炭と水運を背景に，鉄鋼・機械・化学などの重工業が発達した工業地域はどこか。 — 1 ルール工業地域

2 上記**1**の工業地域に含まれる次の工業都市名を答えよ。 — 2

★**a.** ルール川の沿岸に位置するこの工業地域の中心都市の1つで，鉄鋼・機械・化学などの工業が発達。 — a. エッセン

b. 上記**a**の東方約30kmほどのところにある，この工業地域の中心都市の1つ。運河によってライン川や北海と結ばれ，重工業が発達するほか，ビール工業も有名。 — b. ドルトムント

c. ライン川とルール川の合流点に位置するヨーロッパ最大の河港都市で，鉄鋼・金属・石油精製などの工業が発達。 — c. デュースブルク

3 ライン地溝帯地方に位置し，主として水運を背景に機械や化学工業などが発達している工業地域はどこ — 3 上ライン工業地域

第5章 工業 *145*

か。

4 上記**3**の工業地域に含まれる次の工業都市名を答えよ。

★★**a.** ライン川の支流マイン川にのぞむ交通や金融の中心地で，金属・化学・電気機械などの重化学工業が盛ん。

b. ライン川とネッカー川の合流点にある河港で，マルセイユからのパイプラインによる石油化学工業をはじめ，自動車・電気機械・食品などの工業が発達。

★**c.** ネッカー川沿岸にあり，自動車・光学機械・食品のほか，先端技術産業・印刷業が盛んである。

★★**5** ドイツとフランスの国境付近にあり，石炭産地のため両国の係争地となった地域で，ザールブリュッケンなどに豊富な石炭を基礎として製鉄をはじめ各種の工業が発達した工業地域はどこか。

6 エルツ山脈北麓からエルベ川上流域にかけて広がり，炭田を基礎に金属・機械・繊維・陶磁器工業などがライプツィヒやドレスデンに発達するドイツ東部の工業地域はどこか。

7 次の説明にあてはまるドイツの工業都市名を答えよ。

★★**a.** ライン川下流の右岸にある経済的中心都市で，外国の商社や金融機関が多い。鉄鋼・製紙・ガラス・化学工業などがみられる。

b. 古代ローマ時代の植民都市に起源をもつ，ライン川沿岸の商工業都市。水運や陸上交通の要地で，機械・繊維・化学・食品・ハイテク産業などの工業が発達。

★★**c.** エルベ川河口にあるハンザ同盟に起源をもつ同国最大の貿易都市で，造船・化学・石油精製・バイオ産業などの工業が盛ん。

★**d.** バイエルン地方の中心都市で，ビール醸造のほか，機械工業・印刷業などが盛ん。近年は先端技術産業が発達している。

フランス・ベネルクス

★**1** モーゼル川の上流に位置し，ミネット鉱やザール炭

4
a. フランクフルト
b. マンハイム
c. シュツットガルト

5 ザール工業地域

6 ザクセン工業地域

7
a. デュッセルドルフ
b. ケルン
c. ハンブルク
d. ミュンヘン

1 ロレーヌ工業地域

田，モーゼル川の水運を背景に，メスやナンシーなどを中心として鉄鋼業をはじめとする重工業が発達しているフランスの工業地域はどこか。

2 フランスの首都が位置する河川の流域とその外港を中心とし，各種の機械工業，石油化学，大都市型の軽工業などが発達する工業地域はどこか。

2 セーヌ川流域工業地域

3 上記 **2** の工業地域に含まれる次の工業都市名を答えよ。

3

★★**a.** フランス最大の都市で，自動車・航空機・食品・繊維のほか，化粧品・装飾品などの大都市型工業の発達が著しい。

a. パリ

★**b.** セーヌ川河口付近に位置するフランス有数の貿易港で，輸入原油を利用した石油化学工業をはじめ，造船・自動車工業などが発達。

b. ルアーヴル

★ **4** フランス最大の水量をもつ河川の流域に位置し，中流域の石炭とアルプスの水力発電のほか，輸入原料を利用して繊維・鉄鋼・化学・アルミニウム工業などが発達する工業地域はどこか。

4 ローヌ川流域工業地域

5 上記 **4** の工業地域に含まれる次の工業都市名や地域名を答えよ。

5

★★**a.** ローヌ川とその支流ソーヌ川の合流点にあるフランス有数の都市で，家内工業による伝統的な絹工業のほか，化学繊維・自動車・機械工業などがみられる。

a. リヨン

★★**b.** 地中海に面するフランス有数の港湾都市で，造船・鉄鋼・食品・機械工業が盛ん。石油専用港が併設され，石油関連の工業が発達。

b. マルセイユ

★**c.** ローヌ川河口東部に位置する港湾工業地区。輸入原料による精油・石油化学・鉄鋼業などが発達。

c. フォス

6 次の説明にあてはまるフランスの工業都市名を答えよ。

6

★★**a.** アルザス地方の中心都市で，ローヌ＝ライン運河やマルヌ＝ライン運河の起点。マルセイユからパイプラインが通じ，石油化学工業が発達。金属・機械・ビール・印刷工業なども盛ん。

a. ストラスブール

★★**b.** ガロンヌ川中流の商工業都市で，繊維・機械・化

b. トゥールーズ

学工業が発達し，とくに航空機工業で知られる。
- ★**c.** ガロンヌ川下流，メドック地方の中心都市で，ぶどうの集散地，またワインの醸造地としても有名。 　　c. ボルドー
- ★**d.** ドーヴァー海峡に面する北海沿岸にあるフランスの港湾都市で，第二次世界大戦後，輸入原料を利用して鉄鋼コンビナートが建設され，石油精製も発達。 　　d. ダンケルク

7 次の説明にあてはまるベルギーの工業都市名を答えよ。

- ★★**a.** 同国の中部に位置する首都で，機械・繊維・金属などの工業が発達するほか，EUやNATOの本部がおかれる国際都市。 　　a. ブリュッセル
- ★**b.** 同国北部，スヘルデ川下流にあるこの国最大の貿易港で，造船・石油化学などの工業が盛ん。 　　b. アントウェルペン（アンベルス）

8 次の説明にあてはまるオランダの工業都市名を答えよ。

- ★★**a.** 新マース川にのぞむヨーロッパ最大の貿易港で，造船業のほか石油精製・化学・機械工業なども発達。 　　a. ロッテルダム
- ★★**b.** アイセル湖にのぞむ同国の首都で，ダイヤモンド加工業で有名。造船・機械・化学・食品などの工業も発達。 　　b. アムステルダム

★★**9** ECの玄関口の中継貿易港として，1958年，新マース川河口に着工された港湾地区を何というか。 　　9 ユーロポート

イタリア・スペイン

1 アルプス山脈南麓に位置するイタリアの工業の中心地で，水力発電やポー川流域の天然ガスなどを背景に，繊維・自動車・機械・鉄鋼などが発達する工業地域はどこか。 　　1 北イタリア工業地域

2 上記**1**の工業地域に含まれる次の工業都市名を答えよ。

- ★★**a.** パダノ＝ヴェネタ平野の北部に位置し，豊富な水力発電と湧水（ゆうすい）を利用して，絹工業などの繊維をはじめ機械・化学・食品などの工業が発達。 　　a. ミラノ
- ★★**b.** フランスと結ぶアルプス越えの要地で，自動車工業が発達するほか，繊維・ゴム・機械・航空機などの工業も盛ん。 　　b. トリノ

★**c.** 地中海に面するイタリア有数の貿易港で，輸入原料による鉄鋼・造船・化学などの工業が発達。先端技術産業の導入が図られ，上記 **a**，**b** とともに工業三角地帯の一角をなしている。

c. ジェノヴァ

3 次の説明にあてはまるイタリアの工業都市名を答えよ。

3

★**a.** アドリア海の湾奥に位置する港湾都市で金属・化学・機械工業などが発達し，観光・文化都市としても有名。

a. ヴェネツィア

★**b.** イタリア半島南部にあり，南部開発の拠点として鉄鋼コンビナートが建設され，造船・食品工業も盛ん。

b. タラント

4 ボローニャ・ヴェネツィア・フィレンツェなど中世以来の伝統的な技術をもつ職人たちが集積したところで，近代工業の発達した北部，農業中心の南部に対して，この地域のことを何というか。

4 サードイタリー（第3のイタリア）

5 次の説明にあてはまるスペインの工業都市名を答えよ。

5

a. スペイン中部に位置する同国の首都で，織物・食品・家具などの軽工業のほか，機械・化学などの工業が発達。観光都市でもある。

a. マドリード

b. スペイン南東部，地中海に面する港湾都市。繊維，自動車，航空機，化学などの工業が発達し，臨海部では工業地域の再開発が進められている。

b. バルセロナ

スイス・スカンディナヴィア諸国

1 次の説明にあてはまるスイスの工業都市名を答えよ。

1

★**a.** 同国最大の都市で，繊維・機械・電子工業が発達し，精密機械はとくに有名。世界的な商業・金融の中心地でもある。

a. チューリヒ

b. ライン川水運の遡行の終点にあたる河港で，同国第3の都市。絹織物・化学工業などが発達。

b. バーゼル

2 次の説明にあてはまるスカンディナヴィア諸国の工業都市名を答えよ。

2

★**a.** バルト海と北海を結ぶ海上交通の要地で，デンマークの首都。造船・電気機械・食品などの工業が発

a. コペンハーゲン

達。
- ★**b.** スウェーデンの首都で，"北のヴェネツィア"と呼ばれる。金属・機械・電機・造船などの工業が発達。 b. **ストックホルム**
- ★**c.** フィヨルドの湾奥に位置するノルウェーの首都で，造船などの機械・金属・化学などの工業が発達し，近接する工業団地にはハイテク工業も集積している。 c. **オスロ**

東ヨーロッパ諸国

1. ポーランドのオーデル川中上流域に位置し，大炭田や各種の鉱産資源を背景に，カトヴィツェなどを中心として鉄鋼・機械・化学などの重化学工業が発達する工業地域はどこか。   1 **シロンスク工業地域**

2. エルベ川上流のチェコ中部の盆地にあり，良質の石炭や付近の農産物を背景に，プルゼニュのビール工業のほか，鉄鋼・機械・ガラス・食品などの工業が発達する工業地域はどこか。   2 **ボヘミア工業地域**

★3. チェコの首都で，自動車・航空機・工作機械などの機械工業のほか，繊維・ガラス・印刷などの工業も発達しているのはどこか。   3 **プラハ**

4. 次の説明にあてはまるルーマニアとハンガリーの工業都市名を答えよ。   4
   a. ルーマニアの首都で，第二次世界大戦後，重工業の発展が著しく，機械・化学・繊維などの工業が盛ん。   a. **ブカレスト**
   ★**b.** ハンガリーの首都で，ドナウ川を挟んで右岸が政治・文化の中心，左岸が商工業の中心となっている。機械工業・化学工業などが盛ん。   b. **ブダペスト**

★5. 次の図中の①〜⑧は，ヨーロッパの石炭・石油・鉄鉱石のいずれかの主産地，〔A〕〜〔E〕は工業地域，ⓐ〜ⓖは工業都市を示している。次の(1)〜(6)の説明にあてはまるものを，図中の記号から1つずつ選ぶとともに，それに該当する地名を答えよ。   5

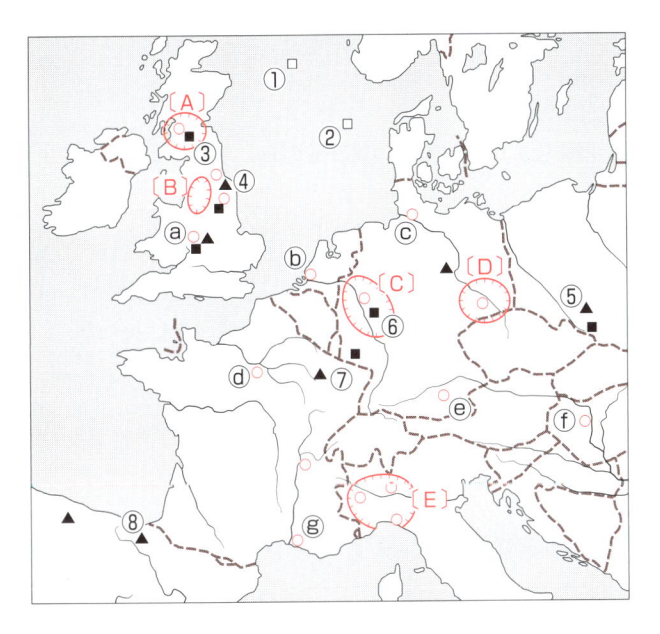

(1) ドイツの重工業発展の基礎となった，ヨーロッパ最大の炭田。

(2) ミネット鉱と呼ばれる鉄鉱石を産し，周辺の重工業の発展を支えたヨーロッパ有数の鉱産地。

(3) 綿工業を中心として産業革命の発祥地となり，現在では機械・化学工業・先端技術産業なども発達する工業地域。

(4) 水力発電や天然ガス・輸入原料を基礎に，繊維・機械・自動車・鉄鋼業・ハイテク産業が盛んで，3つの都市を中心に発達する工業地域。

(5) 鉄鉱石とミッドランド炭田を背景に，鉄鋼業・機械工業が発達した，かつて「ブラックカントリー（黒郷）」と呼ばれた工業地域の中心都市。

(6) 大河川の河口部に位置し，付近にユーロポートと呼ばれる港湾地区をもつ，ヨーロッパ有数の港湾・工業都市。

(1) ⑥，ルール炭田

(2) ⑦，ロレーヌ地方

(3) B，ランカシャー工業地域

(4) E，北イタリア工業地域

(5) ⓐ，バーミンガム

(6) ⓑ，ロッテルダム

6 ロシアとその周辺諸国の工業地域

1 ロシア革命以前から工業が盛んなところで，現在で

1 中央（モスクワ）工業

はトゥーラ炭田，水陸交通，大消費市場を背景に，繊維・製鉄・機械・食品工業などが総合的に発達するロシアの工業地域はどこか。　　　　地域

2 上記**1**の工業地域に含まれる次の工業都市名を答えよ。

★★**a.** 水陸交通の要衝にあるロシアの首都で，精密機械・電気機械・繊維・化学など，大都市型の各種工業が盛ん。　　　　a. モスクワ

★**b.** ヴォルガ川とオカ川の合流点に位置する河港都市で，自動車や造船などの輸送機械や化学・食品などの工業が盛ん。　　　　b. ニジニーノヴゴロド

★★**3** ペチョラの石炭やフィンランド湾にのぞむ交通上の利点を生かし，帝政時代からの繊維工業に加えて，現在では造船・石油化学・アルミニウムなどの工業も盛んな，ロシアの旧首都を中心とした工業地域はどこか。　　　　3 サンクトペテルブルク工業地域

4 ヴォルガ川沿岸にある河港都市で，付近の水力発電所から送られる電力を利用し，アルミニウム工業をはじめ機械・石油化学・食品・木材加工などの工業が発達する都市はどこか。　　　　4 ヴォルゴグラード

★★**5** マグニトゴルスクの鉄鉱石をはじめとする豊富な鉱産資源，ウラル炭田，ヴォルガ゠ウラル油田などを背景に，鉄鋼・機械・化学などの重工業の発達が著しいロシア有数の工業地域はどこか。　　　　5 ウラル工業地域

6 上記**5**の工業地域に含まれる次の工業都市名を答えよ。

★★**a.** シベリア鉄道の起点をなす交通上の要地で，ロシア有数のトラクター工場をはじめ，金属・機械・化学などの工業が発達。　　　　a. チェリャビンスク

★**b.** ウラル山脈南東麓にあるこの地方の文化・科学の中心地で，機械工業が盛んなほか，鉄鋼・化学・繊維などの工業も発達。　　　　b. エカテリンブルク

★★**7** オビ川の上流部に分布し，クズネック炭田やタシュタゴル鉄山を基礎に，重工業を中心に発達した工業地域で，かつてウラル工業地域と結ばれていたのはどこか。　　　　7 クズネツク工業地域

8 上記**7**の工業地域に含まれる次の工業都市名を答えよ。

　★**a.** クズネック炭田の中心都市で，鉄鋼業・アルミニウム工業が発達し，冶金工業も盛んである。

　★**b.** シベリア鉄道がオビ川を渡る地点に建設されたシベリア有数の都市で，鉄鋼・機械・食品などの各種工業が発達し，シベリア開発のための研究機関もある。

　★**c.** シベリア鉄道とエニセイ川の交点に位置する河港で，世界有数の水力発電所の電力や豊富な林産資源を背景に，アルミニウム・パルプ・機械などの工業が発達。

★**9** バイカル湖周辺とアンガラ川上流に分布し，ブラーツクの水力発電のほか，チェレンホヴォ炭田や林産資源などを背景に，製鉄・冶金・製紙などの工業が発達する工業地域はどこか。

★**10** バイカル湖の南西部，アンガラ川沿いにあるアンガラ＝バイカル工業地域の中心都市で，製鉄・アルミニウム・機械・木材加工などの工業が盛んな工業都市はどこか。

11 レナ川中流に位置するサハ共和国の首都。毛皮交易の中心地で皮革工業のほか，森林資源やレナ炭田を背景に木材・化学工業などが発達する都市はどこか。

★**12** ブレア炭田・オハ油田・アムール川流域などの林産資源を基礎に，鉄鋼・機械・造船・食品・製紙などの工業が発達する工業地域はどこか。

13 上記**12**の工業地域に含まれる次の工業都市名を答えよ。

　★**a.** アムール川とウスリー川の合流点にあるこの地方の中心都市で，各種機械のほか石油化学・繊維・食品などの工業が発達。

　★**b.** 日本海に面した港湾都市で，シベリア鉄道の終点。水産・食品加工が盛んなほか，造船・機械などの工業も発達。

★**14** ドネツ炭田，クリヴォイログの鉄鉱石，ニコポリのマンガン，ドニエプル川の水力発電などを背景に，

8

a. **ノヴォクズネツク**

b. **ノヴォシビルスク**

c. **クラスノヤルスク**

9 アンガラ＝バイカル工業地域

10 イルクーツク

11 ヤクーツク

12 極東工業地域

13

a. **ハバロフスク**

b. **ウラジオストク**

14 ドニエプル工業地域

第5章 工業 *153*

鉄鋼・機械・化学工業などが発達する，ウクライナ最大の工業地域はどこか。	
15 上記 **14** の工業地域に含まれる次の工業都市名を答えよ。	15
a. ドネツ炭田の中心都市で，鉄鋼・機械などの重工業が発達。	a. ドニエツク
★**b.** ドネツ炭田とクリヴォイログ鉄山の中間に位置するドニエプル川沿岸の都市で，水力発電を利用し，鉄鋼・アルミニウム・機械などの重工業が発達。	b. ドニエプロペトロフスク
★**16** ドニエプル川中流沿岸に位置するウクライナの首都。同国の政治・経済・文化の中心地。精密機械など各種機械や織物・食品工業などが発達する工業都市はどこか。	16 キエフ
★**17** カザフスタンの北東部に分布し，良質の炭田やクスタナイなどの鉄鉱石，ジェズカズガンの銅・マンガンなどを基礎に，鉄鋼・機械・冶金などの工業が発達する工業地域はどこか。	17 カラガンダ工業地域
18 テンシャン(天山)山脈の水力発電とウズベキスタンの綿花を背景に繊維工業が発達し，現在では石油や天然ガスを用いた化学肥料工業なども盛んな工業地域はどこか。	18 中央アジア工業地域
19 上記 **18** の工業地域に含まれる次の工業都市名を答えよ。	19
★**a.** この工業地域の中心都市で，ウズベキスタンの首都。綿織物工業をはじめ，各種の機械工業が発達。	a. タシケント
★**b.** アムダリア川上流部にある中央アジア最古の都市で，シルクロードの要地。繊維・食品・機械工業などが発達。	b. サマルカンド
20 黒海の東岸からカスピ海南西部沿岸に広がり，石油をはじめ鉄鉱石・銅・マンガンなどの鉱産資源および水力発電を背景に，石油化学・機械・食品などの工業が発達するアゼルバイジャンの首都を中心とする工業地域はどこか。	20 バクー工業地域
★**21** 次の図中の①〜⑨は，ロシアとその周辺国の石炭・石油・鉄鉱石のいずれかの主産地，〔A〕〜〔F〕は工業地域，ⓐ〜ⓔは工業都市を示している。次の(1)〜	21

(6)の説明にあてはまるものを，図中の記号から1つずつ選ぶとともに，それに該当する地名を答えよ。

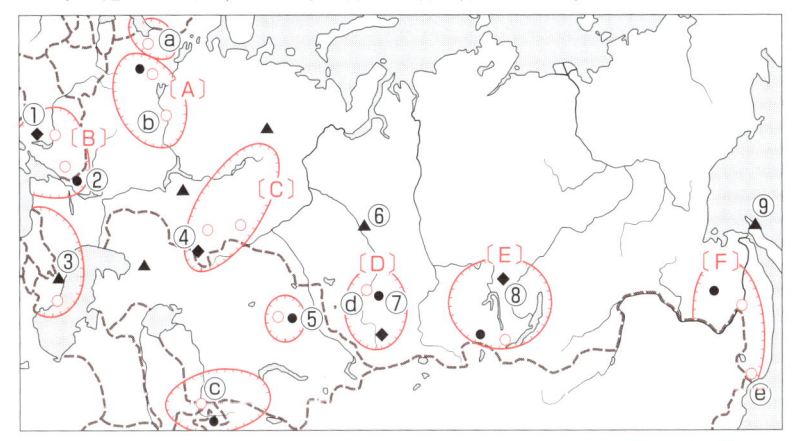

(1) ロシア革命以前から開発されたウクライナ最大の炭田。

(2) 1960年代以降，開発が進められたロシア最大の埋蔵量をもつ油田。

(3) マニグトゴルスクの鉄鉱石や周辺の非鉄金属・石炭・石油などを基礎に，第一次五か年計画後に発展が著しいロシア有数の工業地域。

(4) ブラーツクの水力発電のほか，周辺の石炭，林産資源などを背景に，イルクーツクを中心として発達する工業地域。

(5) 古くから港湾として発達してきたロシア第2の都市で，伝統的な繊維・パルプ工業に加え，機械・アルミニウム，石油化学工業などが発達する工業都市。

(6) シベリア鉄道がオビ川を渡る地点に建設された都市で，鉄鋼・機械・食品などの工業が発達するほか，シベリア開発の研究機関も設置されている。

(1) ②，ドネツ炭田

(2) ⑥，チュメニ（第3バクー）油田

(3) C，ウラル工業地域

(4) E，アンガラ＝バイカル工業地域

(5) ⓐ，サンクトペテルブルク

(6) ⓓ，ノヴォシビルスク

7 アジア・アフリカの工業地域

中国

1 1988年より採用された国営企業改革の1つで，経済の活性化を図るため工場長に経営権を与え，独立採

1 企業責任制

第5章　工業　155

算で運営しようとする方策を何というか。

★★ **2** シェンチェン(深圳),チューハイ(珠海)などのように,先進国の資本や技術の導入を目的に,経済的な優遇措置が与えられた5つの特別地域を何というか。

2 経済特区

★ **3** テンチン(天津)やチンタオ(青島)などのように,先進国から知識集約型の産業を誘致して国内への波及効果を図ることを目的に指定された特別都市を何というか。

3 経済技術開発区

★★ **4** 1984年ごろ以降,人民公社解体後の自由化に伴って生まれた,地方行政単位経営の農村における中小企業を何というか。

4 郷鎮企業

★★ **5** フーシュン(撫順)の石炭,アンシャン(鞍山)・ペンシー(本渓)の鉄鉱石などを基礎に,日本の資本により開発され,現在では中国の代表的な工業地域となっているのはどこか。

5 東北工業地域

6 上記5の工業地域に含まれる次の工業都市名を答えよ。

6

★★ **a.** 南にアンシャン(鞍山),東にフーシュン(撫順)をひかえたこの地方の中心都市で,機械や鉄鋼などの重工業が発達。IT産業も立地し,交通の要地でもある。

a. シェンヤン(瀋陽)

★ **b.** トンペイ(東北)平原のほぼ中央に位置する鉄道交通の要地。自動車・車両などの機械工業が盛んなほか,繊維・食品工業,バイオ産業なども発達。

b. チャンチュン(長春)

★★ **c.** リヤオトン(遼東)半島の最南端にある経済技術開発区に指定された港湾都市で,ターチン(大慶)油田からパイプラインが通じ,化学・機械などの工業が発達。日本などの外国企業を多く誘致している。

c. ターリエン(大連)

★ **d.** 19世紀にロシアが建設したソンホワ川(松花江)沿岸に位置する工業都市。機械・化学・織物などの工業が発達。開発地区にはIT産業やバイオ産業もみられる。

d. ハルビン(哈爾浜)

★★ **7** カイロワン(開灤)・タートン(大同)の石炭,ロンイエン(竜烟)の鉄鉱石などを背景に,繊維・鉄鋼・機械・化学などの工業が発達する工業地域はどこか。

7 華北工業地域

8 上記7の工業地域に含まれる次の工業都市名を答え

8

よ。

- **a.** 華北平原の北西部にある中央直轄市の1つで，鉄鋼のほか機械・食品・紡績・出版などの工業が発達。先端技術産業もみられる。 — a. ペキン（北京）

- **b.** 上記 a の外港で，華北最大の貿易港。中央直轄市の1つで，石炭・鉄鉱石・石油などに恵まれ，鉄鋼・機械・紡績・食品などの各種工業が発達。先端技術の研究・開発機構も多い。 — b. テンチン（天津）

- **c.** シャントン（山東）半島南部にある天然の良港からなる港湾都市。車両・機械・繊維などの工業が発達。経済技術開発区に指定されている。かつてドイツ，ついで日本の租借地であった。 — c. チンタオ（青島）

9 長江（チャンチヤン）流域の地下資源，水上交通，大消費地などを背景に，繊維・食品・鉄鋼・機械などの工業が各地に発達する工業地域はどこか。 — 9 華中工業地域

10 上記 9 の工業地域に含まれる次の工業都市名などを答えよ。 — 10

- **a.** 長江（チャンチヤン）のデルタ地帯にある中央直轄市の1つで，紡績・食品などの軽工業や鉄鋼・機械・造船などの重化学工業が発達するほか，港湾をひかえ商業も盛ん。プートン（浦東）地区の開発が進む。 — a. シャンハイ（上海）

- **b.** 長江（チャンチヤン）下流沿岸にある古都で，化学工業のほか，絹織物などの繊維・機械・鉄鋼・食品などの工業も発達。開発区に IT・バイオ産業などが立地。 — b. ナンキン（南京）

- **c.** 長江（チャンチヤン）とハン川（漢水）が合流する水陸交通の要地で，ターイエ（大冶）の鉄鉱石やピンシャン（萍郷）の石炭などを基礎に，鉄鋼コンビナートが立地するほか，機械・造船・車両などの工業も発達。開発区には先端技術産業が集積。 — c. ウーハン（武漢）

- **d.** スーチョワン（四川）盆地の南東部にある長江（チャンチヤン）沿岸の中央直轄市で，機械・化学・食品・繊維などの工業が発達。開発区には外国企業が進出。 — d. チョンチン（重慶）

- **e.** スーチョワン（四川）盆地の北西部に位置する商工業都市。水陸交通の要地で，農産物の集散地。石炭 — e. チョントゥー（成都）

などの鉱産資源を背景に機械・化学工業などが発達。開発区には自動車・電子工業が立地。

11 次の説明にあてはまる中国の工業都市名を答えよ。

a. チュー川(珠江)デルタ北部にある華南最大の商工業都市で，機械・織物・食品などの工業が盛ん。先端技術産業も立地。

b. 中国華南，チュー川(珠江)河口にあるイギリスの旧直轄植民地。中継貿易港であるほか，繊維や雑貨などの工業が盛んな新興工業地域。1997年，中国に返還。

c. ホンコン(香港)に隣接する経済特区で，外国企業が早くから進出。電子・IT・バイオ産業などの先端技術産業を中心に機械・化学など各種工業が発達。

d. 黄河(ホワンホー)の支流，ウェイ川(渭河)流域に位置し，かつてチャンアン(長安)と呼ばれた旧王都で，繊維・機械・化学・製粉などの工業が発達。

e. 黄河(ホワンホー)中流にある内モンゴル(内蒙古)自治区の商工業都市で，付近の石炭・鉄鉱石を背景に，鉄鋼コンビナートがある。

f. 台湾島北部にある同島の中心都市で，紡績・機械・食品などの工業が盛ん。IT産業も立地。

11
a. **コワンチョウ(広州)**

b. **ホンコン(香港)**

c. **シェンチェン(深圳)**

d. **シーアン(西安)**

e. **パオトウ(包頭)**

f. **タイペイ(台北)**

★**12** 次の図中の①～⑨は，中国の石炭・石油・鉄鉱石のいずれかの主産地，〔A〕～〔E〕は工業地域，ⓐ～ⓔは工業都市を示している。次の(1)～(6)の説明にあてはまるものを，図中の記号から1つずつ選び，それに該当する地名を答えよ。

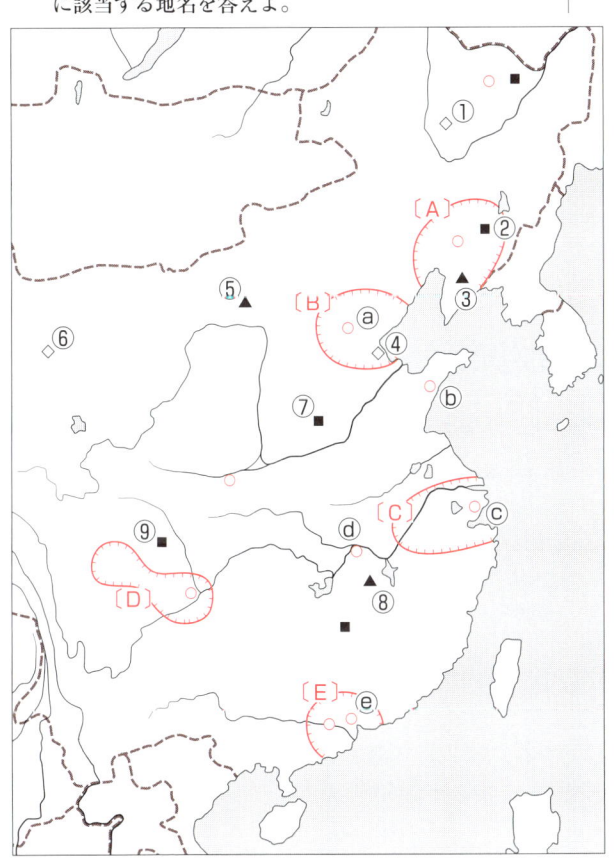

(1) 第二次世界大戦前から日本によって開発された同国有数の炭田で，現在では周辺の工業地域で重工業発展の基礎となっている。

(2) 1960年代から開発が進められた同国最大の油田。ペキン(北京)やターリエン(大連)まで，パイプラインが通じている。

(3) 同国有数の炭田・鉄鉱石産地を背景に，中国革命以

(1) ②，フーシュン(撫順)炭田

(2) ①，ターチン(大慶)油田

(3) A，東北工業地域

前より重工業が発達し，今では3大鉄鋼コンビナートの1つとなっている同国最大の工業地域。

(4) 同国最長の河川流域の地下資源，水上交通，大消費地などを背景に，繊維・食品などの軽工業のほか，先端技術産業や中心都市郊外に日本の援助によって建設された製鉄所も立地する，同国有数の工業地域。

(4) C，華中工業地域

(5) 大河川が合流する交通の要地で，ターイエ(大冶)の鉄鉱石やピンシャン(萍郷)の石炭などを背景に鉄鋼コンビナートが立地するほか，先端技術産業や機械工業などが発達する工業都市。

(5) ⓓ，ウーハン(武漢)

(6) 同国で最初に指定を受けた経済特区で，早くから外国企業が進出し，発展が著しい工業都市。

(6) ⓔ，シェンチェン(深圳)

韓国・北朝鮮

1 次の説明にあてはまる朝鮮民主主義人民共和国(北朝鮮)の工業都市名を答えよ。

★★**a.** テドン川(大同江)下流の丘陵上にある同国の首都で，付近の石炭・鉄鉱石などを利用し，機械・製鉄・紡績・食品などの工業が発達。

1

a. ピョンヤン(平壌)

b. 同国北部の日本海にのぞむ工業都市で，ケマ(蓋馬)高原の鉄鉱石を利用して金属工業コンビナートが立地するほか，機械・ゴム・造船などの工業が発達。

b. チョンジン(清津)

2 次の説明にあてはまる大韓民国の工業都市名を答えよ。

2

★★**a.** 同国最大の人口をもつ首都で，先端技術産業のほか，機械・化学・食品・繊維などの各種の工業が発達。

a. ソウル

★**b.** 上記**a**の外港で，輸入原料による鉄鋼業のほか，食品・繊維・機械などの工業が発達。潮の干満の差が大きいことでも知られる。

b. インチョン(仁川)

★**c.** 同国南東部の日本海にのぞむ港湾都市で，日本企業の協力によって建設された総合製鉄所がある。

c. ポハン(浦項)

★**d.** 上記**c**の南部にある港湾都市で，外資導入により大規模な工業団地が造成され，造船・自動車・石油精製・肥料・繊維・化学工業などが発達。

d. ウルサン(蔚山)

★**e.** 朝鮮海峡にのぞむ同国最大の貿易港で，繊維・化学・造船などの工業のほか，先端技術産業が立地し，水産加工業も盛ん。

e. プサン(釜山)

インド

★**1** インド東部の河川で，アメリカ合衆国の TVA をモデルに実施されたもので，流域に多目的ダムを建設し，洪水調節，電力や灌漑用水の供給などを図った地域開発計画を何というか。

1 ダモダル川総合開発計画

2 ダモダル炭田や水力発電，シングブームの鉄鉱石やマンガンなどの鉱産資源を基礎に，鉄鋼・機械・繊維などの工業が発達するインド最大の工業地域はどこか。

2 インド東部工業地域

3 上記 **2** の工業地域に含まれる次の工業都市名を答えよ。

3

a. 1907年，民族資本のタタ財閥によって製鉄所が建設された，インド有数の鉄鋼業都市。機械・車両工業なども盛ん。

a. ジャムシェドプル

★**b.** ガンジス川の分流フーグリー川沿岸にあるインド有数の貿易港で，ジュート工業のほか，金属・機械・化学・食品などの各種工業が発達。

b. コルカタ(旧カルカッタ)

4 次の説明にあてはまるインドの工業都市名を答えよ。

4

★**a.** アラビア海にのぞむ同国最大の都市で，綿工業の中心地であるほか，機械・食品・化学工業などが発達。IT 産業も立地している。

a. ムンバイ(旧ボンベイ)

b. 上記 **a** の北西部，カンバート湾北方にある代表的な綿工業都市の1つで，宝石・金銀細工などの手工業でも有名。

b. アーメダバード

★**c.** インド南東部，ベンガル湾にのぞむこの地方の中心都市で，綿織物・皮革工業をはじめ，アルミニウム・窯業・機械工業などが発達。

c. チェンナイ(旧マドラス)

★**d.** デカン高原上に位置するカルナータカ州の州都で，繊維・機械工業などが盛んなほか，最近では先端技術産業の発達が著しい。

d. バンガロール

★**e.** インド南部，デカン高原上に位置するテランガナ，アンドラ゠プラデシュ両州の州都。綿工業・機械工

e. ハイデラバード

業が発達するが，1990年代にハイテク団地が建設され，IT産業が集積する。

その他の地域

1 次の説明にあてはまるアジアおよびアフリカの工業都市名や地域名を答えよ。

★★**a.** チャオプラヤ川の河口に位置するタイの首都。自動車・電機・繊維・食品など輸出指向型の各種工業が発達。ハイテク産業の誘致も盛ん。

★**b.** マレー半島南部に位置するマレーシアの首都で，近年輸出加工区も設けられ，繊維・機械などの工業が発達。ハイテク・IT産業の誘致を進める。

c. シンガポール南西部にある東南アジア有数の工業地区。石油精製・造船・鉄鋼・繊維などの工業が発達し，日本の企業の進出もみられる。

★★**d.** ジャワ島に位置するインドネシアの首都で，オランダ植民地時代は東洋貿易の基地として発展した。現在は工業団地を造成し，機械・化学工業などが発達。

★**e.** ベトナム北部，トンキンデルタの中心に位置する同国の首都。郊外の工業団地には機械・電機・化学などの工業が発達。先端技術産業の誘致も盛ん。

★**f.** ルソン島の南西部に位置するフィリピンの首都。電機・自動車・化学などの工業が発達するほか，IT産業などの誘致も進めている。

g. ガンジス川の三角州上に位置するバングラデシュの首都。ジュート工業のほか，肥料・セメント・機械工業などが発達。

h. パキスタン南部，インダスデルタに位置する同国の旧首都。農産物の集散地・輸出港であるほか，鉄鋼・機械・繊維などの工業が発達。

★★**i.** ボスポラス海峡に面するトルコ最大の港湾・商工業都市。造船・化学・織物・たばこなどの工業が発達。

★**j.** 南アフリカ共和国の南端に位置し，ヨーロッパとアジアを結ぶ航路の中継地として，大航海時代から

1

a. バンコク

b. クアラルンプール

c. ジュロン

d. ジャカルタ

e. ハノイ

f. マニラ

g. ダッカ

h. カラチ

i. イスタンブール

j. ケープタウン

発展した。最近では造船・機械・水産加工などの工業が盛ん。

k. 南アフリカ共和国北東部の高原上にある鉱工業都市。金鉱の発見とともに発展。化学・繊維・鉄鋼などの工業が発達。

k. ヨハネスバーグ

8 日本の工業地域

1 わが国において、軽工業から重工業への質的転換や工業地域の拡大がみられた、1955〜70(昭和30〜45)年の著しい経済発展のことを何というか。

1 高度経済成長

★★2 関東から東海を経て、近畿・瀬戸内・北九州にいたる、わが国の主要工業地域が連続して分布する、太平洋沿岸の帯状の地域をとくに何と呼ぶか。

2 太平洋ベルト地帯

★★3 広大な工場用地をもち、原料の輸入や製品の搬出に便利な港と、巨大な消費市場などを背景に、鉄鋼・機械・化学工業をはじめ、各種の軽工業が総合的に発達するわが国有数の工業地域はどこか。

3 京浜工業地域

4 上記**3**の工業地域に含まれる次の工業都市名を答えよ。

4

★★a. 東部の低地に化学工業、南部の臨海地域や内陸部に電気や自動車などの関連産業が発達するほか、巨大な消費市場を背景に、出版・印刷・食品・日用雑貨などの大都市型の各種工業が盛ん。ハイテク産業も集積する。

a. 東京

★★b. 東京の外港として発達したわが国有数の貿易港で、鉄鋼や造船をはじめ各種の機械工業が発達するほか、化学・食品工業なども盛ん。

b. 横浜

★★c. 多摩川下流右岸にあり、臨海部の埋立地には鉄鋼業や石油化学コンビナートが発達し、内陸部では各種の機械工業が盛ん。また、工業団地には先端技術産業や研究開発機関が集積する。

c. 川崎

★★5 綿織物工業・毛織物工業・窯業などの軽工業地として発達し、現在では自動車などの機械工業の比重が高い、わが国有数の工業生産額をもつ総合工業地域はどこか。

5 中京工業地域

6 上記**5**の工業地域に含まれる次の工業都市名を答え

6

よ。

 a. この工業地域の中心都市で，第二次世界大戦前は繊維・食品・木工などの軽工業が中心であったが，戦後は臨海の埋立地に機械・金属・化学などの工業が発達。先端技術産業の集積を進めている。 a. 名古屋

 b. 伊勢湾の西岸に位置する港湾都市で，第二次世界大戦後，石油化学コンビナートが形成され，石油精製・化学肥料・機械などの工業が盛ん。 b. 四日市

 c. 愛知県中部，矢作川中流沿岸に位置する自動車工業都市で，組み立て工場を中心に多数の下請け工場がみられ，企業城下町としても知られる。 c. 豊田

7 商業資本と水上交通の発達を背景に，かつては綿工業を中心にわが国最大の工業生産高を示したが，現在は沿岸部に金属・石油化学工業が発達し，内陸部には機械や食品工業のほか，伝統的な地場産業も盛んな，わが国有数の工業生産高をもつ総合工業地域はどこか。 7 阪神工業地域

8 上記 **7** の工業地域に含まれる次の工業都市名を答えよ。 8

 a. 淀川の河口一帯に広がるこの工業地域の中心都市で，臨海部では金属・機械・化学などの重化学工業が発達し，内陸部には食品・電気機械などの工業が盛ん。 a. 大阪

 b. 上記 **a** の西隣に位置し，金属・機械・化学などの工業が発達し，中でも鉄鋼業が盛ん。 b. 尼崎

 c. わが国有数の貿易港で，臨海部に造船・鉄鋼・車両などの工業が発達するほか，灘地方の清酒醸造も有名。 c. 神戸

9 炭田と港湾を背景に，官営製鉄所の開設によって発達し，鉄鋼・化学工業などの中間製品の生産に特色がある，かつての 4 大工業地域の 1 つはどこか。 9 北九州工業地域

10 上記 **9** の工業地域の中心都市で，関門海峡から洞海湾にかけての臨海地域に，鉄鋼・機械・化学・窯業・食品などの工業が盛んなのはどこか。 10 北九州

11 内海の水運・港湾の好条件を生かし，第二次世界大戦後，工場用地や用水の得やすい臨海地域の諸都市 11 瀬戸内工業地域

に相次いで，鉄鋼・石油化学などの重工業の成立をみた，新しい工業地域はどこか。

12 上記 **11** の工業地域に含まれる次の工業都市名を答えよ。

★★**a.** この地方の中核をなす政令指定都市で，鉄鋼・造船・機械・自動車関連工業などが盛んなほか，食品・木材などの軽工業も発達。

★**b.** 明治以後，紡績の町として発展したが，岡山県南新産業都市に指定されて以来，水島地区に鉄鋼・石油化学コンビナートなどが発達。

c. 広島県東部にある旧城下町で，備後工業整備特別地域の指定を受けて鉄鋼・機械・電子などの重工業が発達。銑鋼一貫工場がある。

d. 周防灘に面する鉱工業都市で，炭田を基礎に鉄鋼・セメント工業などが発達したが，炭鉱閉山後は化学工業が中心。最近では電子工業の誘致を図っている。

e. 東予新産業都市の中心都市で，別子銅山の開発によって銅精錬業が発達したが，現在では化学肥料・金属・機械などの工業が盛ん。

13 次の説明にあてはまる工業都市名を答えよ。

★★**a.** 北海道の政治・文化の中心である政令指定都市で，ビール・乳製品などの食品・製材・機械工業などが発達。ハイテク産業も集積する。

b. 北海道中部の上川盆地に位置する商工業都市で，農林産物の集散地であるほか，パルプ・製紙・醸造などの工業が発達。

c. 青森県東南部にある新産業都市の指定を受けた水産・工業都市で，肥料・セメント・鉄鋼・製紙などの工業が盛ん。

d. 信濃川と阿賀野川の河口付近に位置し，新産業都市に指定されてから掘込み式港湾を建設して，石油精製・機械・化学工業などが発達。

e. 長野県の中央部の断層湖に面し，第二次世界大戦前は岡谷とともに製糸業が発達。戦後，精密機械工業が盛んになり，印刷・食品工業もみられる。

12
a. 広島
b. 倉敷
c. 福山
d. 宇部
e. 新居浜

13
a. 札幌
b. 旭川
c. 八戸
d. 新潟
e. 諏訪

★**f.** 浜名湖の東部に位置し，明治の中期頃より楽器・綿織物工業が発達し，戦後はオートバイ・自動車部品工業なども盛ん。テクノポリスに指定され，ハイテク産業が集積している。

f. 浜松

★**g.** 平安京の建設以来，江戸末期まで日本の首都であった。織物・陶器・醸造などの伝統工業が知られるほか，機械・化学などの近代工業もみられる。

g. 京都

★**h.** 博多湾に面する旧城下町で，化学・紡績・食品工業のほか，織物や人形などの伝統産業も活発。先端技術産業もみられる。

h. 福岡

i. 宮崎県北東部にある新産業都市指定の旧城下町で，豊富な水と電力を背景に，硫安・薬品・合成繊維などの化学工業が発達。企業城下町として知られる。

i. 延岡

★**j.** 江戸時代，外国貿易が認められた唯一の港湾都市で，現在は世界有数の造船業をはじめ，重工業が発達。観光都市としても知られる。造船所や炭鉱遺跡，グラバー邸などが「明治日本の産業革命遺産」の1つとして世界文化遺産に指定された。

j. 長崎

第Ⅱ部 資源と産業

第6章 消費と余暇活動

1 消費活動と生活

★ **1** 生産者などから仕入れた商品を，最終消費者に直接販売する業者・業務を何というか。 — 1 小売業

2 生産者などから商品を大量に仕入れ，小売業者に売り渡し，流通の仲立ちをする業者・業務を何というか。 — 2 卸売業

3 小売業，卸売業，運送業，倉庫業などの業者・業務を総称して何というか。 — 3 流通業

★ **4** 企業・家庭・政府などの間で，資金の貸し借りや融通の仲立ちをする業者・機関を何というか。 — 4 金融業

★ **5** デザイン・色・素材など流行性の高い衣服などの商品を，企画・開発・生産する産業を何というか。 — 5 ファッション産業

★ **6** 具体的な財の生産ではなく，金融・保険・設計・デザイン・教育・医療・福祉・理容・娯楽などの業務に携わる産業を何というか。 — 6 サービス業

7 大量仕入れなどによる流通の合理化や薄利多売方式によって利益をあげるスーパーマーケット・ショッピングセンター・量販店の普及など流通分野での大きな変化のことを何というか。 — 7 流通革命

★ **8** 配送センター・トラックターミナル・倉庫団地など流通関連施設が集中的に立地している流通活動の拠点を何というか。 — 8 流通センター

★ **9** 広い売り場面積をもち，衣料品や家庭用品などを中心に多様な商品を豊富に揃え，各々の商品事業ごとに部門別管理をしている大規模小売店を何というか。 — 9 デパート，百貨店

★★ **10** セルフサービス方式や自動販売方式で，食料品や日用雑貨を大量に，安く販売する大規模小売店を何というか。 — 10 スーパーマーケット

★★ **11** 多様な食料品・日用雑貨を揃えるとともに，公共料金などの振込，ATMなどのサービスも提供し，消費者に多様な便宜を図っている小規模な小売店を何というか。 — 11 コンビニエンスストア

12 商品の共同仕入れのほか,経営が中央本部の管理のもとにほぼ同じ形式で行なわれ,系列化され,同一の店舗名をもつことが多い多数の小売店を何というか。

★★13 開発・再開発された広大な敷地に,小売業・飲食店・サービス業など,多種・多様な店舗を集積させた商業施設地区を何というか。

★14 内食(家庭内の食事),中食(家庭で既製の惣菜・弁当などを食べること)に対して,ファミリーレストラン・ファストフード店・食堂など,食事を提供する産業を何というか。

★★15 注文するとすぐに提供されて食べられる食品や食事のことを何というか。

16 商品の販売時点でバーコードを読み取らせ,販売地域・在庫・仕入れなどのあらゆる情報を,コンピュータで管理するシステムを何というか。

★17 季節外れの商品や流行遅れの商品を処分することなどを目的とした,複数のメーカーの直営店を多数集めた複合商業施設を何というか。

★18 新聞・ラジオ・テレビ・カタログなどで消費者に宣伝し,郵便や電話・インターネットなどで直接消費者から注文をとり,商品を配送する販売方法を何というか。

★19 商品を仕入れたり,買物客を集めるなど,1つの店舗やある都市の商業活動の勢力範囲を何というか。

20 次の説明にあてはまる商圏の名称を答えよ。
  a. 店や都市が,その周辺地域から商品を購入している範囲。
  b. 店や都市が,その周辺地域に商品を供給している範囲。

21 商圏を消費者の側からとらえ,人々が商品やサービスを求めて行動する範囲を何というか。

★22 食料品・日用雑貨など,毎日のように購入の対象となり,買物行動圏の範囲が小さい商品を何というか。

★23 耐久消費財や高級品,宝飾品など,日常的ではなく計画的な購入の対象となり,専門店や大規模店での

---

12 チェーンストア

13 ショッピングセンター

14 外食産業

15 ファストフード

16 POS(販売時点情報管理)システム

17 アウトレットモール

18 通信販売

19 商圏

20
  a. 仕入圏
  b. 販売圏

21 買物行動圏(買物圏),購買圏

22 最寄り品

23 買いまわり品

購入が一般的な商品を何というか。

24 人々の日常生活に密接に関係し，買物行動圏，通勤・通学圏，通院圏などで表わされる範囲を何というか。

24 **生活圏**

2 観光

★**1** 旅行業，観光地の宿泊業，土産物販売業，レクリエーション施設の経営などの産業を，総称して何というか。

1 **観光業**

★**2** 山・高原・海の景勝地や温泉などの自然的な資源，史跡・建造物，祭りや行事など文化的な資源のほかに，テーマパークやレクリエーション施設などを総称して何というか。

2 **観光資源**

★**3** フランス語で休暇のこと。保養地や農山村などで長期間滞在して過ごすことを何というか。

3 **バカンス**

★★**4** 滞在して余暇を過ごす保養地・行楽地をとくに何というか。

4 **リゾート**

★**5** 保養地やレクリエーション施設の開発によって地域振興をはかるために，1987年に制定された法律を何というか。

5 **総合保養地域整備（リゾート）法**

★**6** 海洋に面して観光産業が集積しているリゾートをとくに何というか。

6 **海浜リゾート**

★**7** ディズニーランドやユニバーサル・スタジオ・ジャパンなどのように，ある特定のテーマのもとにつくられ，様々な演出が加えられている公園・遊園地などの恒常的施設を何というか。

7 **テーマパーク**

8 経済成長や交通機関の発達に伴って増大し，大衆化した旅行（ツーリズム）の形式・考えを何というか。

8 **マス＝ツーリズム**

9 マス＝ツーリズムへの反省から生まれた，次の説明にあてはまる旅行（ツーリズム）の形式・考えを答えよ。

9

★**a.** 環境問題や自然保護の深い理解，あわせて地域の文化・生活の理解を目的としたもの。

a. **エコ＝ツーリズム**

★**b.** 農山漁村に滞在し，地域の生活・文化の理解，人々との交流，農林漁業体験などを目的としたもの。

b. **グリーン＝ツーリズム**

★**10** 日本とオーストラリアなどの間で結ばれた，就労許

10 **ワーキングホリデー**

可つきの休暇旅行を何というか。

★**11** 自然景観を楽しみながら，時間をかけて山麓などを歩くことを何というか。

11 トレッキング

12 次の観光・保養都市群はどこの国にあるか。国名を答えよ。

12

★**a.** インターラーケン，サンモリッツ，ツェルマット
b. インスブルック，バーデン
★**c.** ロングビーチ，マイアミ，ホノルル
★**d.** ゴールドコースト，ケアンズ

a. スイス
b. オーストリア
c. アメリカ合衆国
d. オーストラリア

13 次の説明にあてはまる地中海沿岸に位置する観光・保養地域名を答えよ。

13

★**a.** 地中海沿岸で，フランスのカンヌ・ニースからモナコ，イタリアのラスペツィアに至る海岸保養地域を何というか。

a. リヴィエラ

★**b.** リヴィエラ海岸のうち，フランス側の海岸地域をとくに何というか。

b. コートダジュール

c. モンペリエ，グランドモットなどのリゾート都市があり，「もう1つのコートダジュール」をめざして観光開発が進められた南フランスの地域を何というか。

c. ラングドック＝ルシヨン

★**d.** エーゲ海のキクラデス諸島に位置する花崗岩の島で，風車で知られるリゾートを何というか。隣接して世界文化遺産のデロス島がある。

d. ミコノス島

★**14** エジプトのカイロ都市圏に含まれ，世界文化遺産に指定された3大ピラミッドがある観光都市はどこか。

14 ギザ（ギーザ）

15 ウクライナのクリム半島南部にある観光・保養都市で，1945年に英・米・ソの首脳によって第二次世界大戦の戦後処理に関する会談が行なわれた都市を何というか。

15 ヤルタ

16 ブラジルのリオデジャネイロ市内にあり，国際的な観光・保養地となっている砂浜海岸を何というか。

16 コパカバーナ

★**17** タイ南部，マレー半島の西岸に位置する観光地を何というか。かつては錫鉱山やゴムなどのプランテーションが発達。風光明媚な海岸地域ではマリンスポーツが盛ん。

17 プーケット

★**18** アメリカ合衆国ネヴァダ州南部の観光都市を何とい

18 ラスベガス

うか。カジノの町として知られる。

19 次の説明にあてはまる韓国の観光地を答えよ。

★**a.** 南東部に位置する観光都市で，古代のシルラ(新羅(しら ぎ))の首都であった。

★★**b.** 東シナ海に浮かぶ火山島。気候が温暖であり，多くの観光客が訪れる。

20 次の説明にあてはまる日本の観光地を答えよ。

a. 只見川(ただみ)源流部に位置する日本最大の高層湿原地帯。釧路湿原などともにラムサール条約に登録。

b. 相模湾・相模灘と駿河湾とを分ける伊豆半島最東端の都市。温泉と海岸美に恵まれ，サボテン公園や大室山などが知られる。

c. 長野県東部，浅間山麓に位置する高原保養都市。旧宿場町で，明治期になって避暑地として開発が進んだ。

d. 三重県東部，熊野灘に突きだした半島で，英虞湾(あご)などリアス海岸の自然美と伊勢神宮の歴史的景観に特徴がある。

e. 大分県中部，由布岳・鶴見岳などの山麓に位置する温泉・保養地で，映画祭や音楽祭で知られている。

21 大内宿・高山・馬籠(まごめ)・倉敷・萩など，文化財保護法により保存が指定された歴史的・伝統的な建物が立ち並ぶ地区を何というか。

22 地域の生活や生業，風土に結びついた地域特有の景観を何というか。近江八幡(おうみはちまん)の水郷，岩手県遠野(とおの)，四万十川(しまんとがわ)などとくに重要な景観地は文化財保護法で指定され，保存・保護されている。

★**23** ピラミッドや万里の長城など，世界的に重要な自然・文化遺産の保護を目的に，ユネスコで採択された国際条約を何というか。

24 次の説明にあてはまる世界遺産名，または世界遺産所在地を答えよ。

★★**a.** カンボジア北部にある石造の寺院遺跡。12世紀前半，ヒンドゥー教寺院として建立され，その後，仏教寺院に改修された。カンボジア内戦などで破壊が進んだが修復が行なわれている。

19
a. キョンジュ(慶州)
b. チェジュ(済州)島

20
a. 尾瀬
b. 伊東
c. 軽井沢
d. 志摩半島
e. 湯布院

21 歴史的町並み保存地区(伝統的建造物群保存地区)

22 文化的景観

23 世界遺産条約

24
a. アンコールワット

★**b.** ベトナム中部の古都。10世紀にチャンパ王国の，19世紀にはベトナム(阮朝)の首都となり，王宮・城壁・王陵博物館などがある。ベトナム戦争の激戦地の1つ。

b. **フエ**

★**c.** インドネシアのジャワ島中部にある8〜9世紀に建設された大規模な石造仏教遺跡。長いこと密林の中に埋もれていたが，1814年に発掘された。近年，再び崩壊がひどくなったが，ユネスコが中心となって保存修復が図られている。

c. **ボロブドゥール**

★★**d.** ペルー内にあり，アンデス山地の標高約2,400mの地点に位置するインカ帝国の遺跡。空中都市とも呼ばれる。広大な石造りの神殿や宮殿，居住区などが残り，太陽神をまつり，太陽を観測する建造物群ではないかと推測されている。

d. **マチュピチュ**

★**e.** モロッコ中北部に位置する歴史的宗教都市。8世紀ベルベル人によって建設。交通の要衝として発達。イスラム王朝時代の首都。壮大なモスクや学校などが立ち並ぶ旧市街地(メディナと呼ばれる)が世界遺産に登録。市街は複雑な迷路で構成されている。

e. **フェズ(フェス)**

★**f.** マリの首都バマコとトンブクトゥーのほぼ中間，ニジェール川沿いに位置する古都。サハラ交易の要衝として栄え，14〜16世紀，マリ帝国，ソンガイ帝国時代には，商業とイスラム教の中心地に。世界遺産に登録された旧市街地は日干しレンガでつくられ，20世紀に再建されたモスクは泥の大モスクとして知られる。

f. **ジェンネ**

★**g.** アメリカ合衆国アリゾナ州北西部に位置する国立公園の1つ。コロラド高原を刻むコロラド川の侵食による雄大な峡谷では，先カンブリア時代から古生代ペルム紀までの地層がほぼ水平に堆積している。

g. **グランドキャニオン**

★★**h.** オーストラリア大陸のほぼ中央部，アリススプリングスの南西に位置する残丘。先カンブリア時代から古生代初期の固い岩石からなる岩山で，アボリジニーの重要な聖地。隣接するカタジュタ(オルガ山)とともに世界遺産に登録されている。

h. **ウルル(エアーズロック)**

★**i.** オーストラリアの北東部，クイーンズランド州の

i. **グレートバリア**

沿岸，コーラル海(珊瑚海)に位置する世界最大のサンゴ礁(堡礁)。長さ2,000km以上に及ぶ。 — リーフ

★j. 南米エクアドルの西約900kmの太平洋上に浮かぶ火山群島。大陸から隔絶された島であり，独自の進化を遂げた生物の固有種が多く存在する。ダーウィンが進化論のヒントを得た島として知られる。 — j. ガラパゴス諸島

25 日本の世界遺産について，次の説明にあてはまる地名または名称を答えよ。

★a. 日本で最初に世界文化遺産に登録。江戸時代の城郭の姿を伝える。別名白鷺城。 — a. 姫路城

★b. 上賀茂神社，東寺，清水寺，金閣寺・銀閣寺・二条城など17カ所の寺社とその周辺部が登録された古都。 — b. 京都

★c. 東大寺・春日大社・薬師寺など8件が登録された古都。法隆寺と法起寺は仏教建造物として別に登録。 — c. 奈良

★d. 白川郷(岐阜県)・五箇山(富山県)でみられる急こう配の茅葺き屋根の名称。 — d. 合掌造り

★e. 旧広島県産業奨励館。「ノーモア・ヒロシマ」の願いを込めた「負の世界遺産」といわれる被爆建造物。 — e. 原爆ドーム

★f. 広島県宮島にある神社。海の中にあり，潮の満ち引きによって趣が異なる神社として知られる。 — f. 厳島神社

★g. 東照宮・二荒山神社・輪王寺などの建造物とその周辺の文化景観が登録された栃木県の国際観光都市。 — g. 日光

★h. 沖縄本島南部に位置する旧琉球王国の遺跡群として登録された今帰仁城跡，首里城跡など「城」の呼称。 — h. グスク

★i. 吉野・大峯，熊野三山，高野山の3つの霊場と参詣道が登録された山地。 — i. 紀伊山地

★j. 島根県大田市に位置。戦国時代から江戸時代まで多くの銀を産出した日本最大の銀山跡(休山は1923年)。 — j. 石見銀山

★k. 仏国土(浄土)を表現する仏教寺院・庭園として中尊寺・毛越寺などが登録された地域。 — k. 平泉

★l. 絹産業遺跡群の中心的な建造物で，1872(明治5)年官営模範工場として操業を開始した群馬県の製糸工場。 — l. 富岡製糸場

★m. ブナの原生林が広がり，多様な動植物が生息・ — m. 白神山地

自生することで知られている青森県と秋田県にまたがる山地。

- ★**n.** 樹齢3000年をこえる縄文杉など，樹齢1000年をこすスギの自生で知られ，亜熱帯から亜寒帯までの植物が分布，固有種豊富な鹿児島県の島。　　n. 屋久島

- ★**o.** 北海道の北東端，オホーツク海に突きだした半島とその沿岸海域が世界自然遺産に登録。流氷が接岸する南端に位置する。豊富な魚介類とそれを捕食するヒグマやオオワシなど多様な生物が生息し，海と陸の食物連鎖がみられる貴重な自然環境の地域。　　o. 知床

- ★**p.** 東京の南南東，太平洋に浮かぶ火山列島。これまで大陸と陸続きになったことのない洋島で，独自の進化を遂げた固有種と独自の生態系が評価された島々。　　p. 小笠原諸島

- **q.** 山頂の神社や登山道などの信仰遺跡群や芸術作品の題材とされた周辺の湖沼や景観が「信仰の対象と芸術の源泉」として文化遺産に指定された成層火山。　　q. 富士山

26　「明治日本の産業革命遺産」として世界文化遺産に指定された産業遺跡について，次の説明に当てはまる地名または名称を答えよ。

- **a.** 反射炉やたたら製鉄や造船所跡とともに，重要伝統的建造物群保存地区に指定されている城下町や幕末から明治維新にかけての日本の近代化・産業化に貢献する人材を輩出した市内の松下村塾などが指定された山口県の都市。　　a. 萩

- **b.** 大砲を鋳造するための金属溶解炉として1857（安政4）年に完成し，1864（元治元）年まで使用された静岡県伊豆の国市にある反射炉。　　b. 韮山反射炉

- **c.** 日本最古の洋式高炉跡である橋野高炉跡や橋野鉄鉱山など近代製鉄業の遺構のある岩手県の都市。　　c. 釜石

- **d.** 洋式採炭技術の導入による石炭の増産で日本の工業化をエネルギーの面で支えた福岡県大牟田市・熊本県荒尾市にまたがる炭鉱。1959〜60（昭和34〜35）年に大規模な労働争議が，1963（昭和38）年には大規模な爆発事故があった。　　d. 三池炭鉱

第Ⅲ部 生活と文化

第1章 民族

1 人種と民族

★★ 1 皮膚の色，毛髪の色や形，虹彩の色，身長などの身体的特色を基準として便宜的に分類した人類集団を何というか。 — 1 人種

★★ 2 淡紅白色から褐色の皮膚，黒色や金色の毛髪，黒色や青色の眼などを身体的特色とし，ヨーロッパに広く分布する人種を何というか。 — 2 コーカソイド

★ 3 淡黄色から褐色の皮膚，黒色の毛髪，黒色の眼などを身体的特色とし，アジアを中心に広く分布する人種を何というか。 — 3 モンゴロイド

★ 4 褐色や黒色の皮膚，渦状や縮状の毛髪を身体的特色とし，アフリカやアメリカ大陸に広く分布する人種を何というか。 — 4 ネグロイド

★ 5 言語・宗教・慣習などの文化的特色や帰属意識などを基準として分類した人類集団を何というか。 — 5 民族

★ 6 言語・宗教・慣習などの文化を共有することから生まれ，その集団に所属していると考える意識を何というか。 — 6 帰属意識

★ 7 多数の民族の分布地域に，あたかも離島のように点在する異民族の居住地を何というか。 — 7 民族島

★★ 8 複数の民族からなる国の中で，人口が相対的に少なく，場合によって多数を占める民族から，政治的・経済的圧迫を受けることのある民族を何というか。 — 8 少数民族（マイノリティ）

★★ 9 フィンランド語・エストニア語・マジャール（ハンガリー）語などの言語を用い，ヨーロッパから西シベリア周辺に居住する言語集団を総称して何語族というか。 — 9 ウラル語族

★★ 10 モンゴル語・トルコ語・サハ（ヤクート）語・ブリヤート語などの言語を用い，東アジア・トルコ・シベリアなどに居住する言語集団を総称して何語族というか。 — 10 アルタイ語族

★ 11 中国語・チベット語・ミャンマー語・タイ語・ラオ — 11 シナ＝チベット語族

語などの言語を用い，中国から東南アジアにかけて居住する言語集団を総称して何語族というか。

★★12 ゲルマン語派・ラテン語派・スラブ語派・ケルト語派・インド＝イラン語派などに分けられる言語を用い，ヨーロッパから西アジア・南アジアにかけて居住する言語集団を総称して何語族というか。

12 **インド＝ヨーロッパ語族**

★★13 アラビア語・エチオピア語・トゥアレグ語・ヘブライ語などの言語を用い，北アフリカから西アジアにかけて居住する言語集団を総称して何語族というか。かつてはセム＝ハム語族と呼ばれた。

13 **アフロ＝アジア語族**

★14 サハラ砂漠以南のアフリカで使用されているニジェール＝コルドファン諸語の中で最大の言語集団で，バントゥー語群のほか，イボ・ヨルバ語なども含まれる言語集団を何語族というか。

14 **ニジェール＝コンゴ語族**

★15 マレー語・ジャワ語・タガログ語・タヒチ語などの言語を用い，東南アジア島嶼部からポリネシアにかけて居住する言語集団を総称して何というか。

15 **オーストロネシア語族（マレー＝ポリネシア語派）**

2　世界の民族

東アジア・東南アジア・南アジア

★1 現代では主として北海道に居住する日本の少数先住民族を何というか。

1 **アイヌ**

★2 中国において，モンゴル・ウイグル・チベット・ホイ・チョワンの5つの少数民族の居住地に対して設定された行政単位を何というか。

2 **自治区**

★★3 モンゴルや中国北部のフフホトを区都とする自治区などに居住し，チベット仏教（ラマ教）の信者が多数を占め，多くが牧畜を営む民族を何というか。

3 **モンゴル族**

★★4 チベット高原に位置する中国南西部のラサ（拉薩）を区都とする自治区からブータン・インドなどに居住し，チベット仏教（ラマ教）を信仰し，農業と牧畜を営む民族を何というか。

4 **チベット族**

★★5 中国西部のウルムチ（烏魯木斉）を区都とする自治区やカザフスタンなど中央アジアに居住するトルコ系民族で，イスラーム教を信仰し，牧畜やオアシス農

5 **ウイグル族**

業を営む民族を何というか。

★★ **6** 中国北部，インチョワン(銀川)を区都とする自治区に居住し，イスラーム教を信仰する民族を何というか。

6 **ホイ(回)族**

★★ **7** 中国南東部，ナンニン(南寧)を区都とする自治区に居住し，中国の少数民族の中では最も人口が多い民族を何というか。

7 **チョワン(壮)族**

★★ **8** 中国東北部に居住し，清王朝を築いたツングース系の民族を何というか。

8 **満族(満州族)**

★★ **9** ユンナン(雲南)省・コイチョウ(貴州)省などの中国南西部からタイ・ラオスなど東南アジアの山地に居住し，自給的な農牧業を営み，ケシの栽培や交易に従事する者が多い民族を何というか。

9 **ミャオ(苗)族**

10 中国のコイチョウ(貴州)省・スーチョワン(四川)省とともに少数民族のイ族が多く居住し，クンミン(昆明)を省都とする中国の省はどこか。

10 **ユンナン(雲南)省**

11 中国のフーナン(湖南)省・コワンシーチョワン(広西壮)自治区にも住む少数民族のトン族(高床式住居で知られる)が多く居住し，コイヤン(貴陽)を省都とする中国の省はどこか。

11 **コイチョウ(貴州)省**

★ **12** ミャンマーとタイの国境地帯の高地で，農業や狩猟を営む少数民族で，しばしばミャンマー政府と対立し，タイへの難民も多い民族を何というか。

12 **カレン族**

13 東南アジア，カリマンタン(ボルネオ)島の先住民で，狩猟・採集を生業としてきたが，森林開発で生活権が脅かされている民族を何というか。

13 **プナン族**

★ **14** 現在のインド北部のインド＝イラン語派に属する民族に対して，インド南部やスリランカに居住する民族を総称して何というか。

14 **ドラヴィダ系民族**

★ **15** インド＝イラン系民族の仏教徒で，コロンボを中心とするスリランカ中南部に居住し，同国の多数を占める民族を何というか。

15 **シンハラ(シンハリ)人**

★ **16** ドラヴィダ系民族のヒンドゥー教徒で，ジャフナを中心とするスリランカ北部やインド半島南部に居住する民族を何というか。

16 **タミル人**

第1章　民族

西アジア・北アフリカ

★★ **1** 北アフリカから西アジアに分布するアフロ＝アジア語族に属し，イスラーム教を信仰し，アラビア語を用いる民族を何というか。 — 1 アラブ人（アラブ系民族）

★ **2** 北アフリカや西アジア，とくにマグレブ諸国を中心に分布する遊牧民を何というか。トゥアレグ族もこの系統に属する民族である。 — 2 ベルベル人

★ **3** アラビア半島を中心に，西アジアから北アフリカの乾燥地域に分布する遊牧民を何というか。 — 3 ベドウィン

★★ **4** アフロ＝アジア語族に属し，ヘブライ語を母語とする民族を何というか。 — 4 ユダヤ民族

★ **5** アナトリア高原を中心に，中央アジアからシベリアにかけての広大な地域に居住するアルタイ語族に属する民族を総称して何というか。 — 5 トルコ系民族

中南アフリカ

★ **1** 東アフリカのケニアからタンザニアにかけてのステップ地帯に居住する先住民で，伝統的には牛の遊牧生活を送ってきたが現在では都市に定住する人々も多いサハラ＝ナイル語族に属する民族を何というか。 — 1 マサイ族

★ **2** サハラ以南のアフリカ中部から南部にかけて居住するニジェール＝コンゴ語族最大の言語集団で，スワヒリ語・キクユ語・ズールー語・コンゴ語などの言語を用いる言語集団を総称して何語群というか。 — 2 バントゥー語群

★ **3** モーリタニアからカメルーンにかけて西アフリカのサヘル地帯に居住し，イスラーム教を信仰し，牧畜を営む人々が多いニジェール＝コンゴ語族に属する民族を何というか。 — 3 フラニ人

★ **4** カラハリ砂漠を中心に，南アフリカ一帯に居住している遊牧民，狩猟・採集民を総称して何というか。 — 4 コイサン語族

ヨーロッパ

1 次の説明にあてはまるインド＝ヨーロッパ語族に属する民族名を答えよ。 — 1

★ **a.** 北西ヨーロッパ・アングロアメリカ・オセアニア — a. ゲルマン系民族

に居住し，宗教的にはプロテスタントが多く，英語・ドイツ語・オランダ語・スウェーデン語などの言語を用いる。

★**b.** 南ヨーロッパや中南アメリカに居住し，宗教的にはカトリックが多く，フランス語・イタリア語・スペイン語・ポルトガル語などの言語を用いる。　　b. **ラテン系民族**

★**c.** 東ヨーロッパやヨーロッパロシアに居住し，宗教的には東方正教徒が多く，ロシア語・ポーランド語・チェコ語・ブルガリア語・セルビア語などの言語を用いる。　　c. **スラブ系民族**

★ **2** イギリスのスコットランド・ウェールズ，アイルランド，フランスのブルターニュ半島などに居住するヨーロッパの先住民族を何というか。　　2 **ケルト系民族**

★ **3** インド＝ヨーロッパ語族に属し，ルーマニアの人口の大部分を占める民族を何というか。　　3 **ラテン系民族**

★ **4** ウラル語族に属し，ハンガリーの人口の大部分を占める人々を何というか。　　4 **マジャール人**

★ **5** ウラル語族に属し，フィンランドの人口の大部分を占める人々を何というか。　　5 **フィン人**

★ **6** ウラル語族に属し，スカンディナヴィア半島北部に居住し，遊牧・漁労を営む民族を何というか。　　6 **サーミ（ラップ人）**

★ **7** 上記**6**の民族が居住する地域をとくに何と呼んでいるか。　　7 **サーミランド（ラップランド）**

★ **8** インド＝ヨーロッパ語族に属し，ヨーロッパ南東部を中心に広く分布する民族で，独自の音楽・踊りなどの文化をもち，流浪の民族ともいわれる人々を何というか。　　8 **ロマ**

ロシアとその周辺諸国

★ **1** ロシア・ウクライナなどに居住するトルコ系民族で，ロシア内のヴォルガ川中流域の人口が最も多く，クリム（クリミア），シベリアなどに広く分布する人々を何というか。　　1 **タタール人**

★ **2** シベリアのレナ川流域に広がるサハ共和国で約半数を占めるトルコ系の人々を何というか。　　2 **ヤクート（サハ）人**

★ **3** シベリアのバイカル湖周辺に居住するモンゴル系民　　3 **ブリヤート人**

族を何というか。

★4 ヨーロッパロシアの北部，シベリア北部のオビ川・エニセイ川流域に居住する先住民で，農耕・漁労・狩猟・トナカイの遊牧などを営む民族を何というか。サモエードと呼ばれたこともある。

4 ネネツ人

★5 カザフスタンを中心に中央アジアのステップ地帯に居住するトルコ系民族を何というか。

5 カザフ人

★★6 中央アジアに位置する5共和国のうち，イラン系の民族が多数を占め，ドゥシャンベを首都とする共和国名を答えよ。

6 タジキスタン

アングロアメリカ

★★1 1万5,000～2万年前にアジア大陸から移住したアメリカ大陸の先住民を，とくにアングロアメリカでは何というか。

1 アメリカインディアン(インディアン)

★★2 シベリア東部・アラスカ・カナダ北部・グリーンランドの北極海沿岸で，狩猟・漁労生活を営んでいるアジア系民族を何というか。

2 イヌイット(エスキモー)

★★3 アメリカ合衆国において，社会の上層を占めることが多い，アングロサクソン系のプロテスタントを何というか。

3 WASP(ワスプ)

★★4 南北アメリカ大陸にアフリカ系住民が多いのは，16～19世紀中頃までの3世紀間にアフリカから多くの黒人が移動させられた結果である。この強制移動を何というか。

4 奴隷貿易

★★5 メキシコやプエルトリコなどのスペイン語圏からアメリカ合衆国へ移住し，自らの文化を維持し，人口増加率も高く，アフリカ系住民をこす人口規模の人々を何というか。

5 ヒスパニック(ラティーノ)

ラテンアメリカ

★1 アメリカ大陸の先住民で，ヨーロッパ人が移住する前に，独自の文明や帝国を築いた人々を，とくにラテンアメリカでは何というか。

1 インディオ(インディヘナ)

2 次の説明にあてはまるインディオの文明を答えよ。

2

　★a. メキシコのユカタン半島を中心として，3～8世

a. マヤ文明

紀にかけて最も栄えたインディオ文明。

 ★★**b.** メキシコ高原を中心として，13～16世紀にかけて栄えた文明。　　b. **アステカ文明**

 ★★**c.** コロンビア南部からチリ北部のアンデス山脈を中心として，13～16世紀にかけて栄えた文明。　　c. **インカ文明**

★★ **3** 中央アメリカ・南アメリカの広い範囲を植民地とし，開拓を進めたインド＝ヨーロッパ語族に属する民族は何か。　　3 **ラテン系民族**

 4 カリブ海諸国のうち，次の国をかつて植民地として支配していた宗主国はどこの国か。　　4

 ★★**a.** 1804年ラテンアメリカで最初に独立したハイチ。　　a. **フランス**

 ★★**b.** 1962年に独立したジャマイカ。　　b. **イギリス**

 5 次の説明にあてはまるラテンアメリカの人々の名称を答えよ。　　5

  a. ラテンアメリカ生まれのヨーロッパ系の人々。　　a. **クリオーリョ**

 ★★**b.** ヨーロッパ系の人々とインディオとの混血。　　b. **メスチソ(メスチーソ)**

 ★★**c.** ヨーロッパ系の人々とアフリカ系の人々との混血。　　c. **ムラート**

  d. インディオとアフリカ系の人々との混血。　　d. **サンボ**

オセアニア

★★ **1** 狩猟・採集生活を営んでいるオーストラリアの先住民を何というか。　　1 **アボリジニー**

★ **2** オーストラリア大陸の南に位置する島の先住民で，ヨーロッパ人の渡来後に絶滅した人々を何というか。　　2 **タスマニア人**

★★ **3** ニュージーランドのポリネシア系先住民を何というか。　　3 **マオリ**

 4 次の説明にあてはまる太平洋の島々の地域名を答えよ。　　4

 ★★**a.** ほぼ経度180度線より西側の，主として赤道以北の島々からなる地域。「小さい島々」を意味する。　　a. **ミクロネシア**

 ★★**b.** ほぼ経度180度線より西側の，主として赤道以南の島々からなる地域。「黒い島々」を意味する。　　b. **メラネシア**

 ★★**c.** ほぼ経度180度線より東側の島々からなる地域。「多数の島々」を意味する。　　c. **ポリネシア**

3 民族と文化

宗教

1. ユダヤ教を基礎とし，イエスを救世主として信じる宗教を何というか。 — **1 キリスト教**

2. 次の説明にあてはまるキリスト教の宗派を答えよ。

   a. バチカン市国のサンピエトロ寺院に総本山があり，ローマ教皇が最高権力者。南ヨーロッパや中南米などのラテン民族に信者が多い。 — **a. カトリック**

   b. 16世紀にルターらの宗教改革以後に成立。北・中央ヨーロッパ，北アメリカ，オセアニアなどのゲルマン系民族に信者が多い。 — **b. プロテスタント**

   c. 聖像崇拝問題を契機に，ローマ=カトリック教会から分離。おもに東ローマ帝国内のキリスト教。東ローマ帝国崩壊後，ロシア，セルビア，ルーマニアなど，各地域の呼称が用いられている。 — **c. 東方正教**

   d. エジプトからエチオピアにかけて，古くから信仰されているキリスト教の一宗派。 — **d. コプト派（コプト正教会）**

   e. アメリカ合衆国のソルトレークシティを総本山とするキリスト教の一宗派。 — **e. モルモン教**

3. 律法(旧約聖書)を教典とし，唯一神ヤハウェ(エホバ)を信仰するユダヤ人の宗教を何というか。 — **3 ユダヤ教**

4. エルサレムの旧市街地にあって，ソロモン第2神殿を取り囲む壁の一部として残され，ユダヤ教徒にとって最も神聖とされる場所を何というか。 — **4 嘆きの壁**

5. ムハンマド(マホメット)がとなえ，アッラーを最高神，クルアーン(コーラン)を教典とし，北アフリカから西アジアにかけての乾燥地域や，南アジア・東南アジアの湿潤地域にも信者が多い宗教を何というか。 — **5 イスラーム（イスラーム教）**

6. イスラームについて，次の説明にあてはまる用語を答えなさい。

   a. イスラームの礼拝堂を何というか。 — **a. モスク**

   b. クルアーン(コーラン)に規定された五行の1つで，イスラーム暦9月の1カ月間，毎日，夜明けから日没まで一切の食事・水をとらない断食月を何という — **b. ラマダーン**

か。
- ★c. クルアーン(コーラン)に規定された五行の１つで，貧しい人々や恵まれない人々に施しを行なうことを何というか。 — c. 喜捨(ザカート)
- ★d. 聖地メッカにあり，多くの巡礼者が訪れる神殿を何というか。 — d. カーバ神殿
- ★e. エルサレムの旧市街地にあり，ムハンマドが昇天したとされる岩のある場所につくられたモスクを何というか。 — e. 岩のドーム

7 次の説明にあてはまるイスラームの宗派を答えよ。
- ★★a. イスラームの多数派。イスラーム教徒の約90％を占め，アラブ諸国・中央アジア・パキスタン・アフガニスタンに信者が多い。 — a. スンナ(スンニー)派
- ★★b. カリフ(ムハンマドの後継者)をめぐる政争から生まれたイスラームの少数派。イスラーム教徒の約10％を占め，イラン・イラク南部に信者が多い。 — b. シーア派

★★**8** 紀元前５世紀頃，シャカ(釈迦)がとなえ，ブッダガヤなどを聖地とし，東アジアや東南アジアに信者が多い宗教を何というか。 — 8 仏教

9 次の説明にあてはまる仏教の宗派を答えよ。
- ★★a. 北伝仏教ともいい，インドから中国・朝鮮・日本へ伝播(でんぱ)した。自己一人の完成のみならず，一切衆生(いっさいしゅじょう)の救済を念願する菩薩(ぼさつ)の道を説く。 — a. 大乗仏教
- ★★b. 南伝仏教ともいい，インドからスリランカ・ミャンマー・タイなどに伝播した。戒律を重んじ，厳しい修行を通じて自己の悟りに至ることを目的とする。 — b. 上座部仏教(小乗仏教)
- ★★c. ８世紀中頃，仏教とチベット在来の民間信仰とが結びついて発達したもので，ラサ(拉薩)を聖地とし，チベット・ブータン・モンゴルに信者が多い。ダライ＝ラマが中心的存在。 — c. チベット仏教(ラマ教)

★★**10** 古代インドのバラモン教の流れを汲み，ヴァラナシ(ベナレス)などを聖地とするインド最大の宗教を何というか。 — 10 ヒンドゥー教

★★**11** インドのヒンドゥー教社会にあって職業の分業や世襲化・結婚などについて様々な制限を内容とするヴァルナ＝ジャーティ制度を何というか。 — 11 カースト制

★12 カーストから除外された人々を総称して何というか。 | 12 ハリジャン(ダリット,不可触民)

★★13 ジャワ島の東に位置する火山島で住民の多くがヒンドゥー教徒である島を何というか。 | 13 バリ島

★★14 16世紀にイスラーム教の影響を受けたヒンドゥー教の改革運動から成立した宗教を何というか。インド北西部のパンジャーブ地方などに信者が多い。 | 14 シーク教

★★15 孔子の教説を中心に形成された,中国の倫理・政治思想を何というか。朝鮮・日本にも強い影響を与えた。 | 15 儒教

★16 中国の民間信仰と老子を開祖とする道家の思想とが結びつき,中国の一般大衆に広く信仰されてきた宗教を何というか。 | 16 道教

★17 自然崇拝と祖先信仰とを融合した,日本古来の伝統宗教を何というか。 | 17 神道

★18 あらゆる自然現象に霊魂の存在を認め,それを崇拝する伝統的な民間信仰を何というか。 | 18 アニミズム(精霊信仰)

言語

★1 人が生まれて数年間のうちに,生活環境の中で自然に身につける言語を何というか。 | 1 母語

★★2 国家が公の会議や文書で使用することを定めている言語を何というか。 | 2 公用語

★★3 韓国・北朝鮮で使用されている表音文字を何というか。 | 3 ハングル

4 ルソン島中央部に居住する民族が用いるマレー=ポリネシア語族に属する言語で,フィリピンの公用語を何というか。 | 4 フィリピノ(ピリピノ・タガログ)語

★★5 マレー=ポリネシア語派に属する言語で,マレーシア・ブルネイの公用語を何というか。 | 5 マレー語

★★6 インド=ヨーロッパ語族,インド=イラン語派に属する言語で,インドの公用語を何というか。 | 6 ヒンディー語

★★7 インド=ヨーロッパ語族,インド=イラン語派に属し,パキスタンで国語に指定されている言語を何というか。 | 7 ウルドゥー語

★★8 バングラデシュの公用語で,インドではウエストベンガル州などの公用語に指定されている言語を何と | 8 ベンガリー(ベンガル)語

	いうか。	
★★ 9	アラビア半島の言語で,「クルアーン(コーラン)」の言語として西アジア・北アフリカに広がった言語を何というか。	9 アラビア語
★10	ユダヤ人が使用しているアフロ゠アジア語族に属し,イスラエルの公用語の言語を何というか。	10 ヘブライ語
★★11	イランの公用語で,イランのほかタジキスタン・アフガニスタンに分布するインド゠ヨーロッパ語族,インド゠イラン派に属する言語を何というか。	11 ペルシャ語
★12	ベルギー北部や西部のフランドル地方で使用されている,オランダ語系の言語を何というか。	12 フラマン語
★13	ベルギー南部で使用されている,フランス語系の言語を何というか。	13 ワロン語
★14	スイスの4つの公用語のうち,南東部で使用され,使用人口が最も少ないラテン語派の言語を何というか。	14 レートロマン語(ロマンシュ語)
15	英語,ドイツ語,フランス語,スペイン語など,ヨーロッパの多くの言語で使用されている文字を何というか。	15 ラテン文字
★★16	ロシア語,ウクライナ語,ブルガリア語,セルビア語などで使用されている文字を何というか。	16 キリル文字
★17	ニジェール゠コンゴ語族,バントゥー語群に属し,東アフリカ沿岸地域で共通語として使用され,ケニアやタンザニアの公用語として用いられている言語を何というか。	17 スワヒリ語
★18	アンデス山中に居住するインディオの使用する言語で,アイマラ語とともにペルーおよびボリビアの公用語の1つとなっている言語を何というか。	18 ケチュア語
★19	カリブ海諸国やアフリカなどで,宗主国や貿易商人の言語と先住民や移住してきた人々の言語などが混合してできた言語が母語として使用されるようになった言語を何というか。	19 クレオール(混成)語

衣食住

★ 1	朝鮮半島の民族衣装(ハンボク(韓服))で,男性はパジ(袴),女性はチマ(裳)とともに用いる上着のこと	1 チョゴリ

を何というか。

★ 2　ベトナムの正装として着用する民族衣装を何というか。長い着物を意味し，クワンと呼ばれる緩やかな「ズボン」と組み合わせる。　　2 アオザイ

★ 3　インド・スリランカ・バングラデシュ・パキスタン・ネパールなど南アジアの女性が着る民族衣装を何というか。サンスクリット語で「細長い布」に由来。　　3 サリー

★ 4　イスラーム教徒の女性の外出着で，イランなどで用いられる，頭から足下まで黒の布で被う服装のことを何というか。　　4 チャドル

★★ 5　朝鮮半島で伝統的な料理で漬物の総称を何というか。塩漬けの野菜を主に，魚介類を加え，トウガラシ・ニンニク・ショウガなどで味つける。　　5 キムチ

★ 6　中国の四大料理の1つで，盆地の気候風土に適応して，ニンニクやトウガラシを用いた「辛さ」を特徴とし，麻婆豆腐が代表的な料理を何というか。　　6 スーチョワン(四川)料理

★ 7　ベトナム料理を代表する，米の粉でつくった平麺を何というか。　　7 フォー

★ 8　インドから西アジアで広く食され，小麦粉を原料とし発酵させてつくられるパンを何というか。　　8 ナン

★ 9　インドから西アジアで広く食され，小麦粉を原料とし発酵させないでつくられるパンを何というか。　　9 チャパティ

★10　イスラームで禁じられていること。とくに，豚やアルコールなど食べることを禁じられた食品のことを何というか。　　10 ハラーム

★11　上記10に対して，イスラームで食べることを許されている食品を何というか。　　11 ハラールフード

★12　バレンシア地方で生まれた料理で，米・肉・魚介類・野菜などを炊き込み，サフランを加えたスペインの料理のことを何というか。　　12 パエリア

★13　ウクライナ・ロシアの代表的なスープ料理で，テーブルビートと牛肉・タマネギ・ジャガイモ・ニンジンなどを煮込み，サワークリームを加えたスープのことを何というか。　　13 ボルシチ

★14　メキシコの料理で，トウモロコシの粉を練って薄く円形に伸ばして焼いたものを何というか。肉・魚・　　14 トルティーヤ

	野菜などの具を挟んでタコスに用いる。	
★15	アンデス山脈に住む先住民が考案したジャガイモを乾燥させた保存食のことを何というか。	15 チューニョ
★★16	モンゴルの遊牧民の家屋で，ドーム状の屋根と円筒型の壁を組み合わせ，その上に羊毛のフェルトを張った移動式家屋を何というか。中国ではパオ(包)，中央アジアではユルトという。	16 ゲル
★★17	湿潤な東南アジアなどの熱帯地方で多くみられ，湿気や動物の被害を防ぐために，床を高くした住居を何というか。	17 高床式住居
★★18	西アジア・北アフリカ・スペイン・中央アメリカなどの乾燥地域で多く用いられ，粘土とワラを練り固めてつくられた建築材料を何というか。	18 日干しれんが(アドベ)
★19	イヌイット(エスキモー)の冬の家で，氷や雪でつくられた半地下式の家屋を何というか。夏の家屋はトナカイやアザラシの皮でつくられたテント式で，ツピクと呼ばれる。	19 イグルー
★★20	朝鮮半島によくみられる伝統的な床暖房で，床下に煙道を配してかまどの熱を暖房を行なう設備を何というか。現代では温水床暖房が多い。また，熱源も灯油・ガス・電気などに変化している。	20 オンドル
★21	農家の敷地内につくられ，防風・防火などの防災機能をもち，用材・薪炭材などにも利用される樹林を何というか。	21 屋敷林

4 人種・民族問題

★★1	ラサ(拉薩)を区都とする中国の自治区で，チベット仏教(ラマ教)の信者が多く，自治権拡大を求める運動がおきている自治区を何というか。	1 チベット(西蔵)自治区
★★2	ウルムチ(烏魯木斉)を区都とする中国の自治区で，イスラームの信者が多く，自治権拡大を求める運動がおきている自治区を何というか。	2 シンチヤンウイグル(新疆維吾爾)自治区
★3	第二次世界大戦後のインドシナ戦争，ベトナム戦争，ベトナム・カンボジアの政情不安などから生じた難民を何というか。	3 インドシナ難民
★4	インドネシア，スマトラ島の北端に位置する州で，	4 アチェ州

長いことイスラーム教徒による分離独立運動がおきていた州を何というか。2005年和平成立。

★★ 5　マレーシアにおけるマレー人優先政策を何というか。　　　　5　ブミプトラ政策

　 6　フィリピンのミンダナオ島の中西部に居住するイスラーム教徒で，激しい分離独立運動を行なった民族を何というか。　　　　6　モロ民族

★ 7　シンハラ（シンハリ）人とタミル人がしばしば対立・抗争し，2009年に紛争が終結した国はどこか。　　　　7　スリランカ

★ 8　ヨーロッパにおけるユダヤ人差別や虐殺を背景に，ユダヤ人祖先の地エルサレム（シオンの丘がある）を中心としたパレスチナの地に，ユダヤ人国家を創設しようとして続けてきた運動を何というか。　　　　8　シオニズム運動

★★ 9　1948年にアラブ人の居住地にイスラエルが建国されたことにより，紛争が続いている地中海東岸，ヨルダン川以西の地方を何というか。　　　　9　パレスチナ

★10　パレスチナ難民の祖国復帰，アラブ人によるパレスチナ国家再建をめざす組織で，国際連合でもパレスチナ人の代表機関として認められている機構を何というか。2012年ユネスコ加盟，2013年，国連のオブザーバー国家の資格を獲得。　　　　10　PLO（パレスチナ解放機構）

　11　1993年の和平交渉で，ともにパレスチナ人の暫定自治が認められた次の2つの地区はどこか。　　　　11

　★★ a．住民の大多数がパレスチナ難民とその子孫。事実上イスラエルによって封鎖。しばしばイスラエルと対立する自治区。　　　　a．ガザ地区

　★★ b．自治政府が実効支配している地域は2割未満。6割はイスラエルが支配。ユダヤ人入植地が拡大し，分離壁の建設が進められている地区。　　　　b．ヨルダン川西岸地区

★★12　イラン・イラク・トルコ・アルメニアにまたがる高原に居住し，牧畜や農業に従事する人々で，自治・独立の要求が強い民族を何というか。シリア内戦などで難民も多い。　　　　12　クルド人

★13　上記12の民族の居住地域を何というか。　　　　13　クルディスタン

★★14　1979年の革命によって，王制からイスラームのシーア派中心の共和制に移行し，しばしば欧米諸国と対立している国はどこか。　　　　14　イラン

★★15	大量破壊兵器の存在疑惑などを理由に米英軍が侵入し(2003年)，独裁政権を倒し，米英軍が撤退した後もスンニ派とシーア派の対立など政情不安が続く西アジアの産油国はどこか。	15 **イラク**
★★16	同時多発テロの報復のため米・英軍が出動し，新政府が発足したが，治安は回復せず，反政府勢力との内戦が続く西アジアの国はどこか。	16 **アフガニスタン**
★17	トルコ系住民とギリシャ系住民の対立が長く続き，北部のトルコ系の共和国と南部のギリシャ系の共和国(国連・EUに加盟)が並存している西アジアの国はどこか。	17 **キプロス**
★★18	南アフリカ共和国で1991年に完全に廃止された人種差別政策。大多数を占める黒人を差別し，居住区の隔離，職業選択の制限などを行なってきた人種隔離政策を何というか。	18 **アパルトヘイト**
★19	1967〜70年，ナイジェリア国内の民族対立が原因となって引きおこされた内戦で，多くの餓死者や死傷者をだした戦争を何というか。	19 **ビアフラ戦争**
20	ナイジェリアを構成する多様な民族集団のうち，次の説明にあてはまる民族を答えよ。	20
★a.	ナイジェリア東部，ニジェール川下流域に居住し，1967年にビアフラ共和国樹立を宣言した民族。主としてキリスト教徒が多い。	a. **イボ人**
★b.	ナイジェリア西南部に居住し，伝統的な自給農業のほか，カカオや油やしの栽培を行ない，イバダンなどの都市国家を建設した民族。主としてキリスト教徒が多い。	b. **ヨルバ人**
★c.	ナイジェリア北部の半乾燥草原に居住し，落花生・綿花の栽培や牧畜を行なうとともにサハラ交易にも従事した民族。主としてイスラーム教徒が多い。	c. **ハウサ人**
★21	アフリカ中央部に位置する内陸国で，ツチ族とフツ族の対立から内戦に拡大，大量虐殺事件があった国はどこか。	21 **ルワンダ**
★22	「アフリカの角」と呼ばれる半島部に位置する国で，長いこと武装勢力が全土に割拠，内戦・無政府状態が続いた国はどこか。2012年南部に共和国政府が発	22 **ソマリア**

足したが，北部・北東部は別の政府が実効支配している。

★23 2011年，スーダンから分離・独立した国はどこか。非アラブ系の住民が多く，キリスト教徒や伝統的な宗教を信じる住民が多い。産油国。　23 南スーダン共和国

★24 スーダン政府軍およびアラブ系民兵組織と非アラブ系住民の間で紛争が続いているスーダン西部の地方を何というか。水資源や土地問題，石油資源の利権なども対立の要因。　24 ダルフール

25 2010年から11年にかけて，チュニジアでおきた独裁政権打倒と民主化の動きを何というか。　25 ジャスミン革命

★26 2010年から11年にかけてアラブ世界において発生し，チュニジア・エジプト・リビア・イエメンなどの独裁政権打倒に結びついた民主化要求の動きを何というか。　26 アラブの春

★27 イギリスで，先住民のカトリック教徒のケルト住民とスコットランド・イングランドから移住したプロテスタント教徒の住民との間で，政治的・経済的対立が長く続いていた地域はどこか。1998年和平合意，2007年自治政府復活。　27 北アイルランド

★28 北部のオランダ系フラマン人と南部のフランス系ワロン人との間で対立がみられ，3言語共同体・3地域の連邦制を取っている国はどこか。　28 ベルギー

★29 スペインとフランスの国境地帯に位置し，住民の多くはカトリック教徒で，分離・独立の運動がおきている地域を何というか。中心都市はかつて鉄鋼で栄えたビルバオ。　29 バスク

★30 スペイン北東部，エブロ川流域を中心に位置し，自治権拡大や独立の要求の強い地方を何というか。中心都市バルセロナ。　30 カタルーニャ（カタロニア）地方

★31 旧ユーゴスラビアの解体後，独立をめぐって，クロアチア人（カトリックが多数）・ムスリム（ボシュニャク）・セルビア人（セルビア正教徒）間で激しい対立・内戦が続いたが，1995年の和平協定でクロアチア人とムスリムによる連邦とセルビア人の共和国が並存している連邦国家を何というか。　31 ボスニア・ヘルツェゴビナ

★32	セルビア共和国の旧自治州で，アルバニア系住民が多く居住し，2008年セルビアから分離独立した国を何というか。	32 コソボ
★33	ロシア連邦内カフカス地方に位置する共和国（首都グロズヌイ）で，住民の多くがイスラーム教徒であり，独立を要求してロシア連邦と激しい対立・紛争が続いている共和国を何というか。	33 チェチェン
★34	国内にアルメニア人が多く居住するナゴルノ゠カラバフ自治州の帰属をめぐって，アルメニアと対立している共和国を何というか。	34 アゼルバイジャン
★35	カナダ東部の州で，フランス系住民が多く居住し，主権の拡大，カナダからの分離・独立の要求が強い州はどこか。	35 ケベック州
★36	カナダ北部に位置するイヌイットの自治が認められている準州はどこか。	36 ヌナブト準州
★37	奴隷制度の廃止後も続いた黒人差別に反対する運動で，1950年代から60年代にかけてアメリカ合衆国でおきた，雇用・教育・選挙などでの黒人差別を撤廃する運動をとくに何というか。	37 公民権運動
★38	ヨーロッパ系以外の人々の移民を制限・禁止し，「白人だけのオーストラリア」をつくろうとした政策で，1970年代に全面撤廃された政策を何というか。	38 白豪主義
★39	カナダや白豪主義を撤廃した後のオーストラリアが進める政策で，多様な民族や文化の混在・共存を積極的に評価する考え方を何というか。	39 多文化主義
★40	国内の多様な人種・民族の融合を意味する「人種・民族のるつぼ」という考えに対して，多様な人種・民族集団が各自の文化・社会を維持し，各々が並存し，調和を図るという考えを食器に例えて何というか。	40 人種・民族のサラダボウル
★41	国家間の紛争，国内の政治や宗教をめぐる紛争や対立，経済的混乱などが原因で，他の地域・国へ移住を余儀なくされた人々を何というか。	41 難民
★42	上記41の人々の保護，自発的な帰国，または第三国での定住などを援助・支援する国連の機関を何というか。	42 UNHCR（国連難民高等弁務官事務所）

第1章 民族

第Ⅲ部 生活と文化

第2章 人口

1 人口分布と人口密度

★ **1** 地球上の全陸地面積の約90%を占める人類の居住し、生活している地域を何というか。 — **1 エクメーネ**

★ **2** 地球上の全陸地面積の約10%を占める人類が常住していない地域を何というか。 — **2 アネクメーネ**

★★ **3** ある地域の人口を、土地の面積で除した単位面積（一般には $1\,km^2$）あたりの人口を何というか。 — **3 人口密度**

4 一人ひとりの人間の重さを同じと仮定した場合に、ある地域の人口の重さのバランスを保つ支点にあたる位置を何というか。 — **4 人口重心**

5 国勢調査において、一調査区（約50世帯）の人口密度が $1\,km^2$ につき4,000人以上であり、そのような調査区が隣接し合って、人口の合計が5,000人以上に達するような地区を何というか。 — **5 人口集中地区（DID）**

2 人口の増減と移動

★ **1** 1国の人口や産業などについて、期日を決めて全国的に行なう調査で、日本では1920（大正9）年以来、5年ごとの10月1日に実施している総合調査を何というか。 — **1 国勢調査（センサス）**

2 出生・死亡・結婚・転出・転入など、ある地域における一定期間の人口の変化を何というか。 — **2 人口動態**

★★ **3** ある地域の一定期間における、総人口に対する人口増加の割合で、一般に千分率（‰、パーミル）で表わされる値を何というか。 — **3 人口増加率**

★★ **4** ある地域の一定期間における、総人口に対する出生数の割合で、一般に千分率（‰）で表わされる値を何というか。 — **4 出生率**

★★ **5** ある地域の一定期間における、総人口に対する死亡数の割合で、一般に千分率（‰）で表わされる値を何というか。 — **5 死亡率**

★★ **6** 乳児（1歳未満）と幼児（6歳未満）を合わせた死亡率 — **6 乳幼児死亡率**

を何というか。

★★ 7 ある地域の一定期間における，出生率から死亡率を差し引いた値を何というか。

7 自然増加率

★★ 8 1人の女性が，生涯の間に平均して何人の子どもを出産するかを示した数値を何というか。

8 合計特殊出生率

9 現在の死亡状況が続くとして，ある年齢の人があと何年生きられるという期待値を何というか。

9 平均余命

★10 ある年の0歳児の平均余命を何というか。

10 平均寿命

11 次の説明にあてはまる自然増加の類型の名称を答えよ。

11

★a. 出生率・死亡率ともに高い人口漸増型で，人口を支える社会的な力が弱い伝統的な農業社会や工業化が進まない発展途上国などにみられるタイプ。

a. 多産多死型

★b. 医療の進歩，医薬品・公衆衛生の普及などにより，死亡率が急激に低下し，人口が急増する型で，開発が進行中の発展途上国にみられるタイプ。

b. 多産少死型

★★c. 出生率・死亡率ともに低く，自然増加が緩慢または停滞状態にある先進国にみられるタイプ。

c. 少産少死型

★12 多産多死型から多産少死型へ，さらに多産少死型から少産少死型へと，人口増加のタイプが移行することを何というか。

12 人口転換（人口革命）

13 出生率と死亡率が平衡状態を示し，増加も減少もしない状態の人口を何というか。

13 静止人口

★14 ある地域の一定期間における，移入人口から移出人口を差し引いた値は何を表わしているか。

14 社会増減

★★15 農閑期における酒造り職人（杜氏）の移動，大都市での土木・建設工事に従事する人々の移動，また，果実の収穫期のための移動など，特定の季節だけの一時的な人口移動を何というか。

15 出稼ぎ

16 ヨーロッパから南北アメリカ大陸への移民，日本の北海道開拓に伴う移住など，永住の地を他地域に求めて行なわれる人口移動を何というか。

16 永久的移動

17 次の説明にあてはまる人口の国内移動に関連する用語を答えよ。

17

★a. アメリカ合衆国の西部開拓を支えた大規模な移住。

a. 西漸運動

★b. 上記aの運動の最前線をさす言葉。

b. フロンティア（開

- **c.** 19世紀後半，新しく発見された金鉱に一攫千金（いっかくせんきん）を夢みて押しかけた現象。アメリカ西部やオーストラリアなどに鉱山都市が出現した。 — c. ゴールドラッシュ
- **d.** 改革開放政策以後の中国で，農村部から沿岸部の大都市へ多くの出稼ぎ労働者が押し寄せている人口移動。 — d. 民工潮（みんこうちょう）
- **e.** 人口移動を制限するために設けられた中国の戸籍制度で，農村の居住者に認められた戸籍。都市の居住者に認められた都市戸籍の対語。 — e. 農村戸籍
- **f.** 北陸・東北・山陰方面から灘（なだ）地方などの酒造地へ出かけ，酒造りに従事する職人。 — f. 杜氏
- **g.** 農山漁村において，一家全体が村を離れて他地域へ移住すること。 — g. 挙家離村（きょかりそん）
- **h.** 地方からいったん大都市にでた人々が，再び郷里に移り住む現象。 — h. Uターン現象
- **i.** 地方からいったん大都市にでた人々が，再び郷里に近い地方中心都市に移り住む現象。 — i. Jターン現象

18 自国を去って，他国に移り定住する人口の国際移動を何というか。 — 18 移民

19 次の人口の国際移動に関して答えよ。
- **a.** 明治期以来，日本から最も多くの移民を送りだしたラテンアメリカの国はどこか。 — a. ブラジル
- **b.** 人口過剰や政治不安定などの理由により，国外に移住した中国人を総称して何というか。フーチェン（福建）省やコワントン（広東）省など，中国南部から東南アジアに移住した人々が多い。 — b. 華僑
- **c.** おもに東南アジアなどで，現地で生まれ，その国の国籍を取得して定住している中国系住民を何というか。 — c. 華人
- **d.** イギリスの植民地時代に，インドから東南アジア・東アフリカなどインド洋周辺諸国に移住した，インド系住民を総称して何というか。 — d. 印僑
- **e.** 人口の国際移動の結果，マレー系住民（人口の約60％），中国系住民（人口の約23％），インド（タミル）系住民などの複合した社会をつくっている，東 — e. マレーシア

南アジアの国はどこか。
- ★**f.** ドイツが第二次世界大戦後、トルコや旧ユーゴスラビアなどから受け入れた移民労働者をとくに何というか。

f. ガストアルバイター

3 人口構成

★★**1** 人口を性別・年齢別に区分し、その絶対数や総人口に対する比率を示した人口構成を何というか。

1 性別・年齢別人口構成

★★**2** 一般に労働に従事することが可能であるとされる、15歳以上65歳未満の人口を何というか。

2 生産年齢人口

★★**3** 生産年齢人口よりも高年齢層で、65歳以上の人口を何というか。

3 老年人口

★★**4** 生産年齢人口よりも低年齢層で、15歳未満の人口を何というか。

4 年少人口

★★**5** 縦軸に年齢、横軸に年齢ごとの男女別人口数または人口比率を表わした、性別・年齢別人口構成図(グラフ)を何というか。

5 人口ピラミッド

6 次の説明にあてはまる人口ピラミッドの型(タイプ)を答えよ。

6

★★**a.** 総人口に占める低年齢層の割合が大きく、高年齢層が少ない人口構成の型。多産多死型や多産少死型の人口構成で、発展途上国に多くみられる。

a. 富士山(ピラミッド)型

★★**b.** 低年齢層と高年齢層の差が少ない人口構成の型。人口増加の停滞傾向を示す少産少死型の人口構成で、北西ヨーロッパ諸国やアングロアメリカなどの先進国に多くみられる。

b. 釣鐘型(ベル型)

★★**c.** 低年齢層よりも高年齢層の割合が大きい人口構成の型。出生率の低下により、少子高齢化が進み、人口が停滞または減少する傾向を示す人口構成。

c. つぼ型(紡錘型)

★**d.** 都市への人口流出により、生産活動に従事する人々の割合が少なくなった農村型の人口構成。

d. ひょうたん型

★**e.** 農村からの人口流入により、生産活動に従事する人々の割合が大きくなった都市型の人口構成。

e. 星型

7 1国の産業を大きく3つに分類するとき、次のような産業グループを総称して何というか。

7

★**a.** 農業・林業・水産業など

a. 第1次産業

★	b. 鉱業・製造業・建設業など	b. 第2次産業
★	c. 商業・運輸通信業・公務・金融業・サービス業など	c. 第3次産業
★8	就業人口のうち，第1次産業・第2次産業・第3次産業に，それぞれどれだけ従事しているかを示す人口構成を何というか。	8 産業別人口構成

4 人口問題

1	産業革命の進行とそれに伴う人口増加が，食料不足や貧困，犯罪の要因であると考えて，人口増加の倫理的抑制を『人口論』(『人口の原理』)で主張したイギリスの経済学者は誰か。	1 マルサス
★★2	第二次世界大戦後，発展途上国を中心とした急激な人口増加を何というか。	2 人口爆発
★3	人口爆発などの人類の未来を脅かす人口問題に対処するために，1974年，ブカレストで開かれた国連主催の会議を何というか。	3 世界人口会議
★4	人口問題に関して，リプロダクティブ・ヘルツ・アンド・ライツ(性と生殖に関する健康と権利)という女性の権利が登場した，1994年の国際人口開発会議(ICPD)が開かれた都市はどこか。	4 カイロ
★★5	中国において，1980年代から取り入れられた人口抑制政策を何というか。人口抑制には成功したが，男女比のアンバランス，高齢化の進展，労働力不足の懸念などの問題が生じ，2015年に廃止された。	5 一人っ子政策
6	第二次世界大戦後の日本において，1947〜49(昭和22〜24)年は出生率の急上昇により人口が急増した時期である。この人口現象を何というか。	6 第1次ベビーブーム
7	1971〜74(昭和46〜49)年頃は上記6の時期に生まれた世代が結婚・出産適齢期になり，再び出生率が増加した時期であるが，これを何というか。	7 第2次ベビーブーム
★8	大都市に人口や産業が過度に集中し，住宅難や交通渋滞，大気汚染などにより，様々な環境が悪化した状態を何というか。	8 過密
★9	農山漁村から多くの人口が流出し，通常の社会生活を維持することが困難になった状態を何というか。	9 過疎

★10 過疎化・高齢化が進み，経済的・社会的な共同生活が困難になり，存続が危ぶまれている集落を何というか。	10 **限界集落**
★11 子どもの数が減少し，対照的に65歳以上の老年人口の割合が相対的に高くなった社会を何というか。	11 **少子高齢社会**
★12 滞在期限を過ぎても国内で就労している外国人や就労目的ではなく入国したにもかかわらず就労している外国人を何というか。	12 **不法就労者**
★★13 日本で，外国人が単純労働に従事することは認められていないが，例外として単純労働への就労が認められているのはどのような人々か。	13 **日系人**

第3章 村落と都市

1 村落の立地と発達

★ **1** 都市に対して用いられる語で，都市より人口・人口密度・家屋密集度が低く，第1次産業従事者の割合が高い集落を何というか。 — 1 村落

★★ **2** 木曽川・長良川・揖斐川の木曽3川が合流する濃尾平野西南部など，河川の下流部の低湿地にみられ，洪水を防ぐために人工の堤防に周囲を囲まれた集落を何というか。 — 2 輪中集落

★ **3** 上記**2**の集落の住居にみられ，敷地内に盛り土した一段高いところに建て，洪水時の避難用に緊急物資や生活用品を常備しておく家屋を何というか。 — 3 水屋(水塚)

★ **4** 防御や灌漑のために濠を周囲にめぐらした集落を何というか。 — 4 環濠集落

★ **5** 九十九里浜沿岸に典型的にみられ，もともと漁具などを収納しておくためにつくられた小屋へ，親村の人口増加や分家などで人々が定住することからできた集落を何というか。 — 5 納屋集落

★ **6** 地中海沿岸にみられた集落で，外敵，マラリアなどの風土病，野獣の被害などを避けて丘上に立地する集落を何というか。 — 6 丘上集落

★ **7** 大化改新によって制定された班田収授法に基づいて，道路や灌漑水路などが碁盤目状に配置された，奈良盆地などに多くみられる日本最古の計画的な村落を何というか。 — 7 条里集落

8 古代末から中世にかけて，有力な寺社や豪族が扇状地や氾濫原などを開墾し，その私有地を中心に発達した村落を何というか。領家・別所などの地名が残っている。 — 8 荘園集落

9 豪族の屋敷を中心に，その周囲に下役や農民の家屋を配して，全体を濠や土塁・生垣などの防御施設で囲んだ村落を何というか。 — 9 豪族屋敷村

10 おもに名主(地主)が開拓し，そのもとで農耕に従事 — 10 名田百姓村

する小作人たちが定着してできた村落を何というか。開拓地主の名前をつけた地名がみられる。

11 有力な寺社が開拓した土地に、その寺社領を耕作する農民が住みついてできた村落を何というか。　　11 寺百姓村

12 中世の争乱で落武者などが山間僻地に隠れ住んだり、租税を納めることを避けるためにできたといわれる村落を何というか。　　12 隠田集落（隠田百姓村）

★13 江戸時代に、人口増加や土木技術の発達を背景に、台地や低湿地などに新しく開拓された田畑を基盤としてできた村落を何というか。　　13 新田集落

★14 江戸時代に多くの新田集落が開発された、東京都から埼玉県南部、多摩川と荒川の間に広がる洪積台地を何というか。　　14 武蔵野台地

★15 明治時代に、北海道の開拓と防備、あるいは失業士族への授産のためにつくられた、碁盤目状の道路をもつ村落を何というか。　　15 屯田兵村

2 村落の形態と景観

★1 多くの家屋が1カ所に集まっている村落の形態を何というか。　　1 集村

2 次の説明にあてはまる集村の形態を何というか。　　2

★a. 家屋が不規則に塊状に集まっている集落。　　a. 塊村

★b. 自然堤防や海岸、丘陵や台地の麓、道路などに沿って、家屋が列状になっている集落。　　b. 列村

★c. 新田集落などにみられる形態で、家屋が道路に沿って細長く並んでいる集落。　　c. 路村

d. 家屋が道路に沿って細長く密集し、商店を含むなど、道路交通への依存度が大きい集落。　　d. 街村

★e. エルベ川以東のスラブ系民族の居住地に多くみられる、中央の広場を囲んで家屋が環状に並んでいる集落を何というか。　　e. 広場村（円村・環村）

★f. 中世のドイツやポーランドの森林地域の開拓によって発達した集落で、道路の両側に家屋が列状に並び、その背後に耕地・草地・森林が細長く続く村落を何というか。　　f. 林地村（林隙村）

g. ヨーロッパの低湿地の干拓地帯に多くみられる、　　g. 沼沢地村（湿地

		微高地や水路の両側に家屋が並ぶ村落を何というか。	村)
★	3	集村の対語で，家屋が1戸ずつ分散している村落の形態を何というか。	3 散村
★	4	富山県西部，庄川が形成する扇状地性の平野で，典型的な散村がみられる平野を何というか。	4 砺波平野
★	5	広い地域を経緯線方向に碁盤目状の地割をし，散村をつくったアメリカ合衆国やカナダの公有地分割制度を何というか。	5 タウンシップ制

3 都市の立地と発達

立地

★★	1	村落に対して用いられる語で，村落より人口・人口密度・家屋密集度が大きく，第2次・第3次産業従事者の割合が高い集落を何というか。	1 都市
★	2	青梅・飯能・寄居など関東山地東麓に典型的にみられ，河川が山地から平地にでる地点に立地した集落を何というか。	2 谷口集落(渓口集落)
	3	アパラチア山脈東麓，ピードモント台地と大西洋岸の海岸平野との境にみられる滝に沿って立地している都市群を何というか。河川交通の終点の河港であることや，水力を利用した工場の立地が都市の発達を促した。	3 滝線都市(瀑布線都市)
	4	島田・金谷・フランクフルトなどのように，道路交通と河川交通の接点(渡し場)に立地した集落を何というか。	4 渡頭集落(渡津集落)
	5	大井川を挟んだ島田と金谷，ミシシッピ川を挟んだミネアポリスとセントポールのように，渡頭集落としての機能をもち，川を中心に向かい合っている2つの都市を何というか。	5 双子都市
★	6	中南アメリカやアフリカ東部などの低緯度地方の都市のように，低地の暑さを避けて，山地の中腹以上の地点に立地した都市を何というか。	6 高山都市
	7	次の説明にあてはまる高山都市名を答えよ。	7
★★	a.	アナワク高原の中心に位置するメキシコの首都。	a. メキシコシティ
★	b.	アンデス山脈北部に位置するコロンビアの首都。	b. ボゴタ

- ★c. アンデス山脈北部，赤道直下に位置するエクアドルの首都。 — c. キト
- ★d. アンデス山脈中部，アルティプラノ高原に位置するボリビアの首都。 — d. ラパス

発達

1. テーベ(エジプト)，古代ローマなど，古代に発達し，政治・宗教・軍事などの機能をあわせもった都市を総称して何というか。 — **1 古代都市**

★2. 古代都市や中世ヨーロッパの都市にみられた，外敵を防御するため，石・土・レンガなどを積み上げた防御用の城壁を市域の外周にめぐらした都市を何というか。 — **2 城塞都市(囲郭都市・城郭都市)**

3. 次の説明にあてはまる古代都市の名称を答えよ。

   - ★a. 古代国家バビロニア(メソポタミア)の首都で，ユーフラテス川沿いに位置する城塞都市。世界最古の計画都市といわれている。 — a. バビロン
   - ★b. 古代ギリシアの都市国家から発展した都市。アクロポリスの丘にはパルテノン神殿やニケ神殿が建つ。 — b. アテネ
   - ★c. テヴェレ川下流に位置する古代ローマ帝国以来の首都。市内のバチカン市国はカトリックの総本山。 — c. ローマ
   - ★d. 古代カルタゴの史跡があり，カスバを中心とした旧市街地とフランス植民地時代に建設された新市街地とにより構成されている。 — d. チュニス
   - ★e. 中国，ウェイ川(渭河)沿いに，囲郭と直交路型街路網をもつ都市として計画的に建設され，日本の平城京や平安京の範となった唐の都。 — e. チャンアン(長安)(現シーアン(西安))
   - ★f. 唐の都のチャンアン(長安)を模して，奈良時代に造営された奈良盆地の都。 — f. 平城京
   - g. 唐の都のチャンアン(長安)を模して，平安時代に造営された京都盆地の都。 — g. 平安京

4. 中世の封建領主の居城・教会・市場を中心として発達し，商工業的機能をあわせもっていた都市で，中世ヨーロッパでは，城壁をめぐらした城塞都市として発達した都市を総称して何というか。ドイツのネルトリンゲンなどが例。 — **4 中世都市**

5	ヴェネツィア・ハンブルク・堺などのように，手工業や商業などの経済力を背景に市民の自治が行なわれ，政治的にも軍事的にも国王や封建領主の支配から独立していた都市を何というか。	5 自由都市（自治都市）
★6	中世において，北西ヨーロッパに位置するハンブルク・ブレーメン・リューベックなどの自由都市の間で結ばれた都市同盟を何というか。	6 ハンザ同盟
7	今井(橿原市)・富田林などのように，浄土真宗(一向宗)の寺院を中心として発達し，濠・土塁などの防御施設の内側に信徒たちが集まってできた町を何というか。	7 寺内町
★8	成田・高野・長野などのように，広範な信仰圏をもつ寺院の参道に並ぶ土産物店・飲食店・旅館などを中心に発達した町を何というか。	8 門前町
9	伊勢・日光・琴平・大社などのように，広範な信仰圏をもつ神社の参道に並ぶ土産物店・飲食店・旅館などを中心に発達してできた町を何というか。	9 鳥居前町
10	中世の商業・交通の発達に伴い，交通の要地や異質の経済地域の結接点に開かれた定期市を中心に発達した商業都市を何というか。	10 市場町
11	堺・長崎などのように，中世の交通・商業の発達に伴い，港を中心に成立・発展した都市を何というか。	11 港町
★12	戦国時代末期から江戸時代初期に，領主(大名)の居城を中心に建設され，武家屋敷・商人町・職人町・寺町などを計画的に配置した都市を何というか。	12 城下町
★13	街村形態をなし，その中心に本陣・脇本陣・旅籠屋・問屋などがおかれた，江戸時代に街道沿いの宿駅を中心に発達した町を何というか。	13 宿場町

道路・街路網形態

1	城下町にみられる，防御のために急角度に曲げたり，行き止まりをつけたりした道路形態を何というか。	1 かぎ型道路・丁字型(T字型)道路
★2	シカゴ・チャンアン(長安)・京都などのように，直線道路を直交させた道路網の形態を何というか。	2 直交路型道路網(碁盤目状街路)
★3	ワシントン・ニューデリー・帯広などのように，中心部からの放射状の道路と直交する碁盤目状の道路	3 放射直交路型道路網

とを組み合わせた道路網の形態を何というか。

★ 4 キャンベラ・カールスルーエ・ターリエン(大連)などのように、中心部からの放射状の道路と同心円の環状道路とを組み合わせた道路網の形態を何というか。　　4 **放射同心円(環状路)型道路網**

★ 5 ダマスカスなどのイスラーム圏の古都にみられ、細く曲りくねった袋小路状の不規則な道路網の形態を何というか。　　5 **迷路型道路網**

★★ 6 旧市街に上記5の道路網がみられるイランの首都はどこか。　　6 **テヘラン**

▲ 7 迷路のような狭い通りに軒を連ねて商店などが並ぶ、イスラーム圏の都市にみられる市場を何というか。　　7 **バザール，スーク**

4　都市の機能

1 物資の生産をおもな機能とする都市を総称して何というか。　　1 **生産都市**

2 焼津・銚子・ベルゲン・グリムズビー・ムルマンスクなどのように、水揚量の多い漁港で、漁獲物の加工・貯蔵・輸送施設をもつ都市を何というか。　　2 **水産都市**

3 能代・新宮・シトカ・アルハンゲリスクなどのように、林産物の取り引きや加工などが盛んな都市を何というか。　　3 **林業都市**

★ 4 キルナ・ヨハネスバーグ・サドバリなどのように、地下資源の開発に伴って発達した都市を何というか。　　4 **鉱業都市(鉱山都市)**

★ 5 北九州・豊田・デトロイト・マンチェスター・エッセンなどのように、工業機能を中心として発達した都市を何というか。　　5 **工業都市**

★ 6 大阪・フランクフルトなどのように、問屋・卸売・小売・金融・保険などの商業的機能に大きく依存する都市を何というか。　　6 **商業都市**

★ 7 物資の流通をおもな機能とし、商業・金融・貿易・交通などの機能が卓越している都市を総称して何というか。　　7 **交易都市**

8 横浜・ニューヨーク・ホンコン(香港)などのように、海外との貿易を行なう港湾をもち、外国相手の銀行・商社・倉庫が集中している都市を何というか。　　8 **貿易都市**

9 米原・パナマ・アンカレジなどのように，交通路の分岐点・交差点，貿易港・空港などの交通の要地を占め，交通業への依存度の高い都市を何というか。

9 交通都市

10 政治・軍事・文化・宗教・観光などが都市の基盤をつくり，消費をおもな機能とする都市を総称して何というか。

10 消費都市

★11 首都など，政治や行政の中心として発達し，国家や地方の行政機関などが集中している都市を何というか。

11 政治都市

12 次の説明にあてはまる政治都市を答えよ。

12

★★a. アメリカ合衆国東部のポトマック河畔に位置する同国の首都。連邦政府直轄地。

a. ワシントン

★★b. ブラジル高原東部に位置する計画都市で，1960年に旧首都のリオデジャネイロから遷都。

b. ブラジリア

★★c. オーストラリア南東部に位置する計画都市で，連邦政府直轄地。典型的な政治都市。

c. キャンベラ

★★d. ドイツ東部に位置し，第二次世界大戦後，東西に分断されたが，1990年，東西ドイツの統一によって再び首都となった。

d. ベルリン

★★e. かつて，オーストリア＝ハンガリー帝国の首都として発展。音楽の都として知られるオーストリアの首都。

e. ウィーン

★f. ヴィスワ川に面するポーランドの首都で，第二次世界大戦で市街の大部分を破壊されたが，歴史的景観を復旧した。

f. ワルシャワ

★★g. ムガール帝国時代の首都であった旧市街地とイギリス統治時代に計画的につくられた新市街地とが統一されたインドの首都。

g. デリー

★h. ナイジェリアのほぼ中央部に位置する同国の首都。民族対立緩和の意図もあって旧首都のラゴスから遷都。

h. アブジャ

13 横須賀・ポーツマス・トゥーロンなどのように，兵営・軍港・航空基地などの軍事施設を中心として発達した都市を何というか。

13 軍事都市

14 伊勢・天理などのように，神社・寺院・教会などを中心に発達し，多くの参詣者に関連した商業も盛んな都市を何というか。

14 宗教都市

15 次の説明にあてはまる宗教都市を答えよ。

a. ユダヤ教，キリスト教，イスラーム教の3つの宗教の聖地。イスラエルはこの都市を首都であると主張している。

b. ムハンマド（マホメット）の生誕の地で，イスラーム教の聖地。イスラーム教徒の礼拝は，この都市に向かって行なわれ，巡礼はこの都市のカーバ神殿を詣でる。

c. 古くから隊商路の中継地として発展。ムハンマドの廟があるイスラーム教の聖地。

d. インド北東部，ガンジス川中流に位置し，ヒンドゥー教・仏教・ジャイナ教の聖地。

e. 中国チベット（西蔵）自治区の区都で，チベット仏教（ラマ教）の聖地。

f. アメリカ合衆国ユタ州の州都で，モルモン教会の本部がある。

g. 栃木県西北部に位置し，江戸時代から東照宮の鳥居前町として発達。

h. 長野盆地に位置し，善光寺の門前町として発達。

16 京都・鎌倉・アテネ・ホノルルなどのように，史跡や景勝をもち，多くの観光客を集める都市を何というか。

17 熱海・軽井沢・カンヌ・ニースなどのように，気候・風景にも恵まれ，避暑・避寒・スポーツ・療養を目的とする人々が多く訪れる都市を何というか。

18 つくば・オックスフォード・ハイデルベルク・バークレイなどのように，大学や研究所を中心に発達した都市を何というか。

15
a. エルサレム
b. メッカ
c. メディナ
d. ヴァラナシ（ベナレス）
e. ラサ（垃薩）
f. ソルトレークシティ
g. 日光
h. 長野
16 観光都市
17 保養都市
18 学園都市（学術都市）

5 都市化と都市の地域分化

1 耕地の宅地化，工場や商店の進出，通勤者の増加など，中心都市の発展により，その周辺地域の土地利用や人口構成が村落的性格から都市的性格をもつようになる現象を何というか。

2 物資やサービスの需給関係・通勤関係などを通して，中心都市の勢力・影響が及んでいる地域を何という

1 都市化

2 都市圏

か。

- ★**3** 大都市の都心部に集中する中央官庁、企業や金融機関の本社などのように、政治・経済活動の中心となる機能を何というか。
- ★**4** 東京の丸の内や大手町などのように、大都市の都心部に位置し、行政・金融・企業などの中枢管理機能が集中している地区を何というか。
- **5** 次の都市のC.B.D.を答えよ。
  - ★**a.** ロンドン。
  - ★**b.** ニューヨーク。マンハッタン区に位置する。
- ★**6** 東京の銀座や日本橋のように、C.B.D.に隣接し、各種の高級品・流行品を扱う商店や広範囲の商圏をもつ卸売業が多く集まり、都市内部やその周辺地域からの買物客でにぎわう地区を何というか。
- ★**7** 東京の新宿・池袋・渋谷、大阪の天王寺などのように、都市の発展によって、交通ターミナルを中心に形成された、都心の機能の一部を分担する地区を何というか。
- ★**8** 東京周辺の所沢・市川、大阪周辺の池田・豊中などのように、大都市の周辺に位置し、中心都市の機能の一部を分担する中小都市を何というか。
- ★**9** 東京・シャンハイ(上海)・ロンドン・ニューヨークなどのように、数百万人以上の人口をもち、政治・経済・文化などの中心をなす大都市を何というか。
- ★**10** メキシコシティやバンコクなどのように、国の政治・経済・産業などの諸機能が著しく集中し、その国の人口第1位の大都市を何というか。
- ★**11** 京浜地方・阪神地方・ルール地方などのように、市街地の拡大によって、隣接する2つ以上の都市が連続して1つの都市域を形成した都市群を何というか。
- ★**12** フランス人地理学者ゴットマンが、アメリカ合衆国のボストンからワシントンに至る地域に命名した。連続する大都市が交通・通信機関によって結ばれ、密接な相互関係をもちながら、政治・経済・社会・文化活動を展開するようになった地域を何というか。
- ★**13** 東京大都市圏から東海地域を経て京阪神地域に至る

3 中枢管理機能(管理中枢機能)

4 C.B.D.(中心業務地区)

5
  a. シティ
  b. ウォール街

6 中心商店街

7 副都心

8 衛星都市

9 巨大都市(メトロポリス)

10 首位都市(プライメートシティ)

11 コナーベーション(連接都市)

12 メガロポリス(巨帯都市)

13 東海道メガロポリス

	大小の都市が連続し，新幹線・高速道路の整備によって，相互に密接に結びついた地域を何というか。	
14	札幌・仙台・広島・福岡などのように，行政や経済の中枢管理機能が集中し，その影響圏が県域をこえ，より広い地方ブロックにまで及んでいる都市を何というか。	14 地方中枢都市（広域中心都市）
★15	わが国における人口50万人以上で人口密度の高い都市のうち，都道府県と同程度の行政権を与えられた，大阪・名古屋・京都・横浜・神戸・北九州・札幌・川崎・福岡・広島・仙台・千葉・さいたま・静岡・堺・浜松・新潟・岡山・相模原・熊本の20の都市を何というか。	15 政令指定都市
16	わが国における人口30万人以上の都市のうち，政令指定都市に準じて行政の権限をもつようになった地方中心都市を何というか。	16 中核市
17	様々な都市を，大都市と中小都市，首都と地方都市，中心都市と周辺都市など相互関係の中で位置づける都市の階層性のことを何というか。	17 都市システム
18	周辺地域に物資やサービスを提供する機能と，様々な形で人々を集める求心性をもつ1つの領域・地域の中心点を何というか。この機能と分布から，ドイツの地理学者クリスタラーは都市の階層構造を体系化した。	18 中心地
19	連邦制をとるドイツのように，政治や経済の機能が国土の各都市に分散し，各都市が交通・情報によって結ばれている都市システムを何というか。	19 多極分散型都市システム
★20	上記19とは逆に，政治や経済の機能が首都など1点に集中している都市システムを何というか。	20 一極集中型（中央集権型）都市システム

6 都市問題と都市計画

★1	ある地域に住民登録をして，常住している人口を何というか。	1 夜間人口（常住人口）
★2	上記1に対する語で，ある地域における通勤・通学などの移動人口を加減した日中の人口を何というか。	2 昼間人口
★3	都市内部における地価の高騰や生活環境の悪化などによって職住の分離が進み，都心部の夜間人口が減	3 ドーナツ化現象

少し，周辺部で人口が増加する現象を何というか。

4 都心部や旧市街の夜間人口が減少し，地域経済の衰退や環境の悪化が懸念される現象を何というか。 — 4 都心の空洞化

★★5 上記4の結果，都心部にあって，住宅・教育・治安・衛生など諸環境が悪化し，都市機能が低下している地域を何というか。 — 5 インナーシティ

★★6 ニューヨークのハーレムやウェストサイド，ロンドンのイーストエンド，また，発展途上国の大都市の都心部やその周辺などに，低所得者層の人々が居住することで形成された住環境の悪い住宅地区を何というか。 — 6 スラム

★7 リオデジャネイロなどブラジルの大都市にみられるスラムを何というか。 — 7 ファベーラ

★8 家族の保護を受けられなかったり，住む家がなかったりなどで，街頭で日雇いや物売りなどでその日暮らしをしている子供たちを何というか。 — 8 ストリート＝チルドレン

★9 公の統計などにも記録されず，行政も把握しきれていない経済活動の分野を何というか。路上での販売や行商，非公式なごみ収集など，発展途上国の都市で多くみられる分野。 — 9 インフォーマルセクター

★10 スラムの一掃や住宅の高層化，街路・広場・公園の整備など，都市内部の改造を目的とした都市計画を何というか。 — 10 市街地再開発

★★11 かつてイギリスの貿易・海運業の発展に伴って，ドックなど各種港湾施設が集中していたが，第二次世界大戦後に衰退したロンドンのシティの東側（イーストエンド）の地域で，1980年代に再開発が進んだ地域を何というか。 — 11 ドックランズ

★12 1958年以来のパリ再開発事業の中心地で，古い住宅を壊し，新しく公共施設・事務所・高層住宅群が建設された，パリ西郊の地区を何というか。 — 12 ラ＝デファンス地区

★13 ニューヨークのマンハッタン南西部，かつての倉庫群を利用して，芸術家集中地区が形成，1990年代後半からはマルチ＝メディア産業の事務所なども集まり，再開発された地域を何というか。 — 13 ソーホー地区

★★14 これまで倉庫や港湾施設などで占められていた水際 — 14 ウォーターフロント

地域の価値を見直し，レジャー施設・業務用ビル・住宅団地などを新しく建設することで進められた都市の再開発を何というか。 | 開発

★15 老朽化して衰退したインナーシティなどが再開発により，高層化した住宅などに所得の高い人々が居住して，地域が変化していくことを何というか。 | 15 ジェントリフィケーション

16 就業地が遠く離れているために，夜帰って寝るだけという通勤者の多い，大都市周辺の住宅都市を何というか。 | 16 ベッドタウン

★★17 都市の周辺部において，都市的な土地利用が無秩序に虫食い状に広がっていく現象を何というか。 | 17 スプロール現象

★18 イギリス人ハワードが提唱した，庭園つきの住宅・公園・職場などを計画的に配置した，緑の多い住宅都市を何というか。 | 18 田園都市

★19 ハワードの思想を受け継ぎ，ロンドン近郊のレッチワース・ウェリンガーデンシティなどのように，大都市への過度の人口集中を避けるために，大都市の周辺部に計画的に建設された田園都市を何というか。 | 19 ニュータウン

★20 ロンドン周辺のニュータウンのように，1つの都市が職場と住宅地の両方の機能をあわせもつことを何というか。 | 20 職住近接

★21 ロンドンへ過度に集積した都市機能を，郊外のニュータウンへ分散させることによって，秩序あるロンドン大都市圏をめざした都市計画を何というか。 | 21 大ロンドン計画

★22 大ロンドン計画に取り入れられた，都市の美観，防火・防災，そして市街地が無計画に郊外に拡大することを防ぐために設けられた，都市郊外の自然保護地域を何というか。 | 22 グリーンベルト

★23 東京南西部の八王子・町田・多摩・稲城の四市にまたがる丘陵地に建設されたニュータウンを何というか。 | 23 多摩ニュータウン

★24 大阪府豊中・吹田両市にまたがる丘陵地に建設されたニュータウンを何というか。 | 24 千里ニュータウン

★25 首都圏全体の均衡ある発展や人口の過度集中を防ぐため，茨城県南部に建設された，研究機関や大学を中心とした学園都市を何というか。 | 25 筑波研究学園都市

第3章 村落と都市 209

★26 大阪・京都・奈良の2府1県にまたがる京阪奈丘陵に建設が進み，各分野および学際的な学術・研究施設，情報センター，国際交流の施設などの配置が進められている新しい都市を何というか。

26 関西文化学術研究都市

27 産業や人口の過密化によって生じる大気汚染・水質汚濁・騒音・渋滞・日照権問題など，都市における様々な環境問題を総称して何というか。

27 都市公害

★★28 産業や人口の過密化によって生じる多量のエネルギー消費による人工熱の発生で，都市部の気温が周辺の郊外より高くなる現象を何というか。

28 ヒートアイランド現象

第IV部 グローバル化と現代世界

第1章 交通・通信

1 交通の発達

★ 1 砂漠や山岳地帯などで、ラクダ・ラバ・ヤクなどの背に荷物をのせて輸送する商人の一団を何というか。

★ 2 アジアの内陸部を東西に貫き、中国とヨーロッパを結んだオアシスの道として知られている、古代の隊商路を何というか。

★ 3 中国北西部、シンチヤンウイグル(新疆維吾爾)自治区のテンシャン(天山)山脈とタクラマカン砂漠の間、トゥルファン(吐魯番)からカシュガル(喀什、カシ)に通るシルクロードの一部を何というか。

★ 4 上記2のオアシスの道に対して、中国南部から東南アジアの海域、インド洋・アラビア海沿岸、紅海を経てヨーロッパに至る古代の東西交易路を何というか。

5 江戸時代に、江戸日本橋を中心として整備された5本の主要道路を総称して何というか。

6 次の説明にあてはまる五街道の名称を答えよ。

 ★a. 江戸の日本橋から京の三条大橋に至る、一般に53の宿駅がおかれたことで知られる街道。

 ★b. 江戸から、本州中央部を通り、途中の近江国(現在の滋賀県)の草津で東海道に合流する、69の宿駅がおかれた街道。

 c. 江戸から甲府を結ぶ街道で、延長して下諏訪(長野県)で中山道と結ぶ街道。

 d. 江戸から日光東照宮までの街道。

 e. 江戸から日光街道を北上し、途中の下野国(現在の栃木県)の宇都宮で分かれ、白河(福島県)までのびる街道。さらに、白河以北の仙台道、松前道を含むこともある。

★ 7 自動車・列車・船舶・エアーカーゴなどの輸送手段を用いて物資を運搬することを何というか。

★ 8 通勤・通学、買物、旅行などのために、人々を輸送することを何というか。

---

1 隊商(キャラバン)

2 シルクロード

3 テンシャン(天山)南路

4 海のシルクロード

5 五街道

6
 a. 東海道
 b. 中山道
 c. 甲州街道
 d. 日光街道
 e. 奥州街道

7 貨物輸送

8 旅客輸送

★ 9	貨物・旅客などを，主として鉄道・自動車・船舶・航空機などで輸送する産業部門を何というか。	9 運輸業
★10	実際の距離（絶対距離）に対する用語で，2地点間を移動するのに要する時間で測られ，交通機関の発達で短縮される距離のことを何というか。	10 時間距離

2 陸上交通

★ 1	陸上交通のうちで産業革命以後に急速に発達し，輸送用の施設・設備の建設と運行に巨大な資本を必要とするが，貨物や旅客を高速で，大量に，しかも比較的長距離の輸送を行なうのに適する交通形態を何というか。	1 鉄道交通
★ 2	北アメリカ大陸やユーラシア大陸などにみられる，大陸の東西両岸を結んで横断する鉄道を何というか。	2 大陸横断鉄道
★ 3	モスクワと極東のウラジオストクとを結んでいる，ロシアの大陸横断鉄道を何というか。狭義にはチェリャビンスク以東をさす。	3 シベリア鉄道
★ 4	上記3の鉄道の支線で，タイシェトとソヴィエツカヤガヴァニを結ぶ鉄道を何というか。	4 バイカル＝アムール（バム）鉄道（第2シベリア鉄道）
5	オーストラリアのインド洋沿岸のパースからナラーバー（ナラボー）平原を通って，太平洋岸シドニーに至る大陸横断鉄道を何というか。	5 グレートサザン鉄道（インディアンパシフィック号）
6	国際間の輸送において，陸上輸送（主として鉄道）と海上輸送とを結びつけた，海陸一貫の輸送方式を何というか。	6 ランドブリッジ
★ 7	中国，チンハイ（青海）省のシーニン（西寧）とチベット自治区のラサ（拉薩）を結び，平均標高4,000mの世界で最も高い地点を走る鉄道を何というか。西部大開発のプロジェクトとして開発。	7 チンツァン（青蔵）鉄道
★ 8	タンザニアのダルエスサラームとザンビアのカピリムポシを結び，ザンビアの銅鉱を運搬するために，中国の援助で建設された鉄道を何というか。	8 タンザン鉄道
★ 9	時速200km以上の高速走行ができ，輸送力の増大と時間距離短縮のために建設された，わが国の高速鉄道を何というか。	9 新幹線

10 次のヨーロッパの高速鉄道の名称を答えよ。
 ★**a.** フランスで1981年から運行されている高速鉄道。
 ★**b.** ドイツで1991年から実用化された高速鉄道。
 ★**c.** イギリスで1976年から操業された高速鉄道。

★**11** イギリスのロンドンとフランスのパリ，ベルギーのブリュッセルとを結ぶ国際列車を何というか。

★**12** ドーヴァー海峡を通り，イギリスとフランス・ベルギーを結ぶ海底鉄道トンネルを何というか。

13 東京の浜松町と羽田空港との間や各地の遊園地などにみられる，1本のレールを用いて車両が走行し，旅客や貨物を輸送する交通機関を何というか。車両をぶら下げる懸垂(けんすい)式と車両をレールに乗せる跨座(こざ)式とがある。

★**14** 都市内の道路に敷かれたレール上を走行する旅客輸送の電車を何というか。日本では都電・市電の名で呼ばれる。

★**15** アメリカ合衆国では路面電車と高速鉄道をあわせもった交通システムだが，日本では低床車両の路面電車を活用した次世代型の都市交通システムのことを何というか。

★**16** 特殊モーターを用い，列車とレールとの間に磁力を働かせることによって，時速500km以上の高速走行ができる鉄道を何というか。

★**17** 戸口から戸口への末端輸送ができるなど，弾力性・融通性に富むことが最大の利点で，道路網の整備に伴って，旅客・貨物とも全輸送量に占める割合の大きい交通形態を何というか。

★★**18** 自動車の普及に伴って，日常生活の様々な場面で自動車への依存が高まったことを何というか。

★**19** 輸送の効率化を図るために，上下線の分離・立体交差などによって，自動車の高速走行ができるようにした専用道路を何というか。

★**20** 高速自動車道路と一般道路との間の出入り口のことを何というか。

21 次の国における高速自動車道路の名称を答えよ。
 ★**a.** アメリカ合衆国

10
 a. TGV(テジェヴェ)
 b. ICE
 c. HST

11 ユーロスター

12 ユーロトンネル(英仏海峡トンネル)

13 モノレール

14 路面電車

15 LRT(ライトレール交通)

16 リニアモーターカー

17 自動車交通

18 モータリゼーション

19 高速(自動車)道路

20 インターチェンジ

21
 a. フリーウェイ(ハ

- ★**b.** ドイツ
- **c.** イタリア
- **d.** イギリス
- **e.** フランス

- **b.** アウトバーン
- **c.** アウトストラーダ
- **d.** モーターウェイ
- **e.** オートルート

★**22** 東京と名古屋の小牧を結び，小牧で名神高速道路や中央自動車道とつながる高速道路を何というか。

22 東名高速道路

★**23** 東京都の練馬と新潟県の長岡とを結ぶ高速道路を何というか。途中の藤岡で上信越自動車道が分岐，長岡で北陸自動車道と連絡する。

23 関越自動車道

24 次の説明にあてはまる自動車道路の名称を答えよ。

24

- **a.** アジアの各地を結ぶ高速道路のプロジェクト。各国の既存の道路を活用し，32 カ国をつなぎ，総延長 14万 km をこえるハイウェイ。
- **b.** 南北アメリカ大陸の太平洋岸の各国の主要幹線道路を整備する形で南北に縦貫する道路。
- ★**c.** アマゾン川流域の，熱帯雨林地域の開発を図るために建設され，東岸のレシフェと奥地を結ぶ道路を何というか。

- **a.** アジア＝ハイウェイ
- **b.** パンアメリカン＝ハイウェイ
- **c.** アマゾン横断道路（トランスアマゾニアンハイウェイ）

★★**25** 都市内交通の混雑を防ぐため，自動車を郊外の駐車場に止め，鉄道やバスなどに乗り換えて都心部に入る方式を何というか。

25 パークアンドライド

★**26** 混雑・渋滞の緩和，環境保全などのために道路の通行に対して一定の課金をする制度を何というか。

26 ロードプライシング制度

3　水上交通

★**1** 船舶を利用して旅客や貨物を輸送できる河川・湖沼・運河など，内陸の水域を何というか。

1 内陸水路

2 次の説明にあてはまる内陸水路の名称を答えよ。

2

- ★★**a.** アメリカ合衆国とカナダとの間にあり，沿岸に重工業地域が発達している湖沼群。いずれも氷河湖。
- ★★**b.** アメリカ合衆国中央部，プレーリーから中央平原を南流し，ニューオーリンズ付近でメキシコ湾にそそぐ河川。最長の支流ミズーリ川を含めた全長は約 6,000km。

- **a.** 五大湖
- **b.** ミシシッピ川

★**c.** アメリカ合衆国ニューヨーク州の東部を流れ，ニューヨーク市付近で大西洋にそそぎ，エリー湖とニューヨークステートバージ運河でつながる河川。

c. ハドソン川

★**d.** 河口からマナオスまでは大型の，ペルー北東部のイキトスまでは小型の船舶が遡行できるブラジルの河川。流域面積は世界最大。

d. アマゾン川

★**e.** フランスのアルザス地方に源を発し，ザール地方を北流してドイツのコブレンツ付近でライン川に合流する河川。流域はブドウの産地。

e. モーゼル川

★**f.** スイス西部に源を発し，レマン湖を経てフランス南東部を南流して，地中海にそそぎ，途中，運河によってライン川・セーヌ川・ロアール川と結ばれている河川。

f. ローヌ川

★**g.** 東ヨーロッパ平原(ロシア平原)の最高点，ヴァルダイ丘陵に源を発し，平原を南流してカスピ海にそそぎ，運河によって黒海・カスピ海・バルト海を結ぶヨーロッパ最長の河川。

g. ヴォルガ川

★**h.** チベット高原が源で，スーチョワン(四川)盆地を経て，東シナ海にそそぐ中国最長の河川。古くから河川交通の大動脈で，流域にチョンチン(重慶)・ウーハン(武漢)・ナンキン(南京)・シャンハイ(上海)などの大都市が発達。

h. 長江(チャンチヤン)

★★**i.** アフリカ大陸中央部を流れ，アフリカ第2の大河で，下流部の滝や急流によって外洋との連絡は断たれるが，中流部が水運によく利用されている河川。

i. コンゴ川

★**3** 複数の国の領域を流れ，国際条約によって，関係国以外の船舶に対しても航行が認められている河川を何というか。

3 国際河川

4 次の説明にあてはまる国際河川の名称を答えよ。

4

★★**a.** スイスのアルプス山脈に源を発し，ドイツ・フランス国境からドイツ国内を流れ，オランダで北海にそそぐ河川。

a. ライン川

★★**b.** ドイツのシュヴァルツヴァルトに源を発し，オーストリア・ハンガリーなどを流れ，ルーマニアで黒海にそそぐ河川。

b. ドナウ川

★**c.** オンタリオ湖に源を発し，カナダ南東部を北東流

c. セントローレン

し，大西洋にそそぎ，海路の建設で五大湖まで外洋船の航行が可能になった河川。　　　　　　　　　　ス川

★**d.** チベット高原に源を発し，ベトナム南部で南シナ海にそそぐ河川で，流域に多目的ダムを建設して，洪水調節・舟航の安定・灌漑用水の確保を図る開発計画が進められている。　　　　　　　　d. メコン川

5 貨物輸送を主体として，国際貿易の中心的な役割を果たす海上輸送業を何というか。　　　　　　　　5 海運業

6 次の説明にあてはまる船舶の名称を答えよ。　　　　6

★**a.** 原油を輸送するための貨物船。　　　　　　　　a. タンカー

★**b.** 穀物や鉱石や木材などの原材料・資源をばら積みで輸送する貨物船。　　　　　　　　　　b. ばら積み船・バルクキャリア

★**c.** 荷造りや積み替えの手間を省くために，あらかじめ規格型の箱に貨物を積み込み，箱ごと輸送する貨物船。　　　　　　　　　　　　　　　　　c. コンテナ船

d. あらかじめはしけに荷を積み，はしけごと輸送する船。　　　　　　　　　　　　　　　　d. ラッシュ船

e. トラックやトレーラーが直接船内に入り，貨物を積んだり降ろしたりすることができる船。　　e. ロールオン・ロールオフ船

f. 自動車とその運転手や積み荷などを同時に運ぶ船を何というか。　　　　　　　　　　　f. フェリーボート（カーフェリー）

7 次の説明にあてはまる港湾の名称を答えよ。　　　　7

★**a.** 生産物の輸出地と輸入地の間にあって，一時的に貨物を保管したり，加工したあとに再輸出する港湾。　　　　　　　　　　　　　　　　a. 中継貿易港

b. サンパウロに対するサントス，ペキン（北京）に対するテンチン（天津）のように，内陸側にある大都市の海上交通や貿易の機能を受けもっている港湾。　　　　　　　　　　　　　　　　　b. 外港

c. 鹿島港（茨城県）や苫小牧港（北海道）などのように，砂浜海岸を掘り下げてつくられた，人工の港。　　c. 掘り込み港

★**d.** 高緯度地域にあるが，海流などの影響で凍結しない港。　　　　　　　　　　　　　　　　d. 不凍港

8 次の説明にあてはまる海峡の名称を答えよ。　　　　8

★★**a.** マレー半島とスマトラ島との間の海峡。　　　　a. マラッカ海峡

b. インドネシアのバリ島東方の海峡。　　　　　　b. ロンボク海峡

★**c.** トルコの北西部，黒海とマルマラ海とを結ぶ海峡。c. ボスポラス海峡

d. トルコの北西部，マルマラ海とエーゲ海とを結ぶ　　　　　　　　　　　　　　　　　　d. ダーダネルス海

海峡。
　★e. イベリア半島とアフリカ大陸の北端との間にあり，大西洋と地中海を結ぶ海峡。
　★f. 南アメリカ大陸の南端とフエゴ島の間の海峡。
★9 スエズ運河のように，両側の水位が同じため，途中に水門を必要としない運河を何というか。
★10 パナマ運河やセントローレンス海路などのように，両側の水位が異なるため，途中に水位調節用の水門をもつ運河を何というか。
11 次の説明にあてはまる運河の名称を答えよ。
　★a. カリブ海と太平洋を結ぶために，アメリカ合衆国によって地峡部に建設され，1914年に開通した国際運河。
　★b. 地中海と紅海を結ぶために，フランス人レセップスによって建設され，1869年に開通した国際運河。
　c. ユーラン(ユトランド)半島のつけ根の部分を横切って，北海とバルト海を結ぶ国際運河。
　★d. 北ドイツ平原を東西に，エムス川・ヴェーザー川・エルベ川を結ぶ運河。西への延長はライン川と，東への延長はベルリンを通って，オーデル川とつながる。
　★e. ドイツ南部ライン川の支流マイン川とドナウ川の支流アルトミュール川を結ぶ運河。北海と黒海を結ぶ水運が可能になった。
　f. スペリオル湖とヒューロン湖とを結ぶ運河。
　g. エリー湖とオンタリオ湖とを結ぶ運河。
　h. ニューヨークの発展を決定的にした，ハドソン川中流部のオールバニとエリー湖東端のバッファローとを結ぶ運河。
　i. アメリカ合衆国・カナダの共同開発により，モントリオールとオンタリオ湖の間に建設され，五大湖に外洋船の遡行を可能にした運河。
　j. 中国の黄河(ホワンホー)，ホワイ川(淮河)，長江(チャンチヤン)を結び，ペキン(北京)からハンチョウ(杭州)に続く運河。

　　峡
　e. ジブラルタル海峡
　f. マゼラン海峡
9 水平式運河
10 閘門式運河

11
　a. パナマ運河
　b. スエズ運河
　c. キール運河(北海＝バルト海運河)
　d. ミッテルラント運河
　e. マイン＝ドナウ運河
　f. スーセントメリー運河
　g. ウェランド運河
　h. ニューヨークステートバージ運河(エリー運河)
　i. セントローレンス海路
　j. 京杭大運河(ター(大)運河)

4 航空交通

★ **1** 輸送量が小さくて，費用も高いが，高速であることを最大の長所とする交通形態を何というか。

★ **2** 航空機で輸送される旅客に対して，航空貨物のことを何というか。

★★ **3** 広域の航空路線網の中心となる空港で，そこから周辺の空港に路線が放射状に広げる形で，中継的な機能をもった空港のことを何というか。

4 次の説明にあてはまる上記3の空港名を答えよ。

　★**a.** シンガポールの国際空港。東南アジア地域のハブ空港として機能するとともに，ヨーロッパとオーストラリア・ニュージーランドを結ぶ空路の中継地としての役割を担っている。

　★★**b.** ソウルの西，干潟を埋め立てて，2001年に開港した国際空港。東アジアの代表的なハブ空港で，アジアのみならず世界各地に航空路がのびている。

★★ **5** アラスカ州南部の都市で，旧ソ連上空を飛行できなかった時代に，北極回り空路の中継基地として重視された交通都市はどこか。現在はその重要度は下がっている。

6 次の説明にあてはまる日本の国際空港名を答えよ。

　★★**a.** 下総台地の北部，千葉県成田市三里塚に建設され，1978年に開港した日本の表玄関ともいえる空港。JR成田線，京成電鉄本線が通じるが，都心から60kmも離れており，交通アクセスは必ずしも便利とはいえない。

　★**b.** 東京都大田区，東京湾の多摩川河口に位置。成田空港完成以後，国内線が中心であったが，近年，空港の拡張に伴って国際便が増加した。

　★**c.** 大阪港南東部，泉州沖の人工島に建設され，1994年に開港した。

　★**d.** 愛知県常滑市，知多半島沖の人工島に建設され，2005年に開港した。

---

1 航空交通

2 エアーカーゴ

3 ハブ空港

4

a. チャンギ国際空港

b. インチョン(仁川)国際空港

5 アンカレッジ

6

a. 新東京国際空港(成田空港)

b. 羽田空港(東京国際空港)

c. 関西国際空港

d. 中部国際空港

5 通信

★1 遠距離通信の中継基地として打ち上げられた人工衛星を何というか。 — 1 通信衛星

★2 放送電波を中継し，増幅して地球に送り返す基地として打ち上げられた静止衛星を何というか。 — 2 放送衛星

★3 国際通信に通信衛星を活用するために1964年に設立された国際機関を何というか。 — 3 インテルサット（INTELSAT，国際電気通信衛星機構）

★★4 国際通信のために，太平洋・大西洋・インド洋などの海底に敷設された通信用ケーブルを何というか。 — 4 海底ケーブル

★5 光をよく通すガラスやプラスチック製の繊維ででき，同軸ケーブルに比べて大量の情報量を高速で送信できるケーブルを何というか。 — 5 光ファイバーケーブル

★6 通信回線を利用して，文書・図版・写真などの情報を遠隔地に伝送し，受信側で再現する通信方法・通信機器を何というか。 — 6 ファクシミリ

★7 電話のように音声で情報を交換する方式に対して，デジタル化した情報の送受信をコンピュータと通信回路を介して行なう通信方法を何というか。 — 7 データ通信

★8 コンピュータやインターネットなど，情報技術の発展によって生じる社会生活の大きな変化を何というか。 — 8 情報技術革命（IT革命）

★★9 コンピュータを使った情報伝達・通信技術，それらに関連した応用技術を総称して何というか。 — 9 情報通信技術（ICT，IT）

★10 情報の収集・処理・開発・販売・サービスなどを行なう産業を総称して何というか。 — 10 情報通信産業（ICT産業，IT産業）

★11 情報産業の発展，情報量の増大に伴って，情報の生産と伝達，情報技術などが政治・経済の動向や人間の様々な活動に重要な役割をもつ社会を何というか。 — 11 情報化社会

★★12 コンピュータやインターネットなどを通して，入手し所有する情報の質や量により生じる，個人，地域，国家間の格差を何というか。貧富や社会的地位などの格差を生み，それが将来にわたり固定化するおそれがある。とくに国家間の格差は，国際社会全体の発展のためにも解消しなければならない課題である。 — 12 情報格差（デジタルデバイド）

第IV部 グローバル化と現代世界

第2章 貿易と国際経済

★ **1** 各国がそれぞれに最も適した商品を生産し，それが国際貿易を通して交換され，各国の産業が国際経済の全体構造の中で一定の役割をもつように組み込まれた体制を何というか。

1 **国際分業体制**

★★ **2** 政府が国際間の商品・サービスの取引に関して，関税や数量制限，補助金などの干渉を加えず輸出入を行なうことを何というか。

2 **自由貿易**

★ **3** 政府が国内産業を保護・育成するために，高率の輸入関税や輸出奨励金を設ける貿易を何というか。

3 **保護貿易**

★ **4** 主として先進工業国間でみられる貿易で，それぞれの国の工業製品が相互に輸出入される貿易を何というか。

4 **水平貿易**

★ **5** 先進工業国からは工業製品が輸出され，発展途上国からは原材料・食料が輸出される貿易で，南北貿易ともいわれる貿易を何というか。

5 **垂直貿易**

★ **6** 工業の原材料を輸入し，それを製品や半製品にして輸出する貿易を何というか。

6 **加工貿易**

★ **7** 国際競争力が低く国際価格よりも高い製品・産物の輸出を促進するために，国内価格よりも安く輸出した場合に，国などの財政から支払われる補助金を何というか。

7 **輸出補助金**

★ **8** 関税とは異なり，輸入品に対して課せられる徴収金を何というか。EU諸国では域外からの安い輸入農畜産物に課している。

8 **輸入課徴金**

★ **9** 国境を通過する輸出入品に課せられる税金を何というか。

9 **関税**

★ **10** 国際収支のうち，商品の輸出と輸入による収支を何というか。

10 **貿易収支**

11 見えざる貿易ともいわれる，運輸・保険・観光などのサービスの取引きに伴う収支を何というか。

11 **サービス収支**

12 海外投資や外貨準備など，国際間の金融資金の移動に伴う収支を何というか。

12 **金融収支**

★13 1944年にアメリカ合衆国のブレトン＝ウッズで調印された国際組織で，為替相場の安定，経済の再建をめざす国への融資など，国際貿易の促進のために設置された国際連合の専門機関を何というか。

13 IMF(国際通貨基金)

★14 関税の引下げや貿易制限の緩和など，加盟国が貿易上の障壁を取り除いて，自由貿易の拡大を図ろうとする国際協定で，1947年から1994年まで続いた国際機構を何というか。

14 GATT(関税及び貿易に関する一般協定)

15 上記13，14の機構を中心に，外国為替相場の安定と自由な国際貿易の拡大をめざした体制を何というか。

15 ブレトン＝ウッズ体制(IMF＝GATT体制)

★16 農産物の例外なき関税化，金融・情報・通信などのサービス貿易や知的所有権などについて，関税の一括引下げなどを協議し，1993年に合意されたGATTの多角的貿易交渉を何というか。

16 ウルグアイ＝ラウンド

17 上記16で合意された，農産物の貿易の自由化を促進するために課せられた，最低輸入義務量のことを何というか。

17 ミニマムアクセス

★18 ウルグアイ＝ラウンドで，GATTを発展的に解消させることが合意され，その結果より権限が強化されて1995年に発足した機関を何というか。

18 WTO(世界貿易機関)

★19 貿易収支の不均衡や保護貿易政策などをめぐり，相手国の経済・財政・金融政策など広い範囲にわたって是正や改革を迫ることから生じる対立を総称して何というか。日米，日欧，欧米，先進国と発展途上国間でみられる。

19 貿易摩擦

20 輸入に際して関税以外にとられる，許認可制度・手続き・検査など，輸入を制限することにつながる様々な手段や制度のことを何というか。

20 非関税障壁

★21 輸入品が急増し，これと競合する自国の産業が重大な被害を受ける恐れのある場合，その品目の輸入を禁止・制限することができる措置を何というか。

21 セーフガード(緊急輸入制限)

★22 関税や数量制限，サービス貿易に対する規制や障壁を取り除く自由貿易地域の結成を目的として2国間以上の国々の間で締結された国際協定を何というか。

22 FTA(自由貿易協定)

★23 ただ単に関税を撤廃するなどの通商上の障壁を取り

23 EPA(経済連携協定)

第2章 貿易と国際経済 221

除くだけでなく，サービス・投資，知的財産権の保護，電子商取引など，様々な分野での連携を強化し，経済取引の円滑化をめざす国際協定を何というか。

★24 太平洋を取り囲む12カ国が参加，関税撤廃のほか，様々な非関税障壁の撤廃をめざして交渉が進められている経済連携協定を何というか。2017年，アメリカ合衆国は協定への不参加を表明した。

24 **TPP（環太平洋戦略的経済連携協定，環太平洋パートナーシップ協定）**

★25 発展途上国の貿易および開発などの南北問題を検討するために設置された，国際連合の常設機関を何というか。

25 **国連貿易開発会議（UNCTAD）**

★26 農畜産物・水産物・鉱産物などのように，工業製品として加工されていない産物を総称して何というか。

26 **一次産品**

★27 とくに発展途上国にみられ，特定の一次産品の生産や輸出に占める割合が極端に高くなっている経済構造を何というか。

27 **モノカルチャー経済**

★28 発展途上国の農産物や伝統的な技術でつくられた製品などを，価格や労働条件を保証する公正な価格で購入し，発展途上国の経済的・社会的自立や環境保全などを支援する貿易を何というか。

28 **フェアトレード**

★29 世界各地に現地法人を設立して，原材料の調達や生産販売活動を世界的な規模で行なっている大企業のことを何というか。

29 **多国籍企業（世界企業，グローバル企業）**

★30 先進工業国が発展途上国に資本や技術を提供し，資源を開発して輸入する方式を何というか。

30 **開発輸入**

31 税制上の優遇措置が与えられ，海外の企業が税を回避するために進出している地域を何というか。

31 **タックス＝ヘイブン**

32 船舶に対する税金を安くするために，リベリアやパナマなどの船舶税の安い外国に船籍をおく船舶を何というか。

32 **便宜置籍船**

★33 発展途上国などで，外国から借りた資本が巨額になり，その元金と利子の返済が困難となり，金融危機・経済危機などが生じる問題を何というか。

33 **累積債務問題**

★34 1997年タイが変動相場制に移行し，通貨価値が下がったことが，韓国・インドネシアなど周辺諸国に影響して深刻な金融危機が生じたことを何というか。

34 **アジア通貨危機**

第IV部 グローバル化と現代世界

第3章 国家群と国際協力

1 国家と領域

★★ 1 主権・領域・国民の3要素をもち，国際社会を構成する基本的政治組織を何というか。 — 1 国家

★★ 2 国家成立の基礎をなす，その国の国籍をもつ人間集団を何というか。 — 2 国民

★★ 3 国家を構成する要素で，国民および領域に対して最高・絶対で，対外的にも独立した統治権力を何というか。 — 3 主権

★★ 4 国家の主権が及ぶ陸地の範囲を何というか。 — 4 領土

★★ 5 大潮で最も水位が下がった干潮の際の，陸と海の境界線を何というか。 — 5 基線（低潮線）

★★ 6 海洋上の距離の単位で，地球の大円上の1分の弧の距離の長さ，約1,852mを何というか。 — 6 1海里

★★ 7 国家の主権が及ぶ沿岸海域で，国連海洋法条約では低潮線から最大12海里に決められた範囲を何というか。 — 7 領海

★★ 8 国家の主権が及ぶ領土と領海の上空の範囲を何というか。宇宙空間は除かれている。 — 8 領空

★★ 9 水産資源や鉱産資源など，海中・海底のすべての資源を沿岸国が排他的に開発・保存・管理することを認め，国連海洋法条約で基線から200海里に設定された水域を何というか。 — 9 排他的経済水域（EEZ）

★ 10 領海・排他的経済水域の外側にあって，すべての国の船舶の自由な航行や自由な経済活動が認められている海域を何というか。 — 10 公海

★ 11 領域と国民をもち，他国の干渉を受けずに主権を行使できる国家を何というか。 — 11 独立国

★ 12 本国への食糧や原料の供給地，本国の工業製品や資本の市場，過剰人口の移住地とすることなどを目的として，ある国が本国以外の地域に所有し，支配する領土を何というか。 — 12 植民地

★ 13 上記12の国を支配している国を何というか。 — 13 宗主国

14	イギリス・ベルギー・タイなどのように，世襲による君主が統治者である国を何というか。	14 君主国
★15	アメリカ合衆国・フランスやインドなどのように，国民から選ばれた元首に一定期間統治を委ねている国を何というか。	15 共和国
★16	アメリカ合衆国やインドなどのように，地方自治を行なう複数の州・共和国が，中央政府のもとに結合して形成された国を何というか。	16 連邦国家
★17	国民が1つの民族によって構成されている国を何というか。世界のいずれの国も少数民族が存在し，厳密な意味ではこのような国家は存在しない。	17 単一民族国家
★★18	アメリカ合衆国・ロシア・スイス・中国・マレーシアなどのように，国民が2つ以上の民族によって構成されている国を何というか。	18 多民族国家(複合民族国家)
★19	中国政府がホンコン(香港)の返還(1997年)，マカオ(澳門)の返還(1999年)に際して，両地域の自治を認めた政治・経済分離の統治政策を何というか。	19 一国二制度
★20	スイスやオーストリアのように，有事の際にも中立および他国からの不可侵を，国際的に保障されている国を何というか。	20 永世中立国
21	かつてのタイやポーランドのように，2つの強大な国や勢力に挟まれ，両勢力の衝突を和らげる役割をもつ国を何というか。	21 緩衝国
22	アメリカ合衆国やアンゴラ，オマーンなどのように，他国の領土によって，国土が2つ以上に分け隔てられている国を何というか。	22 飛地国(エクスクラーフェン)
23	大韓民国と朝鮮民主主義人民共和国(北朝鮮)のように，もともと1つの国家であったが，政治的に対立する複数の政府により領域が分割されている国家を何というか。	23 分断国家
★★24	国家と国家との領域の境界を何というか。	24 国境
★★25	山脈・河川・湖沼・海洋などの自然物を境界として利用した国境を，総称して何というか。	25 自然的国境
26	次の説明にあてはまる自然的国境をとくに何というか。	26
	a. アルプス山脈・ピレネー山脈・アンデス山脈・ヒ	a. 山脈国境

マラヤ山脈などのように，山脈を利用する国境。

★**b.** ライン川・ドナウ川・メコン川・アムール川・リオグランデ川などのように，河川を利用する国境。　　　**b.** 河川国境

★★**27** 自然の障壁物が求めにくい地域などにおける，経緯線や人工的な障壁などを利用した国境を総称して何というか。　　　**27** 人為的国境

★★**28** 人為的国境のうち，アメリカ合衆国とカナダとの国境やエジプトとスーダンとの国境などのように，経緯線を利用する国境を何というか。　　　**28** 数理的国境

29 次の説明にあてはまる数理的国境の経緯度を答えよ。　　　**29**

　★**a.** アメリカ合衆国本土とカナダの国境の西半部。　　　**a.** 北緯49度

　★**b.** アメリカ合衆国アラスカ州とカナダの国境。　　　**b.** 西経141度

　c. エジプトとリビアの国境。　　　**c.** 東経25度

　d. エジプトとスーダンの国境。　　　**d.** 北緯22度

　e. インドネシアのパプア州とパプアニューギニアの国境。　　　**e.** 東経141度

30 チベット地方南部において，カシミールやマクマホンラインをめぐり，関係国がおこした国境紛争を何というか。　　　**30** 中印国境紛争

★**31** インドとパキスタン両国の北部境界に位置し，両国の独立当初からその帰属をめぐる紛争が続いている地域はどこか。　　　**31** カシミール

★**32** 小スンダ列島の東端にあり，旧ポルトガル領であったが，1976年にインドネシアが領有，激しい独立運動を経て，2002年に独立した国はどこか。　　　**32** 東ティモール民主共和国

★**33** シャトルアラブ川をめぐる国境線や国内に居住する少数民族クルド族の扱いなどに関連して，1980年から1988年まで隣接国がおこした戦争を何というか。　　　**33** イラン・イラク戦争

★**34** 1990年，イラクがクウェートに侵攻したことにより生じた，アメリカ合衆国軍を中心とした多国籍軍とイラクとの間の戦争を何というか。　　　**34** 湾岸戦争

★**35** 1982年，イギリスとアルゼンチンとの間で領有権をめぐって紛争がおきた大西洋上の島々を何というか。　　　**35** フォークランド(マルビナス)諸島

★**36** 南シナ海中部に位置し，ベトナム・中国・台湾・フィリピン・マレーシア・ブルネイが，互いに領有権を主張している島々はどこか。　　　**36** 南沙群島(スプラトリー諸島)

37 日本の領域について，次の説明にあてはまる島名を答えよ。

a. 八重山列島西端に位置する日本の最西端の島。 　　a. 与那国島

b. 水没を恐れて護岸工事の行なわれた日本の最南端の島。 　　b. 沖ノ鳥島

c. 東京都小笠原村に属する日本の最東端の島。 　　c. 南鳥島

38 ロシアの占領下にある国後島・択捉島・歯舞群島・色丹島を，日本固有の領土として返還を要求している領土を総称して何というか。 　　38 北方領土

39 カムチャッカ半島と北海道の間に点在する火山性の弧状列島を何というか。日本は第二次世界大戦後のサンフランシスコ平和条約でウルップ（得撫）島以北を放棄。 　　39 千島列島

40 日本海の西部，隠岐諸島の北西に位置し，第二次世界大戦後，韓国が実効支配している島はどこか。 　　40 竹島

41 沖縄県石垣市に属し，石垣島の北北西の島々。大陸棚上にあって，好漁場であるとともに，石油などの資源が期待されているために，近年中国が領有権を主張している島々はどこか。 　　41 尖閣諸島

42 南極の非軍事化と非領有を定めた国際条約を何というか。1959年に締結。 　　42 南極条約

2 国家群

1 アメリカ合衆国・西ヨーロッパ諸国・オーストラリア・日本など，市場経済を基盤に，自由主義の政治・経済体制をとる国を何というか。 　　1 資本主義国

2 中国やかつてのソ連・東ヨーロッパ諸国など，生産手段の集団的所有と計画経済という経済体制と共産党支配による政治体制をとる国を何というか。 　　2 社会主義国

3 第二次世界大戦後のアメリカ合衆国とソ連の，直接的な武力行使に至らなかったが，両陣営の間の様々な対立を何というか。 　　3 冷戦

4 冷戦が激しくなった1949年に発足した，アメリカ合衆国・カナダ・西ヨーロッパ諸国がつくった集団安全保障体制で，冷戦終了後はポーランド・チェコ・ハンガリーなど東ヨーロッパ諸国も加盟し，地域紛 　　4 NATO（北大西洋条約機構）

争などの危機管理型をとるようになった安全保障機構を何というか。

★5 NATOに対抗するため、旧ソ連と東ヨーロッパ諸国との間で1955年に結ばれたが、冷戦終了後の1991年に機能を停止した集団安全保障機構を何というか。

5 WTO(ワルシャワ条約機構)

6 イギリスとかつてのイギリスの植民地であった国々との、ゆるやかな政治的・経済的結合体を何というか。

6 イギリス連邦

7 フランスとかつてのフランスの植民地であった国々から構成され、外交や防衛などについて、フランスと各国別にゆるやかな協定を結んでいる組織を何というか。

7 フランス共同体

★8 マーシャルプラン(ヨーロッパ復興計画)によるアメリカ合衆国の援助を受け入れる機関として1948年につくられ、1961年に発展的に改組された西ヨーロッパ諸国の経済協力機構を何というか。

8 OEEC(ヨーロッパ経済協力機構)

★9 OEECを発展的に改組して、西ヨーロッパ以外の先進国が新たに加盟し、貿易の拡大、経済成長の推進、発展途上国の援助などを目的とした組織を何というか。

9 OECD(経済協力開発機構)

★10 オランダ・ベルギー・ルクセンブルクの3カ国の間で、関税の廃止と貿易の拡大を目的として、1948年に発足した組織を何というか。

10 ベネルクス関税同盟

★★11 フランスのシューマン外相によって提唱され、西ドイツ(当時)・フランス・イタリア・ベネルクス3国の6カ国(原加盟国)間で、石炭と鉄鋼の生産や流通の自由化を図ることを目的に、1952年に発足した組織を何というか。

11 ECSC(ヨーロッパ石炭鉄鋼共同体)

★★12 上記11の6カ国間での関税や輸入制限の廃止、資本・労働力の移動の自由化を目的として、1958年に発足した組織を何というか。

12 EEC(ヨーロッパ経済共同体)

★★13 上記12と同時に、6カ国間で原子力の開発と利用を共同で行なうことをめざして、1958年に発足した組織を何というか。

13 EURATOM(ヨーロッパ原子力共同体)

14 1960年、EECに対抗するためにイギリスを中心に

14 EFTA(ヨーロッパ自

結成，貿易制限の撤廃をおもな目的とする組織を何というか。イギリスなどがEC(現EU)に加盟したため，現在はノルウェー・スイス・アイスランド・リヒテンシュタインの4カ国が加盟。 … 由貿易連合)

★15 1967年にEEC・ECSC・EURATOMの3機関を統合してつくられた，加盟国間の経済的結合をめざした組織を何というか。 … 15 **EC(ヨーロッパ共同体)**

16 ECは1973年から1986年までに加盟国が増加した。1986年拡大されたECの加盟国は何カ国か。 … 16 **12カ国**

★17 ヨーロッパ統合を促進するために1992年に調印され，通貨統合，非関税障壁の撤廃などの経済統合の強化，共通の外交・安全保障政策の採用などの政治的統合をめざす条約を何というか。 … 17 **マーストリヒト条約(ヨーロッパ連合条約)**

★18 上記17の条約発効以後の1993年に発足し，拡大EC12カ国のほか，1995年にはスウェーデン・フィンランド・オーストリアが加わり，15カ国によって構成された国際組織を何というか。 … 18 **EU(ヨーロッパ連合)**

19 a. EUは，2004年，2007年，2013年に東ヨーロッパの国々が相次いで参加して一層拡大した。2013年に加盟した28番目の加盟国はどこか。 … 19 a. **クロアチア**

 b. 2016年，国民投票によりEUからの離脱の道を選んだ国はどこか。 … b. **イギリス**

20 次の説明にあてはまるEUに関する条約名を答えよ。 … 20

 ★a. 国境における出入国審査を廃止するために，1985年に結ばれた協定。 … a. **シェンゲン協定**

 ★b. 2009年に発効したEUの基本条約で，政治的な統合を進めるための機構改革や外交政策の重視などを盛り込んだ条約。 … b. **リスボン条約**

★21 EU加盟国の首脳とEU委員会委員長で構成されるEUの最高意思決定機関を何というか。 … 21 **EU理事会(ヨーロッパ連合理事会)**

★22 ヨーロッパ連合加盟28カ国中19カ国(2016年現在)で用いられている共通通貨を何というか。 … 22 **ユーロ(Euro，ヨーロッパ単一通貨)**

★23 輸入課徴金や農産物の価格支持政策などEU加盟国が農業の共同市場を運営するためにとっている共通政策を何というか。 … 23 **共通農業政策(CAP)**

★24 ソ連解体後，旧ソ連構成国のうちバルト3国を除く … 24 **CIS(独立国家共同**

12カ国からなる国際組織として発足し，現在は実質8カ国からなる緩やかな結びつきの国家連合を何というか。 （体）

★25 アメリカ合衆国・カナダ・メキシコの3カ国による自由貿易地域の設立を目的とした協定を何というか。

25 NAFTA（北アメリカ自由貿易協定）

★26 南北アメリカ大陸の国々の交流と発展などを目的として，南北アメリカ大陸の国々で構成される安全保障と発展促進のための地域協力組織を何というか。

26 OAS（米州機構）

★27 1981年にそれまでのLAFTA（ラテンアメリカ自由貿易連合）を発展的に改変し，域内の経済統合をめざす目的でつくられた組織を何というか。

27 ALADI（ラテンアメリカ統合連合）

★28 アンデス諸国が地域の経済開発と発展をめざして1969年に発足し，コロンビア・ペルー・ボリビア・エクアドルが加盟する組織を何というか。

28 CAN（アンデス共同体・アンデスグループ）

★29 アルゼンチン・ブラジル・パラグアイ・ウルグアイ・ベネズエラ・ボリビア（批准待ち）の6カ国（準加盟国が6カ国）で構成され，域内の貿易自由化と経済統合をめざす組織を何というか。

29 MERCOSUR（メルコスール，南米南部共同市場）

★30 東ティモールを除く東南アジア10カ国で構成され，域内の経済・社会・文化・技術などの発展をめざし，地域協力を進めようとする組織を何というか。

30 ASEAN（東南アジア諸国連合）

★31 ASEAN域内の関税を引き下げ，貿易の拡大と投資の促進を図るために合意された自由貿易地域を何というか。

31 AFTA（ASEAN自由貿易地域）

★32 南アジア8カ国が加盟し，地域の福祉，生活水準の向上，文化の発展などをめざす組織を何というか。

32 SAARC（南アジア地域協力機構）

★33 アメリカ合衆国・カナダ・オーストラリア・ニュージーランド・日本・韓国・ASEAN諸国など，アジア・太平洋地域の21の国・地域で構成される地域協力をめざす会議を何というか。

33 APEC（アジア太平洋経済協力会議）

★34 アラブ諸国の独立と主権を守り，相互の結束を目的として設立された，アラブの21カ国とPLO（パレスチナ解放機構）からなる組織を何というか。

34 アラブ連盟

★35 イスラーム諸国の政治的協力と連帯の強化などを目的として組織され，57カ国・機構が加盟する組織を何というか。イスラーム諸国会議機構を2011年に改

35 OIC（イスラーム協力機構）

組。2012年，シリア資格停止。

★★36 アフリカ諸国の統一と団結，主権・領土・独立の擁護，植民地主義の一掃などを目的として，アフリカ大陸の54カ国とサハラ・アラブ民主共和国(西サハラ)で構成される組織を何というか。2002年，OAU(アフリカ統一機構)を改組して発足。

36 **AU(アフリカ連合)**

★★37 地球の北側に多く位置する先進工業国と南側に多く位置する発展途上国との間の経済格差や，そこから派生している様々な問題を総称して何というか。

37 **南北問題**

★38 発展途上国の中で，とくに開発が遅れ，最貧国ともいわれる国々を総称して何というか。

38 **後発発展途上国(LDC)**

★39 資源保有国と資源非保有国，経済成長が著しい新興経済国と後発発展途上国との経済格差など，発展途上国の間における問題を総称して何というか。

39 **南南問題**

3 国際協力

★★1 第二次世界大戦後，世界の平和と安全の維持，経済・社会の発展のための国際協力，国家間の友好の強化などを目的に，戦前からの国際連盟にかわって結成された組織を何というか。本部はニューヨーク。

1 **国際連合**

★2 国際社会の平和と安全を維持することを最大の任務としている，5カ国の常任理事国と10カ国の非常任理事国で構成される国際連合の主要機関を何というか。

2 **安全保障理事会**

★3 国際間の経済・社会・文化・教育・保健・福祉などの国際問題を調査し，諸機関や加盟国に報告・勧告を行なう国際連合の主要機関を何というか。

3 **経済社会理事会**

★4 国家間の紛争を裁判で解決，または，解決のために勧告する国連常設の司法機関を何というか。

4 **国際司法裁判所**

5 次の説明にあてはまる国連の専門機関の名称を答えよ。

5

★a. 国際交流を通して，教育・科学・文化の面で，国際平和に貢献することを目的としてつくられた機関。

a. **UNESCO(国連教育科学文化機関)**

★b. 発展途上国の児童への食料・医薬品・医療などの援助を行なっている機関。

b. **UNICEF(国連児童基金)**

★c. 世界の各国民の健康の保持と公衆衛生の向上を目

c. **WHO(世界保健機**

的としてつくられた機関。
- ★d. 各国民の栄養と生活水準の向上，食糧や農作物の増産および分配の改善などを目的としてつくられた機関。
- ★e. 労働条件の改善や労働者の地位の向上を，国際的に実現することを目的としてつくられた機関。
- ★f. 第二次世界大戦の戦災国の経済復興や発展途上国への長期の資金貸付けを行なうことを目的としてつくられた機関。
- g. 国際連合の諸機関が行なう，発展途上国の開発計画に資金や技術などを援助する機関。
- ★h. 「人間環境宣言」を実現するために，広範囲な環境問題に取り組んでいる機関。

★**6** WTO・ILO・WHOなど国連機関の本部がおかれているスイス南西部，レマン湖畔の都市はどこか。

★**7** 国際連合が治安維持や停戦監視などのために部隊や監視団を派遣して，事態の悪化や拡大を防止する活動を何というか。

★**8** 上記7に基づいて派遣される各国の軍・部隊を何というか。

9 発展途上国に対する，資金・技術・人材などの援助・協力を何というか。

★**10** 上記9を積極的に進めるために，OECD（経済協力開発機構）の下につくられた組織を何というか。

★**11** 発展途上国の開発のために，先進国政府が無償または長期低利の融資で行なっている援助を何というか。

★**12** 上記11の1事業で，JICA（国際協力機構）が発展途上国の経済・技術・教育などの開発や援助のために青年を派遣している事業を何というか。

★**13** 登録された医師や看護士が，自然災害・紛争・難民など様々な場面で救援活動を行なっている国際医療活動のボランティア団体を何というか。

★**14** 平和・人権・環境・開発などの諸問題に関連して，国際間で活動を行なっている民間の団体を何というか。

★**15** 利益を得ることなく，様々な分野で社会的活動を行

関）
d. FAO（国連食糧農業機関）

e. ILO（国際労働機関）

f. IBRD（国際復興開発銀行，世界銀行）

g. UNDP（国連開発計画）

h. UNEP（国連環境計画）

6 ジュネーヴ

7 PKO（平和維持活動）

8 PKF（平和維持軍）

9 開発援助

10 DAC（開発援助委員会）

11 ODA（政府開発援助）

12 青年海外協力隊

13 国境なき医師団

14 NGO（非政府組織）

15 NPO（非営利組織）

なう組織のことを何というか。
16 自然環境・人口・産業・文化など，地理的・歴史的な類似性や市民の交流などを契機に，様々な事柄に関してお互いに提携を結んだ自治体を何というか。

16 姉妹都市

索引

《あ》

アイアンノブ 125
IEA 128
IMF 221
IMF=GATT体制 221
ILO 231
ICE 213
ICT 219
ICT産業 219
アイスランド島 5
IT 219
IT革命 219
IT産業 219
ITTO 113
アイヌ 176
IBRD 231
アイルランド 96
アウトストラーダ 214
アウトバーン 214
アウトレットモール 168
亜鉛 125
青いバナナ 144
アオザイ 186
赤潮 59
アガラス海流 46
亜寒帯気候 35
亜寒帯湿潤気候 35
亜寒帯低圧帯 26
亜寒帯冬季少雨気候 35
亜寒帯林 38, 113
秋雨 41
アキテーヌ盆地 96
アグリビジネス 107
アグロフォレストリー 57
アコソンボダム 123
英虞湾 111
旭川 165
浅間山 54
アジア式稲作農業 88
アジア式畑作農業 89
アジア式稲作農業地域 88
アジア式畑作農業地域 88

アジア太平洋経済協力会議 229
アジア通貨危機 222
アジア=ハイウェイ 214
アシエンダ 101
アジェンダ21 62
足尾銅山鉱毒事件 59
アステカ文明 181
アスワンハイダム 95
ASEAN 229
ASEAN自由貿易地域 229
アゼルバイジャン 191
阿蘇山 13
アタカマ砂漠 33
新しい村運動 92
アチェ州 187
アッサム丘陵 93
アテネ 201
アデレード 143
アドベ 187
アトラス山脈 10
アトランタ 139
アドリア海 44
アナトリア高原 10
アニミズム 184
アネクメーネ 192
亜熱帯 32
亜熱帯高圧帯 26
アパラチア山脈 7
アパラチア炭田 116
アパルトヘイト 189
アフガニスタン 189
アブジャ 204
AFTA 229
油やし 85
アフリカ大地溝帯 11
アフリカ連合 230
アフロ=アジア語族 176
アペニン山脈 10
アボリジニー 181
尼崎 164
アマゾン横断道路 214
アマゾン川 215
アマゾン盆地 14

アムステルダム 148
アムダリア川 98
アムンゼン 66
アーメダバード 161
アメリカインディアン 180
アメリカ合衆国 101, 170
アメリゴ=ヴェスプッチ 65
ALADI 229
アラビア海 44
アラビア語 185
アラブ系民族 178
アラブ人 178
アラブ石油輸出国機構 128
アラブの春 190
アラブ連盟 229
アリストテレス 64
亜硫酸ガス 58
アリューシャン列島 5
アルジェリア 95
アルタイ語族 175
アルパカ 87
アルバータ州 101
アルバータ油田 119
アルハンゲリスク 113
アルプ 96
アルファルファ 87
アルプス山脈 10
アルプス=ヒマラヤ造山帯 10
アルミニウム工業 134
アルム 96
あわ 84
アンガラ川 122
アンガラ=バイカル工業地域 153
アンカレッジ 218
UNCTAD 222
アンコールワット 171
アンシャン(鞍山) 124
安全保障理事会 230
アンチョビー 110
安定陸塊 6
アンデス共同体 229
アンデスグループ 229
アンデス山脈 8
アントウェルペン 148
アンベルス 148

《い》

EEC 227
EEZ 223
硫黄酸化物 58
囲郭都市 201
イギリス 96, 181, 228
イギリス連邦 227
イグルー 187
諫早湾 59

EC 228
ECSC 227
石狩川 16
石狩平野 105
伊豆大島 55
イスタンブール 162
イスラーム(イスラム教) 182
イスラーム協力機構 229
緯線 71
イタイイタイ病 60
イタイプダム 123
イタビラ 123
イタリア 96
1海里 223
一次エネルギー 115
一次産品 222
市場町 202
1万分の1地形図 77
一極集中型都市システム 207
厳島神社 173
一国二制度 224
一般図 71
遺伝子組み換え作物 107
緯度 71
糸魚川・静岡構造線 21
イヌ 171
イヌイット 180
稲 82
伊能忠敬 67
イバチンガ 143
EPA 221
イブン=バットゥータ 65
移牧 96
イボ人 189
移民 194
EU 228
EU理事会 228
イフク 189
イラワジ川 92
イラン 188
イラン・イラク戦争 225
イラン高原 10
イルクーツク 153
岩のドーム 183
石見銀山 173
インカ文明 181
印僑 194
印刷・出版業 137
インダス川 49
インターチェンジ 213
インチョン(仁川) 160
インチョン(仁川)国際空港 218
インディアン 180
インディアンパシフィック号 212
インディオ 180
インディカ種 83

インディヘナ	180
インテルサット（INTELSAT）	219
インドシナ難民	187
インド東部工業地域	161
インドネシア	92, 126
インド洋	42
インド洋大津波	52
インド＝ヨーロッパ語族	176
インナーシティ	208
インフォーマルセクター	208

《う》

ヴァスコ＝ダ＝ガマ	65
ヴァラナシ	205
ヴァンクーヴァー	142
ヴィクトリア湖	49
ウイグル族	176
ウィニペグ	101
ウィーン	204
ウィーン条約	63
ウェイパ	126
ウェゲナー	4
ヴェズヴィオ山	54
ヴェネツィア	149
ウェーバー	132
ウェランド運河	217
ウォーターフロント開発	208
ウォール街	119
ヴォルガ＝ウラル油田	119
ヴォルガ川	215
ヴォルゴグラード	152
ヴォルタ川	123
雨温図	23
浮き稲	83
ウクライナ	98
請負耕作法	102
有珠山	55
ウズベキスタン	99
宇宙産業	136
ウバーレ	21
ウーハン（武漢）	157
宇部	165
海のシルクロード	211
ウユニ塩原	127
ウラジオストク	153
ウラル工業地域	152
ウラル語族	175
ウラル山脈	7
ウラン鉱	127
ウルグアイ＝ラウンド	221
ウルサン（蔚山）	160
ウルドゥー語	184
ウルル	172
雲仙普賢岳	54

運搬	3
運輸業	212

《え》

エアーカーゴ	218
エアーズロック	172
エアロゾル	58
永久的移動	193
永久凍土	35
永世中立国	224
衛星都市	206
HST	213
英仏海峡トンネル	213
APEC	229
エヴェレスト山	9
エカテリンブルク	152
液化石油ガス	118
液化天然ガス	118
液状化現象	51
エクアドル	102
エクスクラーフェン	224
エクメーネ	192
エーゲ海	44
エコシステム	57
エコ＝ツーリズム	169
エジプト	94
エスキモー	180
エスコンディーダ	125
エスタンシア	102
エスチュアリー	17
エストニア	98
エッセン	145
エドモントン	142
NGO	231
NPO	231
エネルギー革命	127
FAO	106, 231
EFTA	227
FTA	221
エーヤワディー川	92
AU	230
エラトステネス	64
エリー運河	217
LRT	213
LNG	118
エルサレム	205
LDC	230
LPG	118
エレクトロニクス工業	135
エレクトロニクスハイウェイ	138
エレクトロニクスベルト	140
縁海	42
沿海	42
遠隔探査	70
沿岸漁業	108
沿岸流	45
エンクロージャー	95

園芸農業	89
園芸農業地域	88
塩湖	48
遠郊農業	89
円弧状三角州	17
円錐図法	73
円村	199
円筒図法	74
えん麦	83
遠洋漁業	108

《お》

OIC	229
オアシス	20
オアシス農業	94
OAPEC	128
OEEC	227
OECD	227
オイルサンド	118
オイルシェール（油母頁岩）	118
オイルショック	128
奥州街道	211
黄土	39
OAS	229
大阪	164
大麦	83
大麦・えん麦地域	98
大村湾	111
小笠原気団	41
小笠原諸島	174
沖合漁業	108
沖ノ鳥島	226
オーストラリア	170
オーストリア	170
オーストロネシア語族	176
オスロ	150
尾瀬	171
オゾン層	61
オゾンホール	61
オタワ	142
ODA	231
OTマップ	64
オート麦	83
オートルート	214
尾根線	79
オハ油田	119
飯肥	114
オビ川	49
OPEC	128
オホーツク海	43
オホーツク海気団	41
おぼれ谷	16
親潮	45
オリジナルカロリー	106
オリーブ	86
卸売業	167
尾鷲	114
温室効果	60

温室効果ガス	61
温泉	50
温帯	34
温帯夏雨気候	34
温帯モンスーン気候	34
温帯林	37, 113
御嶽山	54
温暖湿潤気候	34
温暖冬季少雨気候	34
隠田集落	199
隠田百姓村	199
オンドル	187

《か》

海運業	216
開拓前線	193
海岸砂漠	32
海岸侵食	18
海岸段丘	17
海岸平野	17
回帰線	71
階級区分図	68
海溝	45
外港	216
海溝型地震	51
外作用	3
海食崖	18
外食産業	168
海図	68
塊村	199
街村	199
海底ケーブル	219
外的営力	3
開発援助	231
開発援助委員会	231
海抜高度	78
開発輸入	222
海浜リゾート	169
海風	27
買いまわり品	168
海面更正	24
買物圏	168
買物行動圏	168
海洋汚染	59
海洋性気候	28
海洋プレート	4
外来河川	20
海流	45
外輪山	13
海嶺	45
カイロ	196
ガウチョ	102
カカオ	86
化学繊維工業	134
河岸段丘	16
かぎ型道路	202
華僑	194
河況係数	49
学園都市	205
隔海度	24

学術都市	205	貨物輸送	211	完新世	6	奇跡の米	106
核心地域	1	カラガンダ工業地域	154	関税	220	季節風	27
囲い込み運動	95	カラガンダ炭田	117	関税及び貿易に関する一般協定	221	基線	223
下降気流	25	カラクーム砂漠	33			帰属意識	175
火口原	13	カラコルム山脈	10	岩石海岸	18	北アイルランド	190
火口湖	13	カラジャス	123	岩石圏	1	北アメリカ自由貿易協定	229
過耕作	61	ガラス工業	137	岩石砂漠	20		
加工貿易	220	からす麦	83	乾燥限界	32, 81	北アメリカ中央平原	14
可採年数	116	カラチ	162	乾燥帯	32	北アメリカプレート	4
火砕流	53	ガラパゴス諸島	173	乾燥農法	81	北イタリア工業地域	148
ガザ地区	188	カラハリ砂漠	32	乾燥パンパ	103	北上高地	105
カザフ人	180	カリバダム	123	環村	199	北九州	164
カザフスタン	99	カリブー	87	寒帯	26	北九州工業地域	164
カザフステップ	34	カリフォルニア海流	47	寒帯前線	26	北赤道海流	46
火山	12	カリフォルニア盆地	100	間帯土壌	39	北大西洋海流	46
火山ガス	53	カリフォルニア油田	119	環太平洋戦略的経済連携協定	222	北大西洋条約機構	226
火山岩尖	13	カリブ海	43			北ドイツ平原	14
火山泥流	54	火力中心型	121	環太平洋造山帯	8	北半球	71
火山灰	53	火力発電	120	環太平洋パートナーシップ協定	222	気団	25
カシミール	225	カール	19			キト	201
火主水従型	121	軽井沢	171	関東大震災	52	ギニア	126
華人	194	カルグーリー	127	関東ローム	39	ギニア湾	44
ガストアルバイター	195	カルスト地形	21	カントリーエレベーター	90	絹織物工業	133
カースト制	183	カルデラ	13			絹工業	133
カスピ海	48	カルデラ湖	13	干ばつ	55	機能地域	1
カスプ状三角州	17	カルトグラム	69	間氷期	19	キプロス	189
かすみ堤	56	カルパティア山脈	10	カンポ	37, 103	キムチ	186
化石燃料	115	カレーズ	94	管理中枢機能	206	キャッサバ	84
河川国境	225	涸れ谷	20	寒流	45	CAP	228
過疎	196	カレン族	177	寒冷限界	81	キャラバン	211
仮想水	106	川崎	163			キャロルレーク	123
カタルーニャ地方	190	ガワール油田	120	《き》		キャンベラ	204
カタロニア地方	190	カンアルチン(坎児井)		気圧	25	旧ザイール	125
華中工業地域	157		91	紀伊山地	173	丘上集落	198
華中地方	91	関越自動車道	214	キエフ	154	キューバ	101
活火山	12	干害	55	擬円筒図法	74	行基図	67
合掌造り	173	寒海魚	108	気温の逆転	24	共通農業政策	228
褐色森林土	39	灌漑農業	99	気温の逓減率	24	協定世界時	73
活断層	51	柑橘類	86	気温の日較差	24	京都	166, 173
GATT	221	環境アセスメント	57	気温の年較差	24	京都議定書	62
カッパーベルト	125	環境影響評価	57	企業城下町	131	共和国	224
カッファ地方	86	環境基本法	60	企業責任制	155	峡湾	17
カトリック	182	環境と開発に関する国連会議	62	企業の穀物農業	90	挙家離村	194
ガーナ	95			企業の穀物農業地域	88	漁業専管水域	108
家内制手工業	130	環境保全	57	企業の農業	82	極圏	71
カナダ楯状地	7	寒極	35	企業の牧畜	90	極高圧帯	26
カナート	94	寒帯限界	81	企業の牧畜地域	88	極東工業地域	153
カナリア海流	46	観光業	169	気圏	1	極風	26
華南地方	91	観光資源	169	気候	23	極偏東風	26
カーバ神殿	183	環濠集落	198	気候因子	23	裾礁	18
カーフェリー	216	観光都市	205	気候変動枠組み条約	62	巨帯都市	206
カフカス山脈	10	関西国際空港	218	気候要素	23	巨大都市	206
カフジ油田	120	関西文化学術研究都市	210	ギザ(ギーザ)	170	魚粉	110
過放牧	61			喜捨	183	キョンジュ(慶州)	171
華北工業地域	156	カンザスシティ	139	気象	23	キラウエア山	13
華北地方	91	ガンジス川	93	気象衛星	23	霧島山	54
釜石	174	かんしょ	84	希少金属	115	キリスト教	182
過密	196	環礁	19	気象災害	55	キリマンジャロ山	12
過密の弊害	133	緩衝国	224	キジルクーム砂漠	33	気流性降雨	24
上フイン工業地域	145	環状路型道路網	203	汽水湖	48	キリル文字	185

キール運河	217	クロム	127	航空機工業	135	国際電気通信衛星機構	
キルクーク油田	119	桑	85	航空交通	218		219
キルナ	124	軍事都市	204	工芸作物	84	国際熱帯木材機関	113
金	127	君主国	224	合計特殊出生率	193	国際復興開発銀行	231
銀	127	《け》		工作機械工業	135	国際分業体制	220
緊急輸入制限	221			高山気候	30, 36	国際捕鯨取締条約	109
近郊農業	89	計曲線	79	高山都市	200	国際連合	230
キンバリー	127	軽金属	115	鉱山都市	203	国際労働機関	231
金融業	167	軽工業	130	甲州街道	211	黒色土	40
金融収支	220	渓口集落	200	工場制機械工業	130	黒人労働力	100
《く》		京杭大運河	217	工場制手工業	130	国勢調査	192
		経済技術開発区	156	恒常風	26	谷底平野	15
クアラルンプール	162	経済協力開発機構	227	更新世	6	国土基本図	68
クインズランド州	104	経済特区	156	硬水	48	国土数値情報	69
空中写真測量	78	経済林	112	洪水	56	国土地理院	77
釧路	110	経済連携協定	221	合成繊維	134	国民	223
グスク	173	経済社会理事会	230	洪積世	6	穀物エレベーター	90
クズネック工業地域	152	経線	72	洪積台地	16	穀物農業	99
クズネック炭田	117	経度	72	鉱泉	50	穀物メジャー	107
クック	66	系統地理	2	構造平野	14	国有林	113
グード図法	75	京浜工業地域	163	高速増殖炉	121	国連開発計画	231
熊本地震	53	毛織物工業	133	高速(自動車)道路	213	国連環境開発会議	62
熊本水俣病	59	夏至	72	豪族屋敷村	198	国連環境計画	62, 231
組立て型工業	134	ケスタ	14	高知平野	106	国連教育科学文化機関	
倉敷	165	ケチュア語	185	郷鎮企業	156		230
グラスゴー	144	結節地域	1	交通指向(立地)型工業		国連児童基金	230
クラスノヤルスク	153	ケッペン	28		132	国連食糧農業機関	
グランチャコ	37, 103	ケープタウン	162	交通都市	204		106, 231
グランドキャニオン	172	ケベック州	191	交通立地型	134	国連難民高等弁務官事務	
グランドクーリーダム		ゲル	187	公転	70	所	191
	122	ケルト系民族	179	黄土	39	国連人間環境会議	62
グランドバンク	109	ゲルマン系民族	178	高度経済成長	163	国連貿易開発会議	222
栗色土	40	ケルン	146	高度限界	81	ココやし	85
クリヴォイログ	124	限界集落	197	高度段彩図	79	小作農	82
クリーヴランド	138	圏谷	19	購買圏	168	50万分の1地方図	78
クリオーリョ	181	原子力	1	後背湿地	16	弧状列島	8
グリニッジ標準時	72	原子力発電	121	後発発展途上国	230	古生代	5
クリーンエネルギー	127	減反政策	105	甲府盆地	105	コソボ	191
グリーン＝ツーリズム		原爆ドーム	173	神戸	164	五大湖	214
	169	原料指向(立地)型工業		合弁会社	131	五大湖沿岸工業地域	138
グリーンベルト	209		132	合弁企業	131	五大湖沿岸地方	100
クルディスタン	188	原料炭	116	硬木	112	古代都市	201
クルド人	188	《こ》		黄麻	85	国家	223
グレートディヴァイディ				公民権運動	191	黒海	43
ング山脈	8	コイサン語族	178	閘門式運河	217	国境	224
クレオール語	185	コイチョウ(貴州)省	177	公用語	184	国境なき医師団	231
グレートアーテジアン盆		ゴヴ	126	硬葉樹	37	コットンベルト	100
地	50	広域中心都市	207	小売業	167	COP 3	62
グレートヴィクトリア砂		高緯度低圧帯	26	こうりゃん	84	コートジボワール	95
漠	33	交易都市	203	高冷地農業	90	コートダジュール	170
グレートサザン鉄道	212	コヴェントリー	145	港湾立地型	134	コナーベーション	206
グレートサンディー砂漠		黄河	91	五街道	211	コパカバーナ	170
	32	紅海	43	コーカソイド	175	基盤目状街路	202
グレートバリアリーフ		公海	223	古期造山帯	7	コーヒー	86
	172	公害	59	国営農場	98	ゴビ砂漠	33
グレートプレーンズ		公害対策基本法	60	国際エネルギー機関	128	コプト正教会	182
	37, 100	光化学スモッグ	58	国際河川	215	コプト派	182
クロアチア	228	高気圧	25	国際司法裁判所	230	コプラ	85
黒潮	46	鉱業都市	203	国際石油資本	128	コペンハーゲン	149
グローバル企業	222	工業都市	203	国際通貨基金	221	5万分の1地形図	77

小麦	83
小麦・果実地域	98
小麦カレンダー	83
米	82
コルカタ(旧カルカッタ)	161
コルクがし	86
コルディエラ山系	9
ゴールドラッシュ	194
コルホーズ	98
コロノ	102
コロラド川	122
コロラド高原	9
コロンビア	102
コロンビア川	122
コロンビア高原	9
コロンブス	65
コワンチョウ(広州)	158
混合農業	89
混合農業地域	88
コンゴ川	215
コンゴ盆地	14
コンゴ民主共和国	125
混成語	185
コンテナ船	216
ゴンドワナ大陸	6
コンビナート	131
コンビニエンスストア	167
コンピュータマップ	69
コーンベルト	100

《さ》

サイクロン	27
再生繊維	134
栽培漁業	110
在来工業	131
境港	110
相模トラフ	22
サガルマータ	8
SAARC	229
ザクセン工業地域	146
ザクセン炭田	116
桜島	54
砂嘴	17
砂州	18
サスカチュワン州	101
雑穀	83
札幌	165
さつまいも	84
サードイタリー	149
さとうきび	85
サドバリ	126
里山	57
讃岐平野	105
砂漠化	61
砂漠化対処条約	63
砂漠化防止会議	63
砂漠気候	32
砂漠土	40

サハ人	179
サバナ	37
サバナ気候	31
サハラ砂漠	32
サービス業	167
サービス収支	220
砂防ダム	56
サマルカンド	154
サーミ	179
サーミランド	179
サリー	186
ザール工業地域	146
ザール炭田	116
三角江	17
三角州	16
三角測量	78
三角点	78
山岳氷河	19
残丘	3
産業革命	130
産業の空洞化	132
産業別人口構成	196
産業用ロボット	135
サンクトペテルブルク	155
サンクトペテルブルク工業地域	152
サンゴ	18
サンゴ礁	18
ザンジバル島	85
サンシャ(三峡)ダム	123
鑽井	50
酸性雨	61
散村	200
サンソン図法	75
三大洋	42
サンディエゴ	141
サントス	102
サンパウロ	143
サンパウロ州	102
ザンビア	125
サンフランシスコ	141
サンベルト	140
サンボ	181
三圃式農業	95
山脈国境	224
サンメンシャ(三門峡)ダム	122

《し》

CIS	228
GIS	69
シアトル	141
シーア派	183
シーアン(西安)	158, 201
仕入圏	168
Jターン現象	194
CAN	229
ジェット気流	26
ジェノヴァ	149

CAP	228
GMT	72
シエラネヴァダ山脈	9
シェールガス	118
シェンゲン協定	228
シェンチェン(深圳)	158
ジェントリフィケーション	209
ジェンヌ	228
シェンヤン(瀋陽)	156
潮境	108
シオニズム運動	188
潮目	108
市街地再開発	208
シカゴ	139
時間距離	212
自給的農業	82
シーク教	184
資源カルテル	128
資源多消費型工業	130
資源ナショナリズム	128
子午線	72
時差	73
自作農	82
市場指向(立地)型工業	133
地震	51
地すべり	56
施設園芸	89
自然環境	1
自然災害	51
自然増加率	193
自然堤防	16
自然の国境	224
自然林	112
持続可能な開発	62
下請け企業	135
自治区	176
自治都市	202
シチリア島	97
湿潤パンパ	102
実測図	78
湿地村	199
シティ	206
自転	70
自動車工業	135
自動車交通	213
シドニー	143
シナ゠チベット語族	175
地場産業	131
GPS	73
C.B.D.	206
ジブラルタル海峡	217
自噴井	50
シベリア鉄道	212
シベリア気団	41
シベリア卓状地	6
死亡率	192
資本集約型工業	131

資本主義国	226
姉妹都市	232
志摩半島	171
シミュレーションマップ	69
社会環境	1
社会主義国	226
社会増減	193
じゃがいも	84
ジャカルタ	162
ジャスミン革命	190
ジャポニカ種	83
ジャマイカ	126
ジャムシェドプル	161
ジャワ島	93
ジャングル	36
シャンハイ(上海)	157
シャンパーニュ地方	96
首位都市	206
シュヴァルツヴァルト	113
宗教都市	204
褶曲	11
褶曲山脈	11
重工業	130
集積の利益	133
集村	199
集団農場	90
集団農場	98
自由地下水	50
集中豪雨	55
自由都市	202
秋分の日	72
周辺地域	2
自由貿易	220
自由貿易協定	221
集約的自給の稲作農業	88
集約的自給の畑作農業	89
集約的自給の稲作農業地域	88
集約的自給の畑作農業地域	88
集約的農業	82
秋霖	41
私有林	113
儒教	184
主業農家	105
主曲線	79
縮尺	67
宿場町	202
主権	223
手工業	130
酒造業	137
主題図	68
出生率	192
シュツットガルト	146
ジュート	85
ジュート工業	134

ジュネーヴ 231	知床 174	水力 115	西経100度線 99
樹木気候 30	シロンスク工業地域 150	水力中心型 121	生産財工業 130
シュレジエン炭田 116	シロンスク炭田 116	水力発電 120	生産責任制 91
ジュロン 162	人為的国境 225	水路式発電 122	生産都市 203
循環型社会 57	新幹線 212	数値地図 69	生産年齢人口 195
準主業農家 105	新期造山帯 8	数理的国境 225	製糸業 133
春分の日 72	新宮 114	スエズ運河 217	製紙工業 136
準平原 3	シングブーム 124	末無川 15	静止人口 193
純林 113	人口革命 193	スカンディナヴィア山脈 7	政治都市 204
省エネルギー 127	新興工業経済地域群 131	すぎ 113	正射図法 74
荘園集落 198	人口重心 192	スーク 203	正積図 75
城郭都市 201	人口集中地区 192	図形表現図 69	西漸運動 193
城下町 202	人口増加率 192	スコットランド工業地域 144	成層火山 12
商業的農業 82	人口転換 193	スコール 31	成層圏 25
商業都市 203	人口動態 192	すず 113	生態系 57
商圏 168	人口爆発 196	スーセントメリー運河 217	成帯土壌 39
礁湖 19	人口ピラミッド 195	スーダン 95	製糖業 137
城塞都市 201	人口密度 192	スタンリー 66	西南日本外帯 22
上座部仏教 183	人工林 112	スーチョワン(四川)盆地 91	西南日本弧 22
少産少死型 193	心射図法 75	スーチョワン(四川)料理 186	西南日本内帯 22
小高齢社会 197	人種 175	ステップ 37	青年海外協力隊 231
常住人口 207	人種・民族のサラダボウル 191	ステップ気候 33	西風海流 47
小縮尺 67	侵食 3	ストックホルム 150	政府開発援助 231
上昇気流 25	侵食平野 14	ストラスブール 147	生物多様性 57
小乗仏教 183	侵食輪廻 3	ストリート=チルドレン 208	製粉業 137
少数民族 175	新生代 5	砂砂漠 20	性別・年齢別人口構成 195
醸造業 137	新大陸 65	砂浜海岸 17	精密機械工業 136
沼沢地村 199	薪炭材 112	スノーウィーマウンテンズ計画 103	政令指定都市 207
庄内平野 105	シンチヤンウイグル(新疆維吾爾)自治区 187	スノーベルト 140	精霊信仰 184
鍾乳洞 21	新田集落 199	スーパーマーケット 167	世界遺産条約 171
消費財工業 130	震度 51	スプラトリー諸島 225	世界企業 222
消費地立地型 134	神道 184	スプロール現象 209	世界銀行 231
消費都市 204	新東京国際空港 218	スマトラ沖地震 52	世界食糧計画 106
情報格差 219	シンハラ人 177	スモッグ 58	世界人口会議 196
情報化社会 219	シンハリ人 177	スラブ系民族 179	世界測地系 69
情報技術革命 219	人民公社 90	スラム 208	世界の工場 132
情報通信技術 219	針葉樹 38, 113	スリーマイル島 140	世界貿易機関 221
情報通信産業 219	森林破壊 61	スリランカ 93, 188	世界保健機関 230
照葉樹 37		ずれる境界 5	ザカート 183
条里集落 198	《す》	諏訪 165	潟湖 18
常緑広葉樹 37, 112	水害 55	スワヒリ語 185	赤色土 39
昭和三陸地震 52	水火相半型 121	スンダ列島 9	石炭 115
職住近接 209	水圏 1	スンナ派 183	石炭液化 116
植生 36	水源涵養林 112	スンニー派 183	石炭ガス化 116
植民地 223	水産加工業 111		石炭産地立地型 134
食物連鎖 57	水産都市 203	《せ》	石炭・鉄鉱石産地立地型 134
食料自給率 106	水産養殖業 110	正角図法 75	
ショッピングセンター 168	水質汚濁 58	生活圏 169	赤道 71
ションリー(勝利)油田 120	水主火従型 121	西岸海洋性気候 34	赤道低圧帯 26
白神山地 173	水準面 78	西岸気候 28	赤道反流 46
シラス 39	水準点 78	正距円錐図法 73	石油 115
シラス台地 106	水蒸気噴火 53	正距図法 76	石油化学工業 136
シリコンヴァレー 141	スイス 170	正距方位図法 76	石油化学コンビナート 136
シリコングレン 140	吹送流 46		石油危機 128
シリコンプレーン 140	垂直貿易 220		石油精製工業 136
飼料作物 86	水稲 83		石油輸出国機構 128
シルクロード 211	水平式運河 217		石灰岩 21
シルダリア川 98	水平貿易 220		瀬戸内工業地域 164

セーヌ川流域工業地域 …… 147	タイガ …… 38	高潮 …… 56	ダルフール …… 190
狭まる境界 …… 5	大気汚染 …… 58	高床式住居 …… 187	タロいも …… 84
セーフガード …… 221	大気圏 …… 1	タガログ語 …… 184	単一耕作 …… 81
セマウル運動 …… 92	大気の大循環 …… 25	滝線都市 …… 200	単一民族国家 …… 224
セメント工業 …… 137	大圏航路 …… 76	多極分散型都市システム …… 207	タンカー …… 216
セラード …… 37, 103	第三紀 …… 6	卓越風 …… 26	暖海魚 …… 108
セルバ …… 36	第3次産業 …… 196	卓状地 …… 6	タンガニーカ湖 …… 49
セロボリバル …… 123	大鑽井盆地 …… 50	タクラマカン砂漠 …… 33	タングステン …… 127
扇央 …… 15	第3のイタリア …… 149	竹島 …… 226	ダンケルク …… 148
尖閣諸島 …… 226	第3バクー油田 …… 119	蛇行 …… 15	単作 …… 81
先カンブリア時代 …… 5	大縮尺 …… 67	多国籍企業 …… 222	タンザン鉄道 …… 212
銑鋼一貫工場 …… 134	隊商 …… 211	多産少死型 …… 193	淡水 …… 48
センサス …… 192	大乗仏教 …… 183	多産多死型 …… 193	淡水湖 …… 48
尖状三角州 …… 17	大豆 …… 84, 100	タジキスタン …… 180	断層 …… 11
扇状地 …… 15	帯水層 …… 49	タシケント …… 154	断層湖 …… 11
前線 …… 26	大西洋 …… 42	ダージリン …… 93	断層山地 …… 11
前線性降雨 …… 24	大西洋中央海嶺 …… 4	タスマニア人 …… 181	断層盆地 …… 11
浅堆 …… 108	大西洋中部沿岸工業地域 …… 138	タスマン …… 66	暖地農業 …… 89
センターピボット方式 …… 81	大西洋北西部漁場 …… 109	ダーダネルス海峡 …… 216	暖流 …… 45
扇端 …… 15	大西洋北東部漁場 …… 109	タタール人 …… 179	《ち》
先端技術産業 …… 131	堆積 …… 3	ダーチャ …… 98	地域 …… 1
全地球測位システム …… 73	堆石 …… 20	ターチン(大慶)油田 …… 120	地域構造 …… 2
扇頂 …… 15	対蹠点 …… 70	ダッカ …… 162	地域生産コンプレックス …… 131
セントジョンズ …… 109	堆積平野 …… 15	DAC …… 231	地域生産複合体 …… 131
セントラルヴァレー …… 100	代替エネルギー …… 127	タックス=ヘイブン …… 222	地域調査 …… 79
セントルイス …… 139	大土地所有制 …… 82	楯状火山 …… 12	地域分化 …… 1
セントローレンス海路 …… 217	第2次産業 …… 196	楯状地 …… 6	チェサピーク湾 …… 110
セントローレンス川 …… 215	第2次ベビーブーム …… 196	タートン(大同)炭田 …… 117	チェジュ(済州)島 …… 171
セントローレンス川沿岸工業地域 …… 142	第2シベリア鉄道 …… 212	棚田 …… 81	チェチェン …… 191
千里ニュータウン …… 209	第2バクー油田 …… 119	谷風 …… 27	チェリャビンスク …… 152
《そ》	台風 …… 27	谷口集落 …… 200	チェルノーゼム …… 40
総合保養地域整備法 …… 169	大分水嶺山脈 …… 8	谷線 …… 79	チェルノブイリ …… 128
造山運動 …… 3	タイペイ(台北) …… 158	谷氷河 …… 19	チェレンホヴォ炭田 …… 117
宗主国 …… 223	太平洋 …… 42	たばこ …… 85	チェーンストア …… 168
造船業 …… 135	太平洋沿岸工業地域 …… 140	WHO …… 230	チェンナイ(旧マドラス) …… 161
装置工業 …… 136	太平洋気団 …… 41	WFP …… 106	
送油管 …… 118	太平洋南東部漁場 …… 110	WTO(世界貿易機関) …… 221	地殻運動 …… 3
造陸運動 …… 3	太平洋プレート …… 4	WTO(ワルシャワ条約機構) …… 227	地殻変動 …… 3
ソウル …… 160	太平洋ベルト地帯 …… 163	多文化主義 …… 191	地下水 …… 47
促成栽培 …… 89	太平洋北西部漁場 …… 109	多摩ニュータウン …… 209	地下調整池 …… 56
素材型工業 …… 130	太陽光発電 …… 121	ターミナルエレベーター …… 90	地球温暖化 …… 60
ソフホーズ …… 98	大洋底 …… 44	タミル人 …… 177	地球温暖化防止京都会議 …… 62
粗放的農業 …… 82	第四紀 …… 6	多民族国家 …… 224	地球儀 …… 70
ソーホー地区 …… 208	大陸移動説 …… 4	ダム式発電 …… 122	地球サミット …… 62
ソマリア …… 189	大陸横断鉄道 …… 212	多面体図法 …… 77	チーク …… 68
ソルトレークシティ …… 205	大陸坂 …… 44	多目的ダム …… 122	地形図 …… 68
ソンコイ川 …… 198	大陸斜面 …… 44	ダモダル川総合開発計画 …… 161	地形性降雨 …… 24
村落 …… 198	人陸性気候 …… 28	ダモダル炭田 …… 117	地形輪廻 …… 3
《た》	大陸棚 …… 44, 108	ダラス …… 140	地溝 …… 11
第1次産業 …… 195	大陸漂移説 …… 4	タラント …… 149	地誌 …… 2
第1次ベビーブーム …… 196	大陸氷河 …… 19	ターリエン(大連) …… 156	知識集約型工業 …… 131
大インド砂漠 …… 33	大陸プレート …… 4	タリット …… 184	地軸 …… 70
ターイエ(大冶) …… 124	対流圏 …… 25	タリム盆地 …… 91	地質時代 …… 5
大門航路 …… 76	対流性降雨 …… 24	タール砂漠 …… 33	地質図 …… 68
	大量生産方式 …… 131	タールサンド …… 118	千島海流 …… 47
	大ロンドン計画 …… 209		千島列島 …… 226
	タウンシップ制 …… 99, 200		地図投影法(地図の図法) …… 62
	多円錐図法 …… 74		

……………………………………73	長江(チャンチャン)	鉄鉱石……………………123	等値線図……………………69
地中海……………………42	……………………………91, 215	鉄鉱石産地立地型………134	東南アジア諸国連合…229
地中海式農業……………89	銚子………………………110	鉄道交通…………………212	東南海地震…………………53
地中海式農業地域………88	鳥趾状三角州………………17	テティス海…………………7	東方正教…………………182
地中海性気候………………34	潮流…………………………45	デトロイト………………138	東北工業地域……………156
窒素酸化物…………………58	潮力発電…………………121	テネシー川………………122	東北地方太平洋沖地震
地熱発電…………………121	チョゴリ…………………185	テネシー川流域開発公社	……………………………………53
チベット高原………………9	直下型地震…………………51	……………………………………122	東北日本弧…………………21
チベット(西蔵)自治区	直交路型道路網…………202	デパート…………………167	東名高速道路……………214
……………………………………187	チョモランマ………………9	テヘラン…………………203	とうもろこし……………83
チベット族………………176	チョワン(壮)族…………177	テーマパーク……………169	とうもろこし・小麦地域
チベット仏教……………183	チョンジン(清津)………160	デュースブルク…………145	……………………………………98
地方中枢都市……………207	チョンチン(重慶)………157	デュッセルドルフ………146	とうもろこし地帯………100
茶……………………………86	チョントゥー(成都)……157	寺百姓村…………………199	トゥールーズ……………147
チャオプラヤ川……………92	チリ地震津波………………52	テラローシャ………………40	十勝平野…………………105
チャドル…………………186	地理情報システム…………69	テラロッサ…………………40	独立国……………………223
チャパティ………………186	チリ中部地方……………102	デリー……………………204	独立国家共同体…………228
チャレンジャー海淵…………9	地塁山地……………………11	デルタ………………………16	都市………………………200
チャンアン(長安)………201	沈降海岸……………………16	デンヴァー………………139	都市化……………………205
チャンギ国際空港………218	沈水海岸……………………16	田園都市…………………209	都市型水害…………………56
チャンチヤン(長江)	チンタオ(青島)…………157	電気機械工業……………135	都市圏……………………205
……………………………91, 215	チンツァン(青蔵)鉄道	てんさい……………………85	都市公害…………………210
チャンチュン(長春)…156	……………………………………212	電子工業…………………135	都市鉱山…………………129
中緯度高圧帯………………26	チンリン(秦嶺)山脈………89	テンシャン(天山)山脈	都市システム……………207
中印国境紛争……………225		……………………………………211	土砂災害……………………56
中越沖地震…………………52	《つ》	テンシャン(天山)南路	土壌…………………………38
中央アジア工業地域……154	通信衛星…………………219	……………………………………211	土壌の塩性化………………61
中央火口丘…………………13	通信販売…………………168	天井川………………………15	土壌の塩類化………………61
中央経線……………………73	津軽平野…………………105	テンチン(天津)…………157	渡津集落…………………200
中央工業地域……………151	筑紫平野…………………106	伝統的建造物群保存地区	都心の空洞化……………208
中央構造線…………………21	筑波研究学園都市………209	……………………………………171	トスカネリ…………………65
中央集権型都市システム	津波…………………………52	天然ガス…………………115	土石流………………………56
……………………………………207	つぼ型……………………195	天然ゴム……………………85	土地改革……………………82
中央炭田…………………116	釣鐘型……………………195	天然林……………………112	土地生産性…………………82
中央平原……………………14	ツンドラ……………………38	デンマーク…………………96	土地利用図…………………79
中核市……………………207	ツンドラ気候………………36	天竜………………………114	ドッガーバンク…………109
昼間人口…………………207	ツンドラ土…………………40	電力指向(立地)型工業	ドックランズ……………208
中京工業地域……………163		……………………………………132	ドットマップ………………68
中継貿易港………………216	《て》		渡頭集落…………………200
中心業務地区……………206	DID……………………………192	《と》	ドナウ川…………………215
中心商店街………………206	TVA……………………………122	ドイツ………………………96	トナカイ……………………87
中心地……………………207	TOマップ……………………64	問屋制家内工業…………130	ドーナツ化現象…………207
中枢管理機能……………206	低気圧………………………25	銅…………………………125	砺波平野…………………200
中生代…………………………5	ティグリス川………………94	東海地震……………………53	ドニエツク………………154
中世都市…………………201	丁字型(T字型)道路……202	東海道……………………211	ドニエプル工業地域……153
中西部工業地域…………139	ティーズサイド…………144	東海道メガロポリス……206	ドニエプロペトロフスク
沖積世…………………………6	泥炭…………………………40	等角航路……………………76	……………………………………154
沖積土………………………39	低潮線……………………223	東岸気候……………………28	ドネツ炭田………………117
沖積平野……………………15	ディナルアルプス山脈	東京………………………163	飛地国……………………224
中部国際空港……………218	……………………………………10	道教………………………184	富岡製糸場………………173
宙水…………………………50	TPP…………………………222	東京国際空港……………218	豊田………………………164
チュー川(珠江)……………91	出稼ぎ……………………193	統計地図……………………68	ドライファーミング………81
チュキカマタ……………125	デカン高原…………………93	等高線………………………79	ドラヴィダ系民族………177
チュニス…………………201	TGV…………………………213	等高線耕作…………………81	ドラケンスバーグ山脈
チュニージョ……………187	デジタルデバイド………219	冬至…………………………72	……………………………………7
チュメニ油田……………125	デジタルマップ……………69	杜氏………………………194	トラフ………………………45
チューリヒ………………149	データ通信………………219	陶磁器工業………………136	トランス=アマゾニアン
鳥瞰図………………………70	テチス海………………………7	等質地域………………………1	ハイウェイ……………214
長距離越境大気汚染条約	デーツ………………………85	塔状火山……………………13	トランスヴァール炭田
……………………………………63	鉄鋼業……………………134	透水層………………………49	……………………………………118

トランスヒューマンス 96
鳥居前町 202
ドリーネ 21
トリノ 148
トルクメニスタン 99
トルコ系民族 178
ドルジバパイプライン 118
トルティーヤ 186
ドルトムント 145
トルネード 27
奴隷貿易 180
トレッキング 170
トレミー 64
トロント 142
屯田兵村 199
トンペイ(東北)地方 91
トンボロ 18

《な》

内作用 3
ナイジェリア 95
内的営力 3
内陸河川 20
内陸型地震 51
内陸湖 22
内陸水路 214
内陸油田 118
ナイル川 49
長崎 166
中山道 211
中継貿易港 216
長野 205
嘆きの壁 182
名古屋 164
ナショナルトラスト運動 58
なつめやし 85
NATO 226
NAFTA 229
ナフード砂漠 33
鉛 125
ナミブ砂漠 32
納屋集落 198
奈良 173
成田空港 218
ナルヴィク 124
ノン 186
南海地震 53
南海トラフ 22
南極海 42
南極条約 226
ナンキン(南京) 157
南沙群島 225
軟水 48
南東太平洋漁場 110
南南問題 230
南部工業地域 139
南米南部共同市場 229
軟木 113

南北問題 230
難民 191

《に》

新潟 165
新潟水俣病 59
NIES 131
新居浜 165
二期作 81
肉牛 87
二次エネルギー 115
ニジェール川 95
ニジェール=コンゴ語族 176
ニジェールデルタ 120
ニジニーノヴゴロド 152
西日本火山帯 22
西半球 71
20万分の1地勢図 71
日系人 197
ニッケル 126
日光 173, 205
日光街道 211
200海里 109
二圃式農業 95
日本アルプス 22
日本海 43
日本海溝 22
日本海流 46
日本測地系 73
日本標準時子午線 72
2万5000分の1地形図 77
二毛作 81
ニューイングランド工業地域 137
ニューイングランド地方 100
乳牛 87
乳幼児死亡率 192
ニューオーリンズ 140
ニューカレドニア島 126
ニュージーランド南島 104
ニュージーランド北島 104
ニュータウン 209
ニューヨーク 138
ニューヨークステートバージ運河 217
韮山反射炉 174
人間環境宣言 62

《ぬ》

ヌナブト準州 191

《ね》

ネグロイド 175
熱赤道 24
熱帯 31

熱帯雨緑林 36
熱帯雨林 36
熱帯雨林気候 31
熱帯低気圧 27
熱帯モンスーン気候 30, 31
熱帯モンスーン林 36
熱帯林 36, 112
熱帯林破壊 61
ネネツ人 180
ネフド砂漠 33
根室 110
ネリカ米 106
年少人口 195
燃料電池 128

《の》

ノヴォクズネツク 153
ノヴォシビルスク 153
農業企業体 98
農業基本法 104
農業協同組合 82
農業の多角化 102
農村戸籍 194
農地改革 82, 104
能代 114
ノーススロープ油田 119
ノックダウン方式 131
延岡 166

《は》

梅雨 41
ハイウェイ 213
バイオエタノール 128
バイオマス発電 121
バイカル=アムール鉄道 212
バイカル湖 48
ハイリーグラフ 23
背斜 11
背斜構造 118
排他的経済水域 223
ハイデラバード 161
パイナップル 86
パイプライン 118
ハウサ人 189
バエリア 186
バオトウ(包頭) 158
バオバブ 37
バカンス 109
萩 174
パークアンドライド 214
バクー工業地域 154
バクー油田 119
白豪主義 191
瀑布線都市 200
箱根山 54
ハザードマップ 69
バーゼル 203
ハシメサウド油田 120

パース 143
バスク 190
バーゼル 149
パタゴニア 103
パダノ=ヴェネタ平野 97
八戸 110, 165
バーチャルウォーター 106
八郎潟 105
ハック耕 88
バックマーシュ 16
バッファロー 138
ハドソン川 215
バナナ 86
パナマ運河 217
羽田空港 218
ハノイ 162
ハバロフスク 153
バビロニアの世界地図 64
バビロン 201
ハブ空港 218
浜名湖 111
浜松 166
パミール高原 10
バーミンガム 145
バーミングハム 140
バム鉄道 212
パーム油 85
ばら積み船 216
ハラーム 186
ハラールフード 186
パリ 147
パリ協定 63
ハリケーン 27
ハリジャン 184
バリ島 184
バルクキャリア 216
春小麦 83
春小麦地域 98
春小麦地帯 100
バルセロナ 149
バルト海 43
バルト楯状地 7
バルトロメウ=ディアス 65
バルハシ湖 48
ハルビン(哈爾浜) 156
パルプ工業 136
ばれいしょ 84
パレスチナ 188
パレスチナ解放機構 188
バレンシア地方 97
バレンバン油田 120
ハワイ諸島 12
パンアメリカン=ハイウェイ 214
ハンガリー 97
バンガロール 161

バンク 108	ビュート〈鉱山〉 125	フォー 186	ブルガン油田 120
バングラデシュ 94	氷河 19	フォガラ 94	プレート 4
ハングル 184	氷河湖 20	フォークランド諸島 225	プレート境界 5
バンコク 162	氷期 19	フォス 147	プレートテクトニクス 4
ハンザ同盟 202	標高 78	フォッサマグナ 21	ブレトン＝ウッズ体制 221
パンジャーブ地方 93	兵庫県南部地震 52	不可触民 184	ブレヤ炭田 117
阪神・淡路大震災 52	標準時子午線 72	ブカレスト 150	プレーリー 38, 100
阪神工業地域 164	氷床 19	福岡 166	プレーリー土 40
磐梯山 55	氷食作用 19	副業的農家 105	ブロークンヒル 126
バントゥー語群 178	氷雪気候 36	複合民族国家 224	フロストベルト 140
半導体 135	ひょうたん型 195	複式火山 13	プロテスタント 182
パンパ 38, 102	表流水 47	福島第一原子力発電所 129	フロリダ地方 100
販売圏	ピョンヤン(平壌) 160	副都心 206	フロンガス 61
販売時点情報管理システム 168	平泉 173	福山 165	フロンティア 193
パンパ土 40	ピラミッド型 195	伏流 15	文化的景観 171
ハンブルク 146	ビール工業 137	プーケット 170	文献・資料調査 79
氾濫原 15	ビルバオ 124	プサン(釜山) 161	分断国家 224
《 ひ 》	ピルバラ地区 125	富士山 12, 174	分布図 68
被圧地下水 50	ピレネー山脈 10	富士山型 195	フンボルト 66
ビアフラ戦争 189	広がる境界 5	フーシュン(撫順)炭田 117	フンボルト海流 47
非営利組織 231	広島 165	プスタ 38	《 へ 》
PM2.5 58	広島湾 110	付属海 42	平安京 201
PLO	広場村 199	豚 87	平均寿命 193
東グリーンランド海流 109	貧栄養湖 48	双子都市 200	平均余命 193
東シナ海 43	ビンガム 125	ブダペスト 150	平射図法 75
東ティモール民主共和国 225	浜堤 18	仏教 183	米州機構 229
東日本火山帯 22	ヒンディー語 184	ぶどう 86	平城京 201
東半球 71	ヒンドゥー教 183	不凍港 216	平面図法 74
東日本大震災 53	《 ふ 》	不透水層 49	平和維持活動 231
東ヨーロッパ平原 14	FAO 106, 231	フードマイレイジ 106	平和維持軍 231
干潟 18	ファクシミリ 219	プトレマイオス 64	ヘカタイオス 64
光ファイバーケーブル 219	ファストフード 168	プナン族 177	ペキン(北京) 157
非関税障壁 221	ファゼンダ 102	不法就労者 197	別荘 98
PKF 231	ファッション産業 167	ブミプトラ政策 188	ベッドタウン 209
PKO 231	ファベーラ 208	浮遊性微粒子 58	ヘディン 66
ヒスパニック 180	フィッシュミール 110	冬小麦 83	ベドウィン 178
非政府組織 231	フィードロット 90	冬小麦地帯 100	ベナレス 205
日付変更線 73	フィヨルド 18	プライメートシティ 206	ペニン山脈 7
羊 87	フィラデルフィア 138	ブラーシュ 67	ベネルクス関税同盟 227
ピッツバーグ 138	フィリピノ語 184	ブラジリア 204	ヘブライ語 185
BTCパイプライン 118	フィリピン 93	ブラジル 102, 194	ペルー海流 47
非鉄金属 115	フィリピン海プレート 4	ブラジル海流 46	ベル型 195
ヒートアイランド現象 210	フィールドワーク 79	フラニ人 178	ベルギー 190
一人っ子政策 196	フィン人 179	プラハ 150	ベルゲン 109
ピナトゥボ山 54	フーヴァーダム 122	フラマン語 185	ペルシャ語 185
ひのき 113	風化 3	フランクフルト 150	ベルベル人 178
ひば 113	風積土 39	フランス 96, 181	ベルリン 204
日干しれんが 187	風土病 31	フランス共同体 227	ハンガリー語 184
ヒマラヤ山脈 9	風力発電 121	プランテーション農業 90	ベンガル語 184
姫路城 173	フェ 172	プランテーション農業地域 88	便宜置籍船 222
100万分の1国際図 78	フェアトレード 222	フリーウェイ 213	変形地図 69
百貨店 167	富栄養化 59	ブリザード 28	ベンゲラ海流 47
ヒューストン 140	富栄養湖 48	BRICS(ブリックス) 131	編集図 78
ビュート〈地形〉 14	フェズ(フェス) 124	ブリヤート人 179	偏西風 26
	フェニックス 140	ブリュッセル 148	変動帯 5
	ブエノスアイレス 143	ブルガリア 97	《 ほ 》
	フェリーボート 216		保安林 112
	フェーン 27		

ホイ(回)族 177	ボリビア 126	マール 13	民族島 175
ホイットルセー 87	補流 46	マルク諸島 85	ミンダナオ島 93
方位 76	ボルシチ 186	マルコ＝ポーロ 64	《む》
方位図法 74	ボルダー 96	マルサス 196	武蔵野台地 199
方位図法 76	ボルティモア 138	マルセイユ 147	無樹木気候 30
貿易収支 220	ボルドー 148	マルティン＝ベハイム 65	ムラート 181
貿易都市 203	ホルン 20	マルビナス諸島 225	ムンバイ(旧ボンベイ)
貿易風 26	ポロブドゥール 172	マレー語 184	161
貿易摩擦 221	ホワイ川(淮河) 89	マレーシア 92, 194	《め》
ボウエン炭田 117	ホワイトハイランド 95	マーレーダーリング盆地	明治三陸地震 52
防災地図 69	黄河(ホワンホー) 91	104	迷路型道路網 203
放射性廃棄物 128	ホンチャン川 92	マレー＝ポリネシア語派	メガロポリス 206
放射直交路型道路網 202	ホンコン(香港) 158	176	メキシコ 101
放射同心円型道路網 203	本初子午線 72	マンガン 126	メキシコ高原 8
紡錘型 195	ボンヌ図法 74	マングローブ 36	メキシコシティ 143, 200
放送衛星 219	《ま》	万元戸 91	メキシコ湾岸地方 101
包蔵水力 122	マイノリティ 175	満州族 177	メキシコ湾岸油田 118
房総半島 105	マイン＝ドナウ運河 217	満族 177	メキシコ湾流 46
防風林 112	マウナロア山 12	マンチェスター 144	メコン川 92, 216
放牧 99	マウントアイザ 126	マントル 4	メサ 14
ポー川 96	マウントトムプライス	マンハイム 146	メサビ 123, 141
ボーキサイト 126	124	《み》	メジャー 128
北大西洋漁場 109	マウントニューマン 124	三池炭鉱 174	メスチソ(メスチーソ)
北太平洋漁場 109	マウントホエールバック	三日月湖 16	181
牧草地域 98	124	ミクロネシア 181	メソポタミア地方 94
北東大西洋漁場 109	マオリ 181	ミコノス島 170	メッカ 205
牧羊 104	マキラドーラ 143	ミシシッピ川 214	メッシュマップ 68
母語 184	マグニチュード 51	水資源 47	メディアンライン 21
ボゴタ 200	マグニトゴルスク 124	水無川 15	メディナ 205
保護貿易 220	マグマ 12	水半球 70	メトロポリス 206
星型 195	マグマ噴火 53	水屋 198	メナム川 92
堡礁 19	枕崎 111	水塚 198	メラネシア 181
補助曲線 79	マグロ 109	ミッテルラント運河 217	メリノ種 87
POSシステム 168	マサイ族 178	ミッドランド工業地域	メルカトル 65
ポスターセッション 80	マジャール人 179	145	メルカトル図法 75
ボストン 144	マス＝ツーリズム 169	緑の革命 106	MERCOSUR(メルコスール) 229
ボスニア・ヘルツェゴビナ 190	マーストリヒト条約 220	ミドルズブラ 144	メルボルン 143
	マゼラン 65	ミナスジェライス州 102	綿花 85
ボスポラス海峡 216	マゼラン海峡 217	ミナス油田 120	綿花地帯 100
ホーチミン 92	マダガスカル 95	港町 202	綿工業 133
北海 44	マチュピチュ 172	南アジア地域協力機構	メンタルマップ 70
北海＝バルト海運河 217	松島湾 110	229	《も》
北海油田 119	マテオ＝リッチ 66	南シナ海 43	モウラ炭田 117
北極海 42	マドリード 149	南スーダン共和国 190	モザンビーク海流 46
ホットスポット 12	マナウス 143	南赤道海流 46	モスク 182
北方領土 226	マナオス 143	南鳥島 226	モスクワ 152
ポートエレベーター 90	マニオク 84	南半球 71	モスクワ工業地域 151
ポドゾル 40	マニトバ州 101	ミニマムアクセス 221	モーゼル川 215
ポートランド 141	マニュファクチュア 130	ミネアポリス 139	モーターウェイ 214
ポハン(浦項) 160	マニラ 162	ミャオ(苗)族 177	モータリゼーション 213
ボヘミア工業地域 150	マホガニー 112	三宅島 55	モナドノック 3
ホームステッド法 99	マヤ文明 180	ミュンヘン 146	モノカルチャー経済 222
ホモロサイン図法 75	マラカイボ油田 119	名田百姓村 198	モノレール 213
保養都市 205	マラッカ海峡 216	ミラクルライス 106	最寄り品 168
ボラ 28	マラリア 31	ミラー図法 76	モルッカ諸島 85
ポーランド 97	マリアナ海溝 45	ミラノ 148	モルモン教 182
ポリエ 21	マリーダーリング盆地	ミルウォーキー 139	
掘り込み港 216	104	民工潮 194	
掘り抜き井戸 50		民族 175	
ポリネシア 181			

モルワイデ図法 75	ユーフラテス川 94	酪農地域 88	リャマ 87
モレーン 20	ユーラシアプレート 4	落葉広葉樹 38	隆起海岸 17
モロ民族 188	EURATOM 227	ラサ(拉薩) 205	隆起三角州 16
モンゴル族 176	ユーロ(EURO) 228	ラスベガス 170	流線図 69
モンゴロイド 175	ユーロスター 213	落花生 84	流通革命 167
モンスーン 27	ユーロトンネル 213	ラッシュ船 216	流通業 167
門前町 202	ユーロポート 148	ラッセル 67	流通センター 167
モントリオール 142	ユンナン(雲南)省 177	ラップ人 179	領海 223
モントリオール議定書 63		ラップランド 179	領空 223
	《よ》	ラティーノ 180	領土 223
《や》	溶岩 53	ラ=デファンス地区 208	旅客輸送 211
焼津 110	溶岩円頂丘 12	ラテンアメリカ統合連合 229	リヨン 147
野外調査 80	溶岩台地 13	ラテン系民族 179, 181	林業都市 203
夜間人口 207	溶岩ドーム 12	ラテン文字 185	林隙村 199
やぎ 87	窯業 136	ラトソル 39	燐鉱石 127
焼畑農業 88	用材 112	ラトビア 98	輪作 82
焼畑農業地域 88	溶食 21	ラパス 201	林地村 199
ヤク 87	溶食盆地 21	ラブラドル海流 47	
屋久島 114, 194	揚水式発電 122	ラブラドル鉄鉱床 123	《る》
ヤクーツク 153	用水指向(立地)型工業 132	ラマ教 183	ルアーヴル 147
ヤクート人 179	揚子江気団 41	ラマダーン 182	累積債務問題 222
屋敷林 187	羊毛工業 133	ラムサール条約 63	ルソン島 93
山風 27	ヨークシャー工業地域 144	ラワン 170	ルブアルハリ砂漠 33
やませ 41	横浜 163	ランカシャー工業地域 144	ルーマニア 97
ヤムいも 84	四日市 164	ルール工業地域 145
ヤルタ 170	四日市ぜんそく 60	ラングドック=ルシヨン 170	ルール炭田 116
	与那国島 226	ランドサット 69	ルワンダ 189
《ゆ》	ヨハネスバーグ 163	ランドブリッジ 212	
ユイメン(玉門)油田 120	ヨルダン川西岸地区 188	ランベルト正角円錐図法 74	《れ》
有機農業 106	ヨルバ人 189		レアアース 115
友好パイプライン 118	ヨーロッパ共同体 228	《り》	レアメタル 115
湧昇海域 108	ヨーロッパ経済共同体 227	リアス海岸 16	冷害 55
湧水帯 50	ヨーロッパ経済協力機構 227	リヴァプール 145	冷戦 226
遊水池 56	ヨーロッパ原子力共同体 227	リヴィエラ 170	冷蔵船 103
遊牧 88	ヨーロッパ自由貿易連合 227	リオデジャネイロ 170	冷帯気候 35
遊牧地域 88	ヨーロッパ石炭鉄鋼共同体 227	陸繋砂州 18	冷帯湿潤気候 35
UNHCR 191	ヨーロッパ単一通貨 228	陸繋島 18	冷帯冬季少雨気候 35
UNDP 231	ヨーロッパ連合 228	陸水 47	冷帯林 38, 113
ユーカリ 112	ヨーロッパ連合条約 228	陸稲 83	冷凍船 103
油砂 118	ヨーロッパ連合理事会 228	陸半球 70	歴史的町並み保存地区 171
U字谷 20	弱い乾季のある熱帯雨林気候 31	陸風 27	レグール土 41
輸出指向(志向)型工業 132	四大公害病 60	離水海岸 17	レス 39
輸出補助金 220		リゾート 169	列村 199
輸送園芸 89	《ら》	リゾート法 169	レートロマン語 185
輸送用機械器具工業 135	ライトレール交通 213	リスボン条約 228	レナ川 49
ユダヤ教 182	ライ麦 83	リチウム 127	レフォルマ油田 119
ユダヤ民族 178	ライ麦地域 98	リッター 66	連作 82
Uターン現象 194	ライン川 215	立地因子 132	連接都市 206
U.T.M.図法 77	ラグーン 18	立地条件 132	連邦国家 224
UTC 73	ラクダ 87	リトアニア 98	
UNICEF 230	酪農 89	リニアモーターカー 213	《ろ》
ユニバーサル横メルカトル図法 77		リビア砂漠 32	労働集約型工業 131
輸入課徴金 220		リヒトホーフェン 66	労働生産性 82
輸入代替型工業 132		リビングストン 11	労働力指向(立地)型工業 133
UNESCO 230		リフトヴァレー 11	老年人口 195
UNEP 62, 231		リモートセンシング 70	ロサンゼルス 140
湯布院 171		リャノ 37, 103	路村 199
			六ヶ所村 129

ロッキー山脈 8	ローマ 201	ロンドン工業地域 145	ワシントン条約 63
ロッキー炭田 116	ロマンシュ語 185	ロンボク海峡 216	WASP（ワスプ） 180
ロッテルダム 148	路面電車 213	《わ》	稚内 109
露天掘り 116	ローラシア大陸 6		WTO（ワルシャワ条約機構） 227
ロードプライシング制度 214	ロールオン・ロールオフ船 216	ワイン工業 137	ワルシャワ 204
ローヌ川 215	ロレーヌ工業地域 146	ワーキングホリデー 169	ワルシャワ条約機構 227
ローヌ川流域工業地域 147	ロレーヌ地方 124	ワジ 20	ワロン語 185
ロマ 179	ローレンシア楯状地 7	輪中集落 198	湾岸戦争 225
		ワシントン 204	

山川 一問一答地理
やまかわ いちもんいっとうちり

2015年10月25日　第1版第1刷発行
2018年11月30日　第1版第5刷発行

編者	高橋睦人 (たかはしむつと)
	安盛義高 (やすもりよしたか)
	井上征造 (いのうえせいぞう)
発行者	野澤伸平
印刷所	明和印刷株式会社
製本所	有限会社　穴口製本所
発行所	株式会社　山川出版社
	〒101-0047　東京都千代田区内神田1-13-13
	電話 03 (3293) 8131 (営業)　03 (3293) 8135 (編集)
	https://www.yamakawa.co.jp/
	振替口座 00120-9-43993
表紙デザイン	菊地信義
本文デザイン	中村竜太郎

©2015　Printed in Japan　ISBN978-4-634-05428-8

本書の全部または一部を無断で複写複製（コピー）・転載することは，著作権法上での例外を除き，禁じられています。

●造本には十分注意しておりますが，万一，落丁・乱丁などがございましたら，営業部宛にお送りください。送料小社負担にてお取り替えいたします。
●定価はカバーに表示してあります。
●暗記用シートは，実用新案登録第3110283号